松浦武四郎の

十勝内陸探査記

加藤公夫 編

北海道出版企画センター

はじめに

松浦武四郎は、平成三十（二〇一八）年から数えて、百六十年前の安政五（一八五八）年に、十勝の内陸を探査しました。また、松浦武四郎の生誕二百年目の年になり、開拓使（国・北海道庁の前身）が「蝦夷地」から「北海道」に改めてから、百五十年になります。

私が松浦武四郎の十勝内陸探査に、興味を抱いたのは芽室に住んでいることもあり、安政五年の旧暦三月《新暦・四月十四日〜五月十二日》と旧暦七月《新暦・八月九日〜九月六日》に、芽室には二回来て三泊していたことを知ったからです。

松浦武四郎は、弘化二（一八四五）年から安政五年にかけ十三年間で六回、蝦夷地を調査し多くの記録を残しています。明治になり新政府の蝦夷開拓御用掛、のちに、開拓判官に任じられた武四郎は国名、郡名選定の仕事をしました。

開拓使(国)は国郡を置き、今から百五十年前の明治二(一八六九)年八月十五日《新暦・九月二十日》に、それまで「蝦夷地」と称されていたのを「北海道」と改めました（『新北海道史』第一巻　概説）。

以前、古本屋さんで丸山道子現代語訳の松浦武四郎著『十勝日誌』（凍土社　一九七五）を購入して読んだところ、十勝のアイヌの人たちの生活、自然風物がひじょうに面白く、興味深く書かれていました。

その後、私は松浦武四郎が芽室に来て、足跡を残していたことを知ってもらおうと、町民文芸誌『芽室文芸』四十二・四十三号に「郷土誌考」と題して二年二回に分けて、丸山道子現代語訳の『十勝日誌』を要約して紹介しました。

また、芽室町には会員三十数名の「めむろ歴史探訪会」があり、その会の会員発表会でも、松浦武四郎が芽室に二回やって来て三泊したことの話をしました。

同会の現地巡検、「松浦武四郎十勝管内行脚バスツアー」では、芽室を出発し、十勝川沿線道路を下り、大津に着き、そこから歴舟川河口近くに行き、歴舟川を上ってカムイコタンを通り、西札内で松浦武四郎の碑を皆さんで見学し、岩内川、戸蔦別川を越え、松浦武四郎が歩いたであろう道をたどり、美生川の川筋を下って芽室に戻り、案内役と説明役を務めました。

このようなことがあり、多少、松浦武四郎が十勝内陸を探査したことについて、これまで発行されている資料、図書を読み、調べるようになりました。

私が一番初めに『十勝日誌』を読んだときの印象は、百数十年前と現在とで、気象、自然状況、植物の生育状況が、こんなに異なるものだろうかと、違和感を覚えたことでした。

その理由は、すぐ、気が付きました。『十勝日誌』は、旧暦で書かれていたことを知らずに読んだからです。旧暦と新暦では一ヵ月から一ヵ月半ぐらいの日数の差があり、旧暦を新暦に直すと、天候や積雪の状況、フキノトウが顔を出し、味噌和えにして食べた話も、違和感なく理解出来ました。

いろいろと調べているうちに、松浦武四郎が著した『戊午東西蝦夷山川地理取調日誌』(以下『戊午日誌』と『十勝日誌』に、内容的に違いがあり、日付けが異なることを知りました。内容に違いがあるのは、前者が幕府への報告書であり、余分なことはなるべく書かないようにし、後者は一般の人々が興味深く読めるように書かれているためと理解しました。

日付けが異なっているのは、多くの記録した「野帳」があるとはいえ、長期間の調査のため、記録違いや記憶の定かでないことなど、いろいろな要因があったと想像しています。

本書は、「東部登加智留宇知之誌（巻之一～五）」（松浦武四郎著、高倉新一郎校訂、秋葉実解読『戊午東西蝦夷山川地理取調日誌』上　北海道出版企画センター　一九八五）と「東部辺留府祢誌・東部報十勝誌（巻之一～四）」（『同』下）の十勝関係分を私自身が理解し易いように書き改め、また、丸山道子現代語訳の『十勝日誌』に書かれていることは、大変面白く、興味深いので参考となるように〈参〉として書き入れました。

古文書を簡単に手に入れることも、現代語に訳すことも難しいことですので、これまでに発行されている『戊午日誌』と『十勝日誌』から、幕末の十勝アイヌの人たちの生活、植物、動物などの自然風物を私自身が知り、理解できるように著しました。

このため、全体的に同じ内容となるよう努力しましたが、一字一句、正確に書き改めたのではないことをお断り致します。

平成三十（二〇一八）年三月　　加藤公夫

松浦武四郎の十勝内陸探査記　目次

二月二十日（新暦・四月三日） 石狩場所に着く
二月二十一日（新暦・四月四日） 酒二升贈る
二月二十二日（新暦・四月五日） 案内人、アイノ九人
二月二十三日（新暦・四月六日） 必要な物資準備〈河川改修された石狩川〉
二月二十四日（新暦・四月七日） 丸木舟で出発〈徒歩で出発〉〈北に帰るハクチョウの群れ〉
二月二十五日（新暦・四月八日） 対雁に着く／〈対雁の樺太アイヌ〉〈トドマツが凍結する音／オオカミが吠える〉〈オオカミの駆除〉
二月二十六日（新暦・四月九日） 支配人、番人の非道
二月二十七日（新暦・四月十日） 強制的に漁場へ連行〈樺戸川岸で野宿〉
二月二十八日（新暦・四月十一日） 役人の横暴／イヌがサケを獲る／熊を追いかける
二月二十九日（新暦・四月十二日） 舟、使用できず／老夫婦、ひと冬、滞留
二月三十日（新暦・四月十三日） 病気の老婆〈病人、占い師の祈祷〉
三月一日（新暦・四月十四日） 深川、音江／人別帳もれの孝行娘〈孝行娘の人別帳もれ〉

戊午登加智留宇知之日誌　巻之二　安政五（一八五八）年 … 101

三月一日（新暦・四月十四日） 裸で川に飛び込む／熊の巣穴に野宿／夜半、片袖、脚絆、敷き皮を焼く〈野宿〉
三月二日（新暦・四月十五日） 神居古潭を通る／忠別河口大番屋に着く〈神居古潭の難所を通る〉

三月三日 新暦・四月十六日　十勝越えの案内人／濁酒を仕込む〈濁酒を仕込む／空き樽でキツネを獲る〉
三月四日 新暦・四月十七日　不貞の女の頼み／番人の妾／熊の爪で顔面に傷／請負人の妾／夜、ルイベのご馳走〈ルイベとイクラ〉〈熊の肉／ルイベのご馳走〉
三月五日 新暦・四月十八日　コタンを巡回
三月六日 新暦・四月十九日　雨。滞留
三月七日 新暦・四月二十日　ソリの跡〈十勝越え十三人選ぶ〉
三月八日 新暦・四月二十一日　旅の安全祈願〈旅の安全を祈る〉

戊午登加智留宇知之日誌　巻之三　安政五（一八五八）年…129

三月九日 新暦・四月二十二日　十勝越え案内希望多し／三階杯／ウバユリ一貫目の餞別／アイノの宝物、盗まれる／焚き火が野火となる／樹液を飲む〈熊一頭獲る／フキノトウの和え物食べる／キツネ一匹獲る〉
三月十日 新暦・四月二十三日　ウバユリの多いところ／フキノトウやカタクリを食べる／カヤ原に火を付ける〈枯れ草に火を放す／焔、天を焦がす／硫黄の臭気〉
三月十一日 新暦・四月二十四日　硫黄分の含む川水／十勝アイノの足跡〈十勝アイノの仮小屋〉
三月十二日 新暦・四月二十五日　ハエマツの原を越える／鉄分が含む赤い水／貂《テン》を二匹獲る〈空知川上流に出る／熊、一頭獲る〉
三月十三日 新暦・四月二十六日　佐幌への道、間違える／佐幌川の水源／気持ち悪い夜〈佐幌川本流に出る〉

戊午登加智留宇知之日誌　巻之四　安政五（一八五八）年 … 155

三月十四日 新暦・四月二十七日　佐幌川上流／新得／数千頭ものシカを見る〈無数のシカの足跡〉昔の城跡、チャシコツ／石狩場所の通訳とケンカ／屈足、人舞／仕掛け弓、アマッポ〈置き弓〉乙名アラユクの話／シカの皮、百枚〈シカの皮の価値〉盗人の逮捕〈ガガイモの煮物／盗品、十四種類の宝物〉腰が曲がった老婆〈土器を拾う〉チャシコツ〈砦址〉子供が迎える〈中国製山丹錦の陣羽織で正装〉和語を話すシルンケアイノ〈樺太の話〉知り合いのアイノ／五十人の大宴会／下痢、イヌの糞食〈イヌが糞を食べる〉

三月十五日 新暦・四月二十八日　小雨のため、ニトマフに滞在〈石狩出身のアイノ〉

三月十六日 新暦・四月二十九日　案内人が増え、十四人／乙名、盗品を預かる／宝物を盗んだ理由

三月十七日 新暦・四月三十日　アワの栽培／イトウが多い／芽室村に宿泊〈佐幌川河口に着く／芽室川河口に出る／寛政の戦いに参戦〉

戊午登加智留宇知之日誌　巻之五　安政五（一八五八）年 … 192

芽室川筋、渋山川、久山川／芽室に来ていた間宮林蔵（間宮林蔵の略歴／伊能忠敬の略歴）

三月十八日 新暦・五月一日　メムロブト《芽室太》出発／美生川川筋／美生川河口から帯広川河口まで／帯広川河口で宿泊〈芽室川河口から歩いて帯広川河口に着く／チョマトウに着く／ヲベレベレフに宿泊〉

三月十九日《新暦・五月二日》　帯広川河口から舟で出発〈十勝石を拾う／札内川河口に着く／途別川・猿別川〉止若で昼食、舟で出発（晩成社幹事・鈴木銃太郎）マクンベツチャロで宿泊
三月二十日《新暦・五月三日》　マクンベツチャロを出発／長臼村に人家十四軒〈アワで作った団子／三十余りの穴居跡／石器類の採取／一輪草、アザミの和え物食べる〉網引場に和人の番屋／大津の番屋〈大津の河口に出る／弁天社神前に一同参拝〉（大津市街）案内のアイノたちにお礼の品々を贈る
三月二十一日《新暦・五月四日》　尺別で昼食、白糠で石炭の採掘〈役割を果たし、それぞれ出発〉
三月二十二日《新暦・五月五日》　白糠から釧路へ

第二章　松浦竹四郎著　戊午辺留府祢日誌・戊午報登加智日誌（巻之一～四）

戊午辺留府祢日誌　安政五（一八五八）年 …… 232
広尾から歴舟川までの概要
七月十四日《新暦・八月二十二日》　サルル会所から十勝会所（イギリス人、ランドーが見た広尾・十勝内陸）
七月十五日《新暦・八月二十三日》　熊三頭見る。シカ一頭獲る／蚤の意味のタイキ／カジカを焼いて食べる〈熊の姿／タイキ、蚤の意味／カジカの味噌焼き〉（砂金産出地）
七月十六日《新暦・八月二十四日》　神居古潭上流の三股まで行く／キハダが多い／キハダの皮を敷く〈チヤシコツ／馬で上札内に向かう／陣羽織の正装／キハダの屋根と床〉

写真・絵図・図版　目次

序章　本文に関わる説明と注意事項

松浦武四郎の略歴

松浦武四郎は、文化十五（一八一八）年二月六日《新暦・三月十二日》、三重県松阪市小野江（伊勢国一志郡須川村）で出生した。平成三十（二〇一八）年から数えると二百年前に誕生したことになる。

幼名は竹四郎という。竹四郎の名は、四十歳頃まで使用し、それ以降、主として武四郎の名を使用したという。武四郎はいろいろな名を使用しているが有名なのが竹四郎と武四郎である。

代々苗字帯刀を許された郷士、松浦桂介時春の四男（一女四男）。父、桂介時春は本居宣長の門下で国学を修め、文をたしなみ茶道を好む風流人であったという。

武四郎は七歳の頃から寺子屋で学び、十三歳から十六歳まで津藩（三重県津市）の儒学者、平松楽斉の塾で学んだが、天保四（一八三三）年、十六歳の時、平松塾を辞し江戸に向かった。江戸では、平松塾で知り合った篆刻を行なう山口遇所のところに寄寓した。ここで篆刻の技術を学び、糊口を凌ぐ手段の一つとした。

江戸に滞在中、父に呼び戻され、しばらく静かにしていたが、天保五（一八三四）年の秋、十七歳の時、再び、和歌山、大阪、岡山、四国方面へ旅に出た。

天保九（一八三八）年、二十一歳、長崎で疫病に罹るまで、西日本各地に旅をした。大病に罹り一命を取り戻したことから、寺の僧となり住職として三年ほど勤めた。

長崎では、漂流して無事帰って来た者から事情を調査し、報告をする仕事の町年寄格、津川文作（蝶園）と知り合いになった。その時の情報では、ロシア人が千島列島を南下し、択捉島や国後島等で漁場を荒らし、幕府の警備の役人といざこざがあったり、藩の船が襲われたというような話を聞いた。

以前は、朝鮮、中国、インドなどへ目を向けていたが、このような話を聞き、蝦夷地方面に興味が注がれるようになった。

故郷を離れて旅をしている間に、すでに両親は亡くなり、天保十四（一八四三）年の秋、二十六歳の時、故郷に戻った。翌年二月法要を執り行ない、その後、再び旅を続け、日本海側を北上、鯵ヶ沢（青森県）から松前に渡海することを願うが、果たすことが出来なかった。

松浦武四郎の肖像写真
・明治十五（一八八二）年、六十五歳の頃、撮影。
・三重県松阪市「松浦武四郎記念館所蔵」。
・文化十五（一八一八）年二月六日、
三重県松阪市小野江で出生。
・明治二十一（一八八八）年二月十日、七十一歳で逝去。

蝦夷地に十三年間で六回訪れる

一回目の蝦夷地への旅は、二十八歳の時、弘化二（一八四五）年三月二日《新暦・四月八日》、江戸を出発して蝦夷地に向かう。日本海側の鰺ヶ沢から四月初旬に江差に渡海した。

船の持ち主の商人や場所請負人と知り合うことによって、蝦夷地の知床岬に達すると、「勢州一志郡雲出川南須川村　松浦武四郎」の標柱を立てた。十月下旬、箱館に戻り、十一月、再び鰺ヶ沢に向かった。

武四郎は、この時は商人の仕事を手伝いながら蝦夷地調査をした。その時、広尾の海岸線を通って白糠方面に行っている。この時、初めて十勝入りしたことになる。

二回目の蝦夷地への調査は、二十九歳、弘化三（一八四六）年一月二日《新暦・一月二十八日》、江戸を出発し三月初旬、松前へ渡海し江差に着いた。四月十一日《新暦・五月六日》、松前藩の樺太詰、西川春庵と江差を出発。樺太に渡った。樺太まで医師の草履《ぞうり》持ちとして同行した。

七月十六日《新暦・九月六日》宗谷に戻り、十七日、アイヌ民族の案内で、オホーツク沿岸を知床岬を目指す。八月二日《新暦・九月二十二日》、昨年の標柱を確認した。八月十三日《新暦・十月三日》、宗谷に戻り、石狩、千歳を通って九月上旬《新暦・十月二十五日頃》に江差に帰着した。この年は江差で越年した。

三回目の蝦夷地の調査は、三十二歳の時、嘉永二（一八四九）年一月二十二日《新暦・二月十四日》、江戸を出立、水戸・仙台に滞在し、四月七日《新暦・四月二十九日》、三厩《みんまや》（青森県）から松前へ渡海、閏四月十八日《新暦・六月八日》、箱館を出帆して国後島、択捉島へ渡った。国後請負人、柏屋喜兵衛の長者丸に乗り、この時は水夫《かこ》として働いているアイヌの人たちと寝食をともにし、六月十五日《新暦・八月三日》、箱館に戻った。

四回目の蝦夷地の調査は、幕府の御雇という身分で三十九歳の時、「蝦夷地請取渡差図役頭取」「土人撫育産物取集方等御用」を命じられ、安政三（一八五六）年三月二十九日《新暦・五月三日》、箱館を出発。日本海沿岸から宗谷、南樺太に行く。宗谷に戻ってからオホーツク沿岸から太平洋沿岸を回って、十月十三日《新暦・十一月十日》に箱館に帰った。

武四郎は九月二十三日《新暦・十月二十一日》から二十七日《二十五日》にかけて釧路から十勝を通っている。この時、十勝川、利別川の情報を記録している。

五回目の蝦夷地の探査は、四十歳の時、「蝦夷地一円地理取調」および「新道新川切開場所取調」を申しわたされ、安政四（一八五七）年四月二十九日《新暦・五月二十二日》箱館を出立、西蝦夷地の日本海沿岸地域と内陸部の天塩川流域、石狩川流域のそれぞれ上流域まで調査を行なった。

武四郎の当時の給料は同心並みの、年、十八両程度であったという。その他に地図の作製、日誌などを奉行に提出するたびに、手当が支給されたようである。

六回目は、幕府御雇として、前年に引き続き「蝦夷地一円地理取調」を命じられ、四十一歳の時、安政五（一八五八）年一月二十四日《新暦・三月九日》箱館を出発し、中山峠を越え、三月《新暦・四～五月》、石狩川河口から忠別大番屋、空知川上流から十勝の佐幌川上流に入った。十勝川を下り、大津に至り、太平洋沿岸から知床半島を回り、オホーツク海沿岸、日本海沿岸の外、内陸の河川、銭函から勇払、日高の各河川、釧路から網走までを調査した。

この年、七月《新暦・八月》、二回目の十勝内陸探査を行なった。十勝の歴舟川を上り、上札内、美生川、芽室川、十勝川を下った。この年は二百五日間にわたっての全道各地の調査で、八月二十一日《新暦・九月二十七日》箱館に戻った。

武四郎は、弘化二（一八四五）年から安政五（一八五八）年までの十三年間で、択捉島、国後島、樺太、蝦夷地の各地を調査した。そのうち、一回目から三回目までが私人としての調査であり、四〜六回目までは、幕府の役人として新道の見分け、山川地理取調などの命を受けての探査であった。十勝には、弘化二年、安政三年、安政五年の三年で、四回訪れている。

武四郎が蝦夷地に関心を寄せていた弘化〜安政期（一八四四〜六〇）、アメリカ東インド艦隊司令長官ペリーの浦賀来航、ロシア使節プチャーチンの長崎来航などで、嘉永七（一八五四）年、下田・箱館が開港した。

安政五（一八五八）年から十年後、慶応四（一八六八）年九月八日（新暦十月二十三日）から明治元（一八六八）年となる。

慶応四年閏四月二十四日（新暦六月十四日）、新政府は箱館裁判所を箱館府に改称。明治二（一八六九）年六月六日（新暦七月十四日）、島義勇（元佐賀藩士）、松浦武四郎らを蝦夷開拓御用掛に任命。

新政府は、明治二年七月八日（新暦八月十五日）、開拓使を設置。同年八月二日（新暦九月七日）、島義勇、岩村通俊（元土佐藩士）、岡本監輔、松浦武四郎、松本十郎、杉浦誠らを開拓判官に任

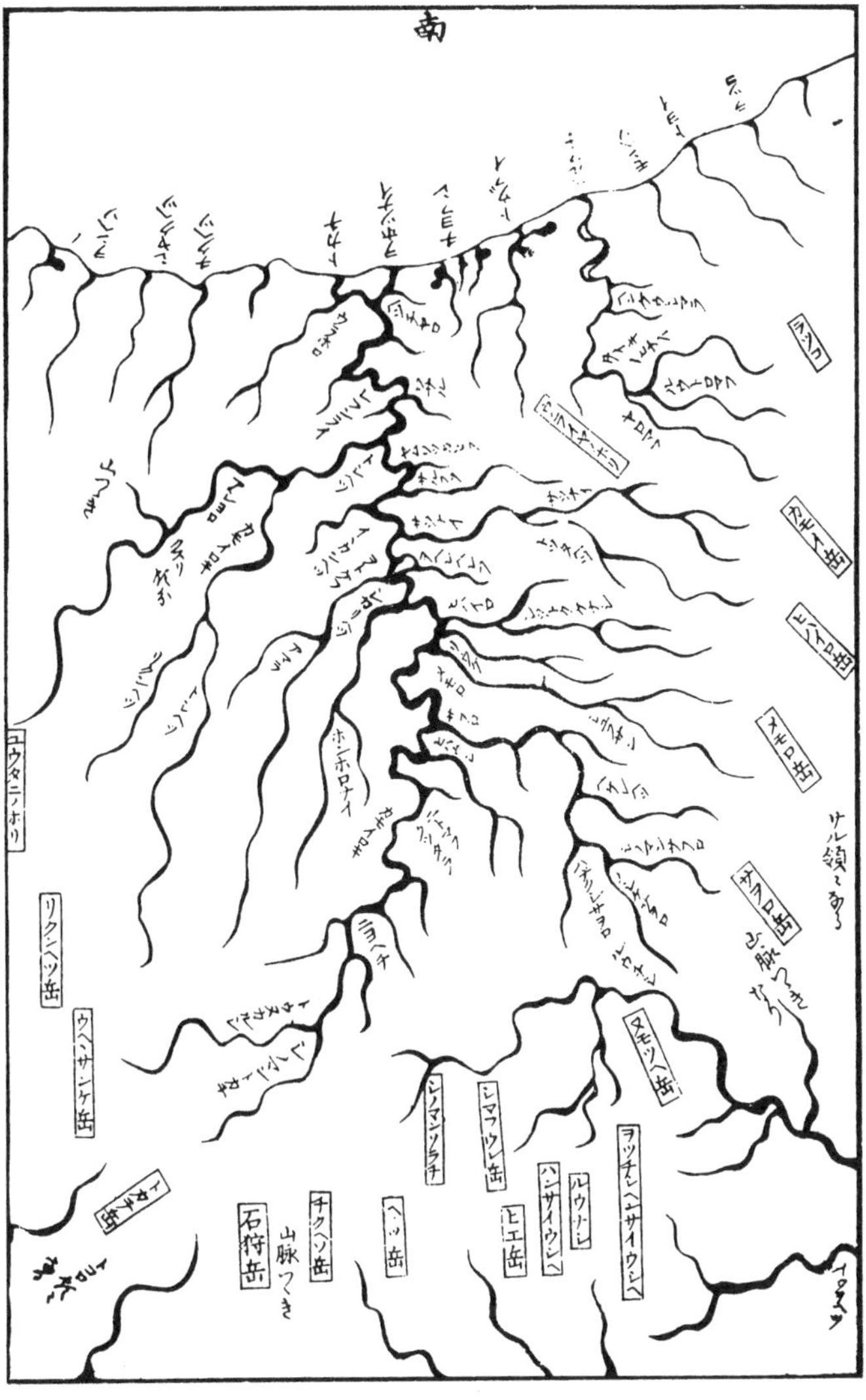

絵図・十勝の河川図と名称（『十勝日誌』松浦武四郎記念館蔵）

命した（『新版　北海道の歴史　下　近代・現代編』）。

松浦武四郎は、同年九月十九日（新暦・十月二十三日）、北海道道名、国名、郡名選定のため手当、金百円を下付された。明治三（一八七〇）年三月十五日（新暦四月十五日）、武四郎は開拓判官の辞表を提出する（『新版　松浦武四郎自伝』）。

明治三（一八七〇）年三月、武四郎は判官を辞職する。

武四郎は、青年期から各地を旅する旅行家、探検家であった。蝦夷地の各地で、土器片や黒曜石のヤジリ、石斧、砥石などを収集した好事家でもあった。好奇心、観察力が強く、忍耐強いことから、聞き取り調査を行ない、著述が出来たのであろう。

また、書画骨董に興味があり、造詣が深かった。平成二十五（二〇一三）年に、静嘉堂編『松浦武四郎コレクション』が発行されている。

明治二十一（一八八八）年二月十日、東京神田五軒町の自宅において脳溢血で亡くなった。享年七十一歳。

松浦武四郎に関する著書など

松浦武四郎は、多くの著述を行なった。文章の文字は達筆で個性的であり、原本を普通に読むことは難しいといわれている。調査して紀行文を書き、さらに、後々、別な読み物として再編して出版している。

主な著書、旅行記などの執筆年、発行年順に紹介すると次のようになる（髙木崇世芝編『松浦武四郎「刊行本」書誌』・更科源蔵著『松浦武四郎・蝦夷への照射』）。

佐渡日誌（弘化四年・一八四七年・三十歳）
初航から三航までの蝦夷日誌（嘉永三年・一八五〇年・三十三歳）
蝦夷志異同弁（嘉永三年・一八五〇年・三十三歳）
壷の石（蝦夷地・嘉永七年・一八五四年・三十七歳）
丁巳蝦夷東西山川地理取調日誌（安政四年・一八五七年・四十歳）
壷の石（北蝦夷地・安政五年・一八五八年・四十一歳）
近世蝦夷人物誌（安政五年・一八五八年・四十一歳）
戊午蝦夷東西山川地理取調日誌（安政六年・一八五九年・四十二歳）
北蝦夷余誌（安政七年・一八六〇年・四十三歳）
後方羊蹄日誌（文久元年・一八六一年・四十四歳）
石狩日誌（文久元年・一八六一年・四十四歳）
久摺日誌（文久元年・一八六一年・四十四歳）
十勝日誌（文久二年・一八六二年・四十五歳）
夕張日誌（文久二年・一八六二年・四十五歳）

天塩日誌（文久二年・一八六二年・四十五歳）
納沙布日誌（文久三年・一八六三年・四十六歳）
知床日誌（文久三年・一八六三年・四十六歳）
西蝦夷日誌（慶応元年〜明治五年・一八六五〜七二年・四十八〜五十五歳）
東蝦夷日誌（慶応元年〜明治十一年・一八六五〜七八年・四十八〜六十一歳）
北海道国郡略図（明治二年・一八六九年・五十二歳）
蝦夷年代記（明治三年・一八七〇年・五十三歳）
千島一覧（明治三年・一八七〇年・五十三歳）など多数。

現在、一般的に目に触れる図書は、次のとおりである。

吉田武三『松浦武四郎』人物叢書（古川弘文館、一九六七）
更科源蔵著『松浦武四郎　蝦夷への照射』（淡交社、一九七三）
吉田武三編『定本　松浦武四郎・上・下』（三一書房、一九七三）
　上　評伝松浦武四郎・系譜・武四郎以前の蝦夷関係著作・蝦夷年代記
　下　松浦武四郎自筆日記・燼心餘赤・秘め於久辺志・転ぬさきの杖
丸山道子『後志羊蹄日誌』（札幌・凍土社、一九七三、一九七四、一九七五）
丸山道子『石狩日誌』（札幌・凍土社、一九七三、一九七五）

丸山道子『十勝日誌』（札幌・凍土社、一九七五）
丸山道子『夕張日誌』（札幌・凍土社、一九七六）
吉田武三編『松浦武四郎紀行集・上・中・下』（富山房、一九七五、一九七七）
　上　東奥船沿海日誌・鹿角日誌・壷の碑考・奥州旅行記・佐渡日誌・丙戌後記・乙酉後記・丁亥後記・東海道山すじ日記
　中　浪合日誌・梅嵯峨誌・甲申小記・庚辰游記・乙酉掌記・丙戌前記・丁亥前記・四国遍路道中雑誌・旅行手記・西海雑志・竹島雑誌・壬午小記・癸未溟誌・木片勧進
　下　蝦夷漫画・近世蝦夷人物誌・後方羊蹄日誌・石狩日誌・夕張日誌・十勝日誌・久摺日誌・納沙布日誌・知床日誌・天塩日誌・北蝦夷余誌・蝦夷年代記
丸山道子『安政四年　蝦夷地』（放送アートセンター、一九七七）
丸山道子『天塩日記』（札幌・凍土社、一九七六、一九七八）
吉田常吉編『蝦夷日誌・上・下』（時事通信社、一九六二、新版一九八四）
　上　東蝦夷日誌　初編〜八編
　下　西蝦夷日誌　初編〜六編
秋葉實解読・高倉新一郎校訂『戊午東西蝦夷山川地理取調日誌　上・中・下』（北海道出版企画センター、一九八五）
　安政五年—サッポロ誌・トカチ誌・アカン誌・マシウ誌・クスリ誌・シレトコ誌

アバシリ誌・トコロ誌・サロベツ誌・コイトイ誌・アツマ誌・ムカワ誌・モンベツ誌
　サル誌など六一巻
花崎皋平『静かな台地』松浦武四郎とアイヌ民族（岩波書店、一九八八）
松浦武四郎研究会編『北への視角シンポジウム　松浦武四郎』
　　（北海道出版企画センター、一九九〇）
横山孝雄『北の国の誇りの高き人びと』松浦武四郎とアイヌを読む（かのう書房、一九九二）
秋葉實解読『松浦武四郎　知床紀行集』（斜里町立知床博物館協力会、一九九四）
榊原正文『北方四島のアイヌ語地名』（北海道出版企画センター、一九九四）
榊原正文『武四郎　千島日記』（北海道出版企画センター、一九九六）
佐々木利和解読『蝦夷漫画』（松浦武四郎記念館、一九九六）
松浦武四郎著・佐藤貞夫編集『竹四郎日誌　按北扈従』（同右、一九九六）
梅木孝昭『サハリン松浦武四郎の道を歩く』（北海道新聞社、一九九七）
秋葉　實　編『校訂　蝦夷日誌・一編・二編・三編』（北海道出版企画センター、一九九九）
　一編　弘化二年―東蝦夷地・弘化四年―松前地
　二編　弘化三年―西蝦夷地・カラフト
　三編　嘉永二年―東蝦夷地沿岸・国後・択捉島
佐江衆一『北海道人　松浦武四郎』（新人物往来社、一九九九）

高木崇世芝編『松浦武四郎「刊行本」書誌』（北海道出版企画センター、二〇〇一）
高倉新一郎解読『竹四郎廻浦日記・上・下』（同右、一九七八、再版二〇〇一）
安政三年―西蝦夷地新道見立を命じられ、日本海岸沿いに新道敷設の路線を探り、石狩に出、石狩川を遡り雨竜から信砂（留萌・増毛町）に北上して宗谷に至り、さらに樺太白主に渡り、楠渓にて奥地の探索を願い出、タライカをきわめ、帰途、宗谷から斜里〜釧路、太平洋岸を廻り、箱館に戻った時の記録、三〇巻
秋葉　實　解読・高倉新一郎　校訂『丁巳東西蝦夷山川地理取調日誌・上・下』（同右、一九八二、再版二〇〇一）
安政四年―志利辺津日誌・再嵩石狩日誌・天之穂日誌・由宇発利日誌・志古津日誌・於沙流辺津日誌・報登志辺津日誌など二四巻
更科源蔵・吉田豊訳『松浦武四郎　アイヌ人物誌』（平凡社、二〇〇二）
佐野芳和『松浦武四郎　シサム　和人の変容』（北海道出版企画センター、二〇〇二）
秋葉　實『松浦武四郎　上川紀行』旭川叢書（旭川振興公社、二〇〇三）
高木崇世芝編『松浦武四郎関係文献目録』（北海道出版企画センター、二〇〇三）
小松哲郎『ゆたかなる大地』松浦武四郎がゆく（同右、二〇〇四）
中村博男『松浦武四郎と江戸の百名山』平凡社新書（平凡社、二〇〇六）
秋葉　實編『松浦武四郎　知床紀行』（北海道出版企画センター、二〇〇六）

渡辺隆『江戸明治の百名山を行く』登山の先駆者松浦武四郎（同右、二〇〇七）
山本命『北海道の名付け親　松浦武四郎』（十楽、二〇〇七）
木下博民『青年・松浦武四郎の四国遍路』宇和島伊達藩の見聞（創風社出版、二〇〇八）
佐藤淳子現代語訳『松浦武四郎　佐渡日誌』（北海道出版企画センター、二〇〇九）
笹木義友・三浦泰之編『松浦武四郎研究序説』（同右、二〇一一）
笹木義友編『新版　松浦武四郎自伝』（同右、二〇一三）
今野淳子現代語訳　鈴木茶渓・松浦武四郎『唐太日記・北蝦夷餘誌』（同右、二〇一三）
静嘉堂編『松浦武四郎コレクション』（公益財団法人　静嘉堂、二〇一三）
松浦武四郎著・佐藤貞夫編集『松浦武四郎大台紀行集』（松浦武四郎記念館、二〇〇三）
松浦武四郎著・佐藤貞夫編集『壬午遊記』（同右、二〇一一）
松浦武四郎著・佐藤貞夫編集『甲申日記』（同右、二〇一四）
下村友恵編『松浦武四郎著　自由訳　久摺日誌』たけしろうカンパニー、二〇一四）
松浦武四郎著・佐藤貞夫解読編集『庚辰紀行』（松浦武四郎記念館、二〇一六）
松浦武四郎著・佐藤貞夫・松村瞭子・唐津巳喜夫解読『明治期稿本集』（同右、二〇一七）
松山四郎『新版武四郎碑に刻まれたアイヌ民族』（中西出版、二〇一七）
尾﨑　功『東西蝦夷山川地理取調圖を読む』（北海道出版企画センター　二〇一七）
合田一道『松浦武四郎　北の大地に立つ』（同右、二〇一七）

山本命『松浦武四郎入門』（月兎舎、二〇一八）

『戊午東西蝦夷山川地理取調日誌』の概要

松浦武四郎は、前年に引き続き幕府の雇として蝦夷地一円地理取調方を命じられ、安政五（一八五八）年一月二十四日《新暦・三月九日》箱館を出発、探査した地域の各河川の名称、状況などを記録し、周辺に住むアイヌ民族の人名、人数、年齢など丹念に調査を行なっている。自ら行くことのなかった河川や山々、人家については地元のアイヌ民族に話を聞き記録した。この年に調査は、二百日以上にわたり蝦夷地の沿岸部、内陸部を調査し八月二十一日《新暦・九月二十七日》、箱館に戻った。

調査に当たっては、案内人のアイヌ民族を数名から十名ほどを各会所などで選び、案内と荷物の運び人として雇った。自分たちの食料、米、味噌、塩などを持ち、地域、地元に住むアイヌ民族のために、お土産用として煙草、糸、針等を用意した。

武四郎は時々、世話になったアイヌや高齢のアイヌに、これらのお土産、煙草、糸、針を手渡した。糸、針は日常必要な物である。小さく軽いのでたくさん持参しても重くないし、荷物にもならない。良く考えたお土産品であった。

一回目の十勝内陸調査では、十勝に八日間滞在している。二月二十四日《新暦・四月七日》、石狩川河口にある石狩会所で準備をしてから出発した。旭川の忠別大番屋に着き数日滞留した。それから空知川の上流を上り、十勝の佐幌川上流には、三月十三日《新暦・四月二十六日》に着いて野宿した。

そこから清水町の人舞、ビバウシを通り、三月十七日《新暦・四月三十日》には、芽室川河口に着き宿泊した。そこから帯広川河口まで歩き、止若まで舟で下り、それぞれで宿泊した。十勝川を舟で下り、大津に三月二十日《新暦・五月三日》に着き、宿泊している。それから釧路へ向かった。

二回目の十勝内陸調査旅行では九日間滞在している。広尾会所に七月十四日《新暦・八月二十二日》に着き、宿泊してから朝早く馬を借りて出発した。

七月十五日《新暦・八月二十三日》には大樹のアシリコタンで宿泊し、上札内、戸蔦別を通り、上美生川川筋のピウカチャラで七月十七日《新暦・八月二十五日》に野宿をした。

七月十八日《新暦・八月二十六日》、再び、春に訪問している芽室川河口のカムイコバシの家に宿泊した。

芽室川河口から音更川河口、止若を舟で下り七月二十一日《新暦・八月二十九日》に大津に着き宿泊。七月二十二日《新暦・八月三十日》には広尾会所に宿泊し、その後、サルル番屋で宿泊した。

余程、何かが気に入ったのであろうか。武四郎は好奇心が旺盛であり趣味人である。土器やヤジリ、砥石などの石器類の収集や黒曜石（十勝石）を採取できたことが興味深かったのかも知れない。

『自伝』には、翌・安政六（一八五九）年七月十日《新暦・八月八日》、「戊午日誌、今日、業終わる。今日より人物誌二編に懸かる」とあり、六十一巻からなる『戊午日誌』の執筆を終えている。

『十勝日誌』の概要

文久元（一八六一）年に、『石狩日誌』、『久摺日誌』、『後方羊蹄日誌』が、『十勝日誌』、『夕張日誌』、『天塩日誌』は文久二（一八六二）年、同三年には『納沙布日誌』、『知床日誌』が出版されている。この八冊とも丸山道子さんが現代語訳にされているので、当時の様子を興味深く読むことが出来る。

『十勝日誌』は『戊午東西蝦夷山川地理取調日誌』よりも、探査中の余談が多く書かれており、読んでも面白い。アイヌ民族の生活や食べ物、山菜の種類などを知ることができて興味深い。吹雪の日やキツネを獲って食べた話、キハダ（漢方薬・胃薬）の木の皮を剥ぎ、床に敷くと蚤《のみ》がいないことやシカの生肉に塩を付けて食べたこと、雨降りの野宿やフキの葉を体に巻き付けて濡れるのを防ぐ話など、『十勝日誌』にはより詳しく、アイヌの人たちの知恵が書かれている。

『戊午東西蝦夷山川地理取調日誌』では、石狩会所を二月二十四日《新暦・四月七日》に出発し、十勝の大津には三月二十日《新暦・五月三日》に着いている。そこから釧路方面へ向かった。

二回目の十勝内陸調査は、広尾会所を七月十五日《新暦・八月二十三日》に出発して、歴舟川を上り、芽室川河口から大津に下り、大津番屋には七月二十一日《新暦・八月二十九日》に着いた。広尾会所には七月二十二日《新暦・八月三十日》に着き、日高を通って箱館に戻った。

『十勝日誌』では、石狩会所を二月二十日《新暦・四月三日》に出発し、十勝の大津には三月十八日《新暦・五月一日》に着いている。

『十勝日誌』と『戊午東西蝦夷山川地理取調日誌』を比較すると、同じ地域、同じ場所を探査旅行しているのにもかかわらず、日付けが異なっている。なぜなのか、不思議で興味深い。

『戊午東西蝦夷山川地理取調日誌　足跡図』

附録　作成者小林和夫を引用・参照

安政五（一八五八）年

箱館	一月二十四日（新暦・三月九日）出発
大野	一月二十四日（新暦・三月九日）泊
森・鷲ノ木	一月二十五日（新暦・三月十日）泊
八雲・山越内	一月二十六日（新暦・三月十一日）泊
長万部（ヲシヤマンベ）	一月二十七日（新暦・三月十二日）泊
礼文華（レブンキ）	一月二十八日（新暦・三月十三日）泊
虻田（アブタ）	一月二十九日（新暦・三月十四日）泊
有珠（ウス）	二月一日（新暦・三月十五日）泊
ペンケタツコフ	二月二日（新暦・三月十六日）泊
有珠（ウス）	二月三日（新暦・三月十七日）泊

虻田（アブタ）	二月四日〜七日（新暦・三月十八日〜二十一日）滞留
チボヤウシ	二月八日〜十一日（新暦・三月二十二日〜二十五日）滞留
シュシボク	二月十二日〜十四日（新暦・三月二十六日〜二十八日）滞留
中山峠（ルベシベナイ）	二月十五日（新暦・三月二十九日）泊
シケレベニウシベツ	二月十六日（新暦・三月三十日）泊
温泉	二月十七日（新暦・三月三十一日）泊
ヲコシネイ	二月十八日（新暦・四月一日）泊
フシコハッチヤブ	二月十九日（新暦・四月二日）泊
石狩会所・石狩川河口	二月二十日〜二十三日（新暦・四月三日〜六日）滞留
美登江（ビトイ）	二月二十四日（新暦・四月七日）泊
江別・対雁（ツイシカリ）	二月二十五日〜二十六日（新暦・四月八日〜九日）滞留
ニイルルヲマナイ	二月二十七日（新暦・四月十日）泊
浦臼内（ウラシナイ）	二月二十八日（新暦・四月十一日）泊
徳富川河口（トック）	二月二十九日（新暦・四月十二日）泊
深川・妹背牛（ベッバラ）	二月三十日（新暦・四月十三日）泊
深川・音江（ラウネナイ）	三月一日（新暦・四月十四日）泊
忠別大番屋（チクベツブト）	三月二日〜三日（新暦・四月十五日〜十六日）滞留

宇園別（ウエンベツブト）　三月四日（新暦・四月十七日）泊
忠別大番屋（チクベツブト）　三月五日〜八日（新暦・四月十八日〜二十一日）滞留
辺別川（ホロナイ）　三月九日（新暦・四月二十二日）泊
レリケウシナイ　三月十日（新暦・四月二十三日）泊
近傍（ベベルイ）　三月十一日（新暦・四月二十四日）泊
ヘテウコヒ　三月十二日（新暦・四月二十五日）泊
佐幌（パナクシサヲロ）　三月十三日（新暦・四月二十六日）泊
人舞（ニトマフ）　三月十四日〜十五日（新暦・四月二十七日〜二十八日）滞留
ビバウシ　三月十六日（新暦・四月二十九日）泊
芽室川河口（メモロブト）　三月十七日（新暦・四月三十日）泊
帯広川河口（ヲベレベレフブト）　三月十八日（新暦・五月一日）泊
マクンベツチヤロ　三月十九日（新暦・五月二日）泊
大津（ヲホツナイ）　三月二十日（新暦・五月三日）泊
白糠（シラヌカ）　三月二十一日（新暦・五月四日）泊
釧路会所（クスリフト）　三月二十二日〜二十三日（新暦・五月五日〜六日）滞留
フブウシナイ　三月二十四日（新暦・五月七日）泊
ルベシベヲブクツ　三月二十五日（新暦・五月八日）泊

阿寒湖畔（ホロヲサルンベ）	三月二十六日～二十七日（新暦・五月九日～十日）滞留
パナワンキリキンナイ	三月二十八日（新暦・五月十一日）泊
チヌケプ	三月二十九日（新暦・五月十二日）泊
美幌（アシリコタン）	四月一日（新暦・五月十三日）泊
藻琴（モコトウブト）	四月二日（新暦・五月十四日）泊
斜里運上屋（シャリベツ）	四月三日（新暦・五月十五日）泊
カモイノミウシ平	四月四日（新暦・五月十六日）泊
ワツカヲイ	四月五日（新暦・五月十七日）泊
カモイポロ	四月六日（新暦・五月十八日）泊
コトンナイ	四月七日（新暦・五月十九日）泊
別海・本別（ホンベツ）	四月八日（新暦・五月二十日）泊
ベツモシリ	四月九日（新暦・五月二十一日）泊
シユワン	四月十日（五月二十二日）泊
弟子屈（テシカガ）	四月十一日（新暦・五月二十三日）泊
屈斜路湖（クッチヤロ）	四月十二日～十三日（新暦・五月二十四日～二十五日）滞留
弟子屈（テシカガ）	四月十四日（新暦・五月二十六日）泊
標茶（シベツチャ）	四月十五日（新暦・五月二十七日）泊

塘路村（トウロ村・ヲンネウシ）　四月十六日（新暦・五月二十八日）泊
釧路会所（クスリフト）　四月十七日〜十八日（五月二十九日〜三十日）滞留
コンフイ　四月十九日（新暦・五月三十一日）泊
厚岸（アツケシ）　四月二十日〜二十一日（六月一日〜二日）滞留
浜中（シリシユコツ）　四月二十二日（新暦・六月三日）泊
落石（ヲツチシ）　四月二十三日（新暦・六月四日）泊
花咲（ナサキ）　四月二十四日（新暦・六月五日）泊
トウシヤム　四月二十五日（新暦・六月六日）泊
根室（ネモロ）　四月二十六日〜二十七日（新暦・六月七日〜八日）滞留
走古丹（トウベツ）　四月二十八日（新暦・六月九日）泊
野付半島突端（キラク）　四月二十九日（新暦・六月十日）泊
標津（シベツ）　五月一日（新暦・六月十一日）泊
チナナ　五月二日（新暦・六月十二日）泊
計根別（ケネカフト）　五月三日（新暦・六月十三日）泊
標津（シベツ）　五月四日（新暦・六月十四日）泊
羅臼（チトラエ）　五月五日（新暦・六月十五日）泊
知床岬（シレトコ）　五月六日（新暦・六月十六日）泊

ウトロ（ウトルチクシ）　五月七日（新暦・六月十七日）泊
斜里運上屋（シャリベツ）　五月八日（新暦・六月十八日）泊
網走（アバシリ）　五月九日（新暦・六月十九日）泊
ヘテウコヒ　五月十日（新暦・六月二十日）泊
網走（アバシリ）　五月十一日（新暦・六月二十一日）泊
卯原内（ウハラライ）　五月十二日（新暦・六月二十二日）泊
常呂（トコロ）　五月十三日（新暦・六月二十三日）泊
クトイチヤンナイ　五月十四日（新暦・六月二十四日）泊
ノヤサンヲマナイ　五月十五日（新暦・六月二十五日）泊
クツタルベシベ　五月十六日（新暦・六月二十六日）泊
ヌツケシ　五月十七日（新暦・六月二十七日）泊
常呂（トコロ）　五月十八日（新暦・六月二十八日）泊
ウイヌツ　五月十九日～二十日（六月二十九日～三十日）滞留
湧別（ユウヘツ）　五月二十一日（新暦・七月一日）泊
ウベカイ（ヘツカ）　五月二十二日（新暦・七月二日）泊
イタラブト　五月二十三日（新暦・七月三日）泊
湧別（ユウヘツ）　五月二十四日（新暦・七月四日）泊

紋別（モンヘツ）	五月二十五日（新暦・七月五日）泊
ライベツ	五月二十六日（新暦・七月六日）泊
タツシ	五月二十七日（新暦・七月七日）泊
渚滑川河口（ショコツフト）	五月二十八日～二十九日（新暦・七月八日～九日）滞留
宿泊地不明	五月三十日（新暦・七月十日）
猿払（サルフツ）	六月一日～二日（新暦・七月十一日～十二日）滞留
宿泊地不明	六月三日～四日（新暦・七月十三日～十四日）滞留
宗谷（ソウヤ）	六月五日（新暦・七月十五日）出発
トイマクンヘツ	六月五日（新暦・七月十五日）泊
コイトイ	六月六日（新暦・七月十六日）泊
抜海（バツカイ）	六月七日（新暦・七月十七日）泊
天塩（テシホ）	六月八日（新暦・七月十八日）泊
フウレベツ	六月九日（新暦・七月十九日）泊
苫前（トママイ）	六月十日（新暦・七月二十日）泊
イシカルンクシナイ	六月十一日（新暦・七月二十一日）泊
コタンベツ	六月十二日（新暦・七月二十二日）泊
宿泊地不明	六月十三日～十五日（七月二十三日～二十五日）

石狩会所	六月十六日〜十七日（新暦・七月二十六日〜二十七日）　泊・出発
銭函（ゼニハコ）	六月十七日（新暦・七月二十七日）　泊
豊平（トイヒラ）	六月十八日（新暦・七月二十八日）　泊
千歳	六月十九日（新暦・七月二十九日）　泊
勇払（ユウフツ）	六月二十日（新暦・七月三十日）　泊
トンニカ村	六月二十一日〜二十三日（七月三十一日〜二日）　滞留
ハンケイチミフナイ	六月二十四日（新暦・八月三日）　泊
ハツタルセ	六月二十五日（新暦・八月四日）　泊
穂別（ホベツフト）	六月二十六日（新暦・八月五日）　泊
鵡川（ムカワフト）	六月二十七日（新暦・八月六日）　泊
門別（モンヘツ）	六月二十八日（新暦・八月七日）　泊
クツタラ（ニナツミフ村）	六月二十九日（新暦・八月八日）　泊
貫気別村（ヌツケヘツ）	七月一日（新暦・八月九日）　泊
トナエイ	七月二日（新暦・八月十日）　泊
ホロサル	七月三日（新暦・八月十一日）　泊
沙流川下流	七月四日（新暦・八月十二日）　泊
門別（モンヘツ）	七月五日（新暦・八月十三日）　泊

ヒウ　七月六日（新暦・八月十四日）泊
ナヌニ　七月七日（新暦・八月十五日）泊
ヲサナイ　七月八日（新暦・八月十六日）泊
ヲシヤマウニ　七月九日（新暦・八月十七日）泊
新冠会所（ニイカツフ）　七月十日（新暦・八月十八日）泊
幌泉（ホロイツミ）　七月十一日（新暦・八月十九日）泊
シヤウヤ　七月十二日（新暦・八月二十日）泊
サルル番屋（目黒）　七月十三日（新暦・八月二十一日）泊
広尾会所（ヒロウ）　七月十四日（新暦・八月二十二日）泊
大樹村（アシリコタン）　七月十五日（新暦・八月二十三日）泊
上札内（サツナイ）　七月十六日（新暦・八月二十四日）泊
美生川中流（ピウカチャラ）　七月十七日（新暦・八月二十五日）泊
芽室川河口（メムロブト）　七月十八日（新暦・八月二十六日）泊
音更川河口（ヲトケフブト）　七月十九日（新暦・八月二十七日）泊
幕別・止若（ヤムワツカビラ）　七月二十日（新暦・八月二十八日）泊
大津（ヲホツナイ）　七月二十一日（新暦・八月二十九日）泊
広尾会所（ヒロウ）　七月二十二日（新暦・八月三十日）泊

サルル番屋	七月二十三日（新暦・八月三十一日）泊
幌泉（ホロイツミ）	七月二十四日（新暦・九月一日）泊
様似（シヤマニ）	七月二十五日（新暦・九月二日）泊
ルチシホク	七月二十六日（新暦・九月三日）泊
幌別川三股（ホロベツ）	七月二十七日（新暦・九月四日）泊
ホロベツフト	七月二十八日（新暦・九月五日）泊
浦河（ウラカワ）	七月二十九日（新暦・九月六日）泊
シリエト	八月一日（新暦・九月七日）泊
イカベツ	八月二日（新暦・九月八日）泊
ライベツ	八月三日（新暦・九月九日）泊
三石	八月四日（新暦・九月十日）泊
ヌツキベツ	八月五日（新暦・九月十一日）泊
三石	八月六日（新暦・九月十二日）泊
ヘテウコヒ	八月七日（新暦・九月十三日）泊
三石	八月八日（新暦・九月十四日）泊
サヌシベ	八月九日（新暦・九月十五日）泊
チヌエヒラ	八月十日（新暦・九月十六日）泊

ヘテウコヒ　八月十一日（新暦・九月十七日）泊
リイセナイ　八月十二日（新暦・九月十八日）泊
ルベシベ　八月十三日（新暦・九月十九日）泊
新冠（ニイカツフ）　八月十四日（新暦・九月二十日）泊
宿泊地不明　八月十五日〜二十日（新暦・九月二十一日〜二十六日）
箱館　八月二十一日（新暦・九月二十七日）帰着

『十勝日誌・一回目の足跡』

丸山道子現代語訳「松浦武四郎著、十勝日誌」を引用・参照

安政五（一八五八）年

石狩会所　二月十九日（新暦・四月二日）滞留
石狩会所出発　二月二十日（新暦・四月三日）野宿
石狩川岸　二月二十一日（新暦・四月四日）野宿
石狩川岸　二月二十二日（新暦・四月五日）野宿
樺戸川岸　二月二十三日（新暦・四月六日）野宿
新十津川の上徳富付近　二月二十四日（新暦・四月七日）野宿

新十津川の上徳富付近　二月二十五日（新暦・四月八日）　野宿
ベツバラ　二月二十六日（新暦・四月九日）　宿泊
ヲランナイ小川岸　二月二十七日（新暦・四月十日）　野宿
伊野川河口　二月二十八日（新暦・四月十一日）　野宿
忠別大番屋　二月二十九日（新暦・四月十二日）　宿泊
忠別大番屋　二月三十日（新暦・四月十三日）　宿泊
当麻付近　三月一日（新暦・四月十四日）　宿泊
忠別大番屋　三月二日（新暦・四月十五日）　宿泊
忠別大番屋　三月三日（新暦・四月十六日）　宿泊
忠別大番屋　三月四日（新暦・四月十七日）　宿泊
辺別川流域　三月五日（新暦・四月十八日）　野宿
レリケウシナイ川岸　三月六日（新暦・四月十九日）　野宿
針葉樹林の中　三月七日（新暦・四月二十日）　野宿
空知川上流　三月八日（新暦・四月二十一日）　野宿
佐幌川本流　三月九日（新暦・四月二十二日）　野宿
十勝川本流岸　三月十日（新暦・四月二十三日）　宿泊
十勝川上流　三月十一日（新暦・四月二十四日）　野宿

十勝川岸　三月十二日（新暦・四月二十五日）宿泊
人舞　三月十三日（新暦・四月二十六日）宿泊
ビバウシ　三月十四日（新暦・四月二十七日）宿泊
芽室川河口　三月十五日（新暦・四月二十八日）宿泊
帯広川河口　三月十六日（新暦・四月二十九日）宿泊
タンネヲタ川岸　三月十七日（新暦・四月三十日）野宿
大津番屋　三月十八日（新暦・五月一日）宿泊
大津番屋　三月十九日（新暦・五月二日）釧路へ

『十勝日誌・二回目の足跡』

広尾会所発　大樹着　七月十一日（新暦・八月十九日）宿泊
札内川流域西札内　七月十二日（新暦・八月二十日）宿泊
美生川上流（ヒウチヤラセ）　七月十三日（新暦・八月二十一日）野宿
芽室川河口　七月十四日（新暦・八月二十二日）宿泊
音更川河口　七月十五日（新暦・八月二十三日）宿泊
幕別・止若　七月十六日（新暦・八月二十四日）宿泊

大津番屋　　　　　七月十七日（新暦・八月二十五日）宿泊
当縁　　　　　　　七月十八日（新暦・八月二十六日）野宿
広尾会所　　　　　七月十九日（新暦・八月二十七日）宿泊

知行

藩主が家臣に給与を与える方法のことで、江戸時代になり、家臣が藩主から領地の分封（ぶんぽう）を受けて年貢米を徴収した。

松前藩の場合は、冷涼地のため米が生産されず、本州方面の各藩と同じようにはいかなかった。そこで、蝦夷地を多くの場所に区画して家臣に給与し、そこで生産されるのは鮭、鱒や海藻類、古くは砂金、鷹の羽などを給与とした（『北海道歴史事典』）。

知行主

蝦夷地（北海道）には、松前藩（道南の松前町に城がある）があった。十勝場所の開設年代は、寛文年間（一六六一～七二）に、松前藩家老蠣崎蔵人広林の知行地として発足した。

十勝場所が設置された場所は、十勝川河口の大津の可能性もあるが、現在は広尾ということになっている。これといった確証がないようである（『新広尾町史』）。

場所請負制・場所請負人

はじめ、知行主は自らの船を仕立てて、蝦夷地各地のアイヌと交易を行ない利益を得ていた。その後、自ら交易を行なうことは、海難事故やその他の原因で損失をまねき、財政難を伴う危険性があるため、専門の商人に交易を委託して、一定の運上金を収めさせる方法をとった。松前藩では、冷涼な気候上の理由から、稲を栽培することができないので、他の藩と同じように、米による年貢を収めさせることができなかった。

そこで、松前藩では家臣に俸禄を与える代わりに、蝦夷地の各地でアイヌとの交易を行なわさせ、俸禄として与えた。

その交易場所を「商場」といった。このような制度を「商場知行制」といい、後に、委託した大商人（場所請負人）による大規模な交易が行なわれるようになり、家臣に一定の運上金が入るようになった。このような制度を「場所請負制」という（『新広尾町史』）。

請負場所・運上屋・会所・番屋

請負場所は運上屋といわれ、後に会所（石狩会所、広尾会所など）というようになった。番屋は、会所の支所のようなのが番屋（大津番屋など）である。幕末の蝦夷地には会所が六十ぐらいあったという。

会所は、蝦夷地、樺太、択捉島など、各地域に数多く置かれていた。後に、幕府の役人が常駐し、建物が整備され、和人の住居、交通に便宜が図られた。支配人、帳場、通訳、番人、和人の漁夫、アイヌの人たちが働いていた。

広尾会所には旅宿所二ヶ所、アイボシマ（大樹町浜大樹周辺か）には昼休所、当縁には番屋、通行所があった。

蝦夷地内陸から多くのアイヌ民族が集められ、漁場で働らかせられた。アイヌの男性は、春にはタラ、カスベ（魚の種類）を釣り、布海苔を取り、夏は昆布を取り、秋はブリ漁をした。冬の仕事はなく十勝の内陸の家に帰った。女はアッシを織り、会所で使用するスダレなどを編んだ。アイヌ民族は賃金労働者でなく、現物支給で過酷な扱いを受けた労働者であったという。そのため、生活の保障をすることが定められた（『新広尾町史』）。

松浦武四郎が広尾場所で調査した当時のアイヌ民族の人口は、一、二五一人であり、その内の労働に耐える四百人ぐらいが請負人に雇われていた。残りの八百人ぐらいが、老人、子供たちであり、十勝の内陸に住んでいた（『トカプチ』二十一号）。

交易品

初期の頃は、砂金、鷲の羽、塩鶴、干し鮭、鹿皮、熊皮など、高値で取り引きされた物が多い。鷲の羽は弓の矢に使用され、塩鶴は貴人の食膳で重宝されたという。

天明六（一七八六）年、十勝（広尾）場所では、昆布、布海苔、塩鮭、鹿皮、アッシ、シナ縄の記録がある。
安政五（一八五八）年、十勝（広尾）会所では、熊の胆汁、狐皮、貂《テン》皮、鹿角、鹿爪、鹿皮、鮭、昆布、鱈《タラ》、鰯《イワシ》、布海苔などである（『新広尾町史』）。

運上金

場所請負人が知行主・藩主に一定の年期を限って知行地（商場）、または、藩主直轄場所の経営を請け負う場合に、上納する請負金のことをいう（『北海道大百科事典』）。

アイヌ民族の生活を保証する義務

はじめの頃、労働力としてのアイヌ民族の取り扱いは、劣悪なものがあった。そこで、知行主は、請負人に対してアイヌ民族の生活を保障する義務を負わせるようにした。

安政三（一八五六）年の十勝場所では、「蝦夷人介抱並に撫育の義務」が定められていた。数例を紹介すると次のようになる。

- 老人の蝦夷人には、一日、ご飯一杯、玄米二合五勺。
- 出生蝦夷人男女には、濁酒三升、玄米一升、煙草二把。
- 死亡蝦夷人には、濁酒三升、玄米一升、煙草二把、白木綿一丈。

・漁業の操業中、三月中旬頃から五月末頃まで、一人一日当たり米七合五勺（およそ、一人当たり五斗六升）。
・昆布漁中、六月上旬頃から八月末までは、一人一日当たり米七合五勺（およそ、一人当たり五斗二升）。
・鮭漁操業中、八月中旬から九月末頃まで、一日一人当たり七合五勺等である（『新広尾町史』）。

参考までに、米の重さを示す。一勺は一合の十分の一、すなわち、十五グラム。一合は百五十グラム、一升は十合、すなわち、一・五キロ。一斗は十升、すなわち、十五キロである。

現在、私たち老夫婦が食べる米の量は、自家用野菜、漬け物、魚介類が多いためか、一日当たり二合、一人当たり一合である。一合の米は、ご飯にするとご飯茶碗二杯分である。若い頃は、一日、一人当たり二合を食べていたと、妻が教えてくれた。

江戸時代は一般的に一日、一人当たり五合ぐらい食べ、旧陸軍では一日、一人当たり六合の米を食べていたといわれている。

松浦武四郎の身長は一四八センチであったという（山本命著『松浦武四郎入門』）。現在、日本人の二〇代の男性の身長は、一七〇センチ以上あり、松浦武四郎の身長は、現在の一一歳から一二歳の小学六年生から中学一年生ぐらいの身長に相当する。

かなり、身長が低いと感じるが、江戸時代の人々の身長は平均的に低かった。明治三〇（一八九七）年の陸軍の徴兵検査では、一七・三七パーセントが一五一・五センチ未満であった。甲種合格の基準が一五〇センチ以上なので、松浦武四郎の身長は、当時として、かなり低いとはいえない身長だった（藤田昌雅著『日本陸軍　兵営の生活』）。

人別帳《にんべつちょう》

アイヌ民族の戸数、人数、年齢、続柄など調査記録した帳簿のことをいう（『新広尾町史』）。

和人のコタン支配と役土人

アイヌ民族のコタン（集落・部落）には、元々、酋長が部落の長として世襲的にアイヌ民族を統率していた。酋長は祖先神を祭る祭司であり、闘争に当たっては指揮者として重要な役割を果たした。

松前藩では、場所請負制度の発達により、役土人制度を設けてコタン（集落・部落）支配の形態を整えた。アイヌ民族に対して行政上の諸制度、諸政令の周知徹底、人別調査、場所労働力動員、生活扶助などの施策の浸透を図った。

文化年間（一八〇四〜一八一八）以降、十勝のコタン支配の形態は、酋長を乙名と称し、この下に小使を置き補佐役とした。一つの地域で数カ所のコタンがあるところには、惣乙名、脇乙名、惣小使をおいた。

安政四（一八五七）年頃、十勝では三一ヵ所のアイヌ民族のコタンがあり、形態を「山方」と「浜方」に分けた（『豊頃町史』）。

アイヌ民族の和名

私は昭和四十五（一九七〇）年頃、阿寒湖畔に住むアイヌ民族の山本多助さんから、『アイヌ民族の苗字は、一般の和人よりも早く付けられた』と聞いていた。

明治三（一八七〇）年、平民の苗字公称が許可され、明治四（一八七一）年、戸籍法で登録様式が整い、明治八（一八七五）年、太政官布告で苗字を名乗ることが義務づけられた（『四訂必携日本史用語』）。

私は、山本多助さんの話は、その頃の話かと思っていた。

ところが、北海道出版企画センター発行の松浦武四郎著・高倉新一郎校訂・秋葉實解読の『戊午東西蝦夷山川地理取調日誌』の文中で、中山、栗山、布施、石川、今井、川村、荒川、磯谷、清水、菊地、荒城、鹿田など、もともと和人の苗字が、アイヌ民族の苗字にもなっていることを知った。

また、名前も文太郎、浜吉、船吉、栗七、弥市、嘉市、長蔵、梅五郎、弥惣吉、梅吉、芝蔵、才兵衛、磯吉、忠六、友四郎、金十郎、由造、石松、哥吉、三之助などが付けられていた。

数十年も前に、山本多助さんから聞いた話は、このことだったのだと記憶がよみがえった。

また、数十年も前のことなので、私の記憶が定かでないが、島根県の隠岐の島か、長崎県の壱岐のどちらからか、山本多助さんは、地名解明の依頼を受けた。古代日本語、古代朝鮮語のどちらでも解明できないため、アイヌ語で解明できないだろうかと依頼されたのだった。
山本多助さんは、その島に着いて、すぐ、現場を見ず『どのような地名か』と係の人に聞いた。『それはアイヌ語では、湿地帯の意味、それは貝が多いところという意味』と説明したところ、係の人は驚き『そのような場所です』と、答えが返ってきたと話してくれた。私はそのようなことを思い出した。
山本多助さんは明治三十七（一九〇四）年に釧路の春採湖周辺で生まれ、平成五（一九九三）年、八十九歳で亡くなった。
山本多助さんは、社団法人北海道アイヌ協会の役員として活躍した。著述家であり、アイヌ民族の文化伝承者であった。
次に、主な著書を紹介する。
「アイヌ語小事典」（ヤイユウカラ・アイヌ民族学会、一九七六）
「九州旧地名調査と各地方の見聞記」（ヤイユウカラ・アイヌ学会、一九七六）
「叙事詩（ユウカラ）」（私刊、一九八〇）
「カムイ・ユーカラ・アイヌ・ラックル伝」（平凡社、一九九三）
「イタクカシカムイ（言葉の霊）」（北海道大学図書刊行会、一九九三）

その他、多数の著書を著している。

帰俗土人

苗字、名前を和名に改めたアイヌ民族を「帰俗土人」と称し、白米食、和服、会所における床上着座など、他のアイヌ民族と区別して優遇した。女子の入れ墨など、風俗の改変を図るなどの同化政策を推進した（『新広尾町史』）。

アイヌ民族とは

『北海道旧土人保護沿革史』によると「貴族院に於ける討議」の中で、政府委員は「アイヌは同じく帝国の臣民であり（二〇七頁）」と話している。

議員からアイヌ民族の混血児に関して「アイヌの方に入れるのか、入れないのか」という質問があった。

これに対して政府委員の説明は、次のようであった。

政府委員は「明らかに誰が見ても分かる者だけ、アイヌとして取り扱うつもりであります」というように答弁している（二二〇頁）。これといった定義がないようであった。

平成二十五年・北海道環境衛生部の北海道アイヌ生活実態調査報告書の中で、調査の対象の「アイヌ」とは、「地域社会でアイヌの血を受け継いでいると思われる方、また、婚姻、養子縁組などにより、それらの方と同一の生活を営んでいる方」となっている。

全道のアイヌの人口

嘉永	二（一八四九）年	三、七〇六戸	一七、五五二人
明治	十九（一八八六）年	三、七三二戸	一七、四六〇人
明治	三十一（一八九八）年	四、六〇二戸	一七、五七三人
平成	十八（二〇〇六）年	八、二七四戸	二三、七八二人
平成	二十五（二〇一三）年	六、八八〇戸	一六、七八六人

十勝のアイヌの人口

嘉永	二（一八四九）年	一六〇戸	一、一四一人
文政	五（一八二二）年	一七一戸	一、〇九九人
安政	二（一八五五）年	二六六戸	一、三二一人
明治	四（一八七一）年	二五五戸	一、二四五人
平成	十八（二〇〇六）年	三六四戸	九一七人
平成	二十五（二〇一三）年	一八四戸	三九九人

嘉永二年、文政五年、安政二年、明治四年は『新広尾町史』。明治十九・三十一年は『北海

道旧土人保護沿革史』。平成十八・二十五年は、『北海道アイヌ生活実態調査報告書』北海道環境衛生部による。

十勝の五十一カ村

『戊午日誌』の十勝管内の記述の中に、何カ所か、漢字の村名が出てくる。漢字の読み方が難しいので、明治九（一八七六）年頃の十勝の漢字名、制度上の五十一カ村が参考になるように記載した（『新広尾町史』・『陸別町史』）。

広尾郡	茂寄（モヨロ）村
当縁郡	歴舟（ペルフネ）村、当縁（トウブチ）村、大樹（タイキ）村
十勝郡	大津村（オホツ）村、長臼（オサウス）村、鼈奴（ベッチャロ）村、十勝（トカチ）村、生剛（オヘコハシ）村、愛牛（アイウシ）村
中川郡	旅来（タビコライ）村、安骨（ヤスコツ）村、豊頃（トヨコロ）村、十弗（トフツ）村、凋寒（シボムサム）村、様舞（シヤモマイ）村、誓牛（チカウウシ）村、信取（ノブトル）村、蓋派（ケダシバ）村、居辺（ヲロベ）村、押帯（オシオブ）村、勇足（イサミタラ）村、幌蓋（ホロケダシ）村、負箙（オフエヒラ）村、嫌侶（キロロ）村、本別（ホンベツ）村、白人（シロト）村、蝶多（テフタ）村、止若（ヤムワツカ）村、咾足（イカンタラ）村、幕別（マクンベツ）村、別奴（ベツチヤロ）村
河西郡	荊苞（パライ）村、上帯広（カミオビルビルプ）村、下帯広（シモオビルビルプ）村、伏古（フシコ）村、迫別（セマリベツ）村、美生（ビバヘル）村、芽室（メモロ）村、羽帯（ボネオブ）村、幸震（サツナイ）村、戸蔦（トツタ）村、鵜援（ヌエヌンケ）村、買売（ウレカフ）村
河東郡	音更（オトフケ）村、然別（シカリベツ）村、東士狩（ヒガシシカリ）村、西士狩（ニシシカリ）村、美蔓（ビバフシ）村
川上郡	人舞（ヒトマフ）村、屈足（クツタラシ）村

注・現在の足寄郡（足寄町、陸別町）は、当時、釧路国に属していた。

地名と名前

文中の地名や河川名は、ほとんどが片仮名のアイヌ語地名のため、現在の漢字の地名に直せるところは、分かりやすいように漢字の地名に書き直した。

アイヌ語の地名や名前は、原本から現在の書籍にするとき、例えば、「シ」が「レ」であったり、「フ」が「ツ」であったり、また、その逆であったりで、達筆な筆字を現在の活字文にするための大変さがうかがえた。

また、同じ地名でも「ヘ」、「ベ」、「ペ」や「ヒ」、「ビ」、「ピ」などがあり、当時はそれぞれの地域、あるいは、それぞれのアイヌ民族の発音の仕方で、異なっているのであろうか。『戊午日誌』の文中の地名や人名も、『十勝日誌』と異なっていたりで、難解な昔の文章を活字にすることは、大変な作業であると思った。

秋葉実解読、『戊午日誌』の本文と本文中にある河川地図の河川名と、必ずしも一致していないことが多い。なぜか分からないが、参考となるので本文の中に地図を入れた。

そのようなことで、同じ地名や名前が、文章の中で異なって登場することを理解していただきたい。

メートル法に変換

距離、長さの丁、丈、間、尺などは、現在のキロ、メートルなどに書き換えた。

米、酒、煙草、布などの単位は、昔のままのほうが、馴染み深いような気がするので、そのまま使用した。

旧暦と新暦

旧暦は、太陰暦、陰暦ともいう。月の満ち欠けで時間を決めた。一ヵ月の日数は二十九日と三十日である。文中の旧暦の二月は、三十日まであった。

新暦とは、現在、普通に使われている太陽暦、陽暦のことである。地球が太陽を一周する時間を一年としている。新暦は明治六年（一八七三）年一月一日から始まった（『岩波国語辞典』）。

私は、始めに『十勝日誌』を読んだ。すると、どうしても現在と比較して、雪の状態、野草の生育状況などが異なり、違和感を覚えた。およそ、百六十年前のことである。それほど大きな気候変動があったとは思えなかった。

不思議に思いつつ、『十勝日誌』（丸山道子　現代語訳　一九七五年）を読み進めると、日付が旧暦であることに気が付いた。旧暦と新暦の日数の差は一ヵ月以上ある。新暦に直して本文を読んでみると、だいたいの状況が、現在の状況と同じで、違和感なく読むことができた。

第一章

戊午登加智留宇知之日誌（巻之一～五）

松浦竹四郎著

戊午登加智留宇知之日誌　巻之一　安政五（一八五八）年

一月二十四日（新暦・三月九日）

箱館を出発

松浦武四郎は、箱館を出発。

二月二十日（新暦・四月三日）

石狩場所に着く

有珠、洞爺、中山峠、定山渓、豊平、銭函を通って、石狩場所に着いた。

二月二十一日（新暦・四月四日）

酒二升贈る

石狩場所に着くまで、道案内してくれたアイノたちが、それぞれ有珠場所、虻田場所に帰るため、お礼に酒二升を贈った。

写真一　松浦武四郎、銭函から石狩場所に行く

私（編者）は、今から一六〇年前、松浦武四郎が新暦四月三日から六日まで石狩場所に滞在し、七日に石狩川を舟で上り、十勝に向かって出発した同じ日に、石狩川河口と流域の状況を見たいと思った。そのため、早朝、車に乗り、妻と二人で芽室を出発した。

その時、私は、松浦武四郎が歩いた銭函とは、どのようなところか見たいと思い、立ち寄った。なぜ、距離的に近い豊平から歩いて、石狩川河口に行かなかったのだろうかと考えながら、銭函から石狩川河口までの海岸線を車で通った。

当時、蝦夷地にはアイヌ民族の道がいたるところにあった。豊平から石狩川の河口までは湿地帯で歩きずらく、道がなかったのかも知れない。銭函からの方が海岸線を歩くことになり、楽であると考えたのだろうかと思った。

二月二十二日（新暦・四月五日）

案内人、アイノ九人

快晴。石狩川河口の港に、石狩場所の支配人が、石狩川上流地域出身のアイノ民族を連れてきた。

これから石狩川を上り、旭川まで行くため、アイノ九人に道案内をお願いした。

乙名（集落の長）のイソラム三十六歳、上川メムに住むノンク四十一歳、上川のサタアイノ（山中定九郎）二十九歳、上川のサケコヤンケ二十四歳（栗山サケコヤンケ）、上川のヤーラクル二十四歳（布施イヤラクル）、上川のタカラコレ二十九歳（石川タカラコレ）、チクヘツのイナヲエサン二十三歳（今井イナヲエサン）、ツイシカリ乙名ルピヤンケの息子、イコリキナ十九歳、上川のアエコヤン十九歳（川村・荒井系）。

アイノ九人に、酒三升、煙草九把、手拭い九筋を贈った。留萌方面の調査に行っていた石狩調役下役の飯田豊之助が帰ってきた。

〈参〉丸山道子現代語訳『十勝日誌』では、二月十九日《新暦・四月二日》のこととして記述。要約して紹介する。
「快晴。石狩川河口の港に、石狩場所の支配人が、石狩川上流地域出身のアイノたちを連れてきた」と書かれている。

二月二十三日（新暦・四月六日）

必要な物資準備

今朝、出発の支度をしていると、飯田豊之助も行くことになり、一日延期して、二十四日に出発することにした。

米二斗五升（三七・五キロ）、味噌一貫目（三・七五キロ）、塩五合（一キロ）、タシロ（山刀）、モッタ（木彫り用刃物）二挺、モトシ（小、綱、細引き、縄沓）、鉞（マサカリ）二挺、鍋二枚、魚皮ケリ（靴）各用意、丸木舟二隻。

乙名（集落の長）イソラムが、まだ、ヲタルナイから着いていないので、サツホロアイノの小使（乙名の下の役職）モニヲマを案内人にしようとしたが、小使モニヲマは、上川方面の地理をよく知らないので、乙名イソラムに案内してもらったほうがいいとのことであった。

夜になり、調役の又吉が言うのには、イソラムは最近、目の病気になり、案内できないと云った。

イソラムがいなかったのは、最近、山に住むイソラムの老母が亡くなったので、通訳の与左衛門に願い出て、山に帰っているためであるという。このことは後ほど、嘘であることが判明した。

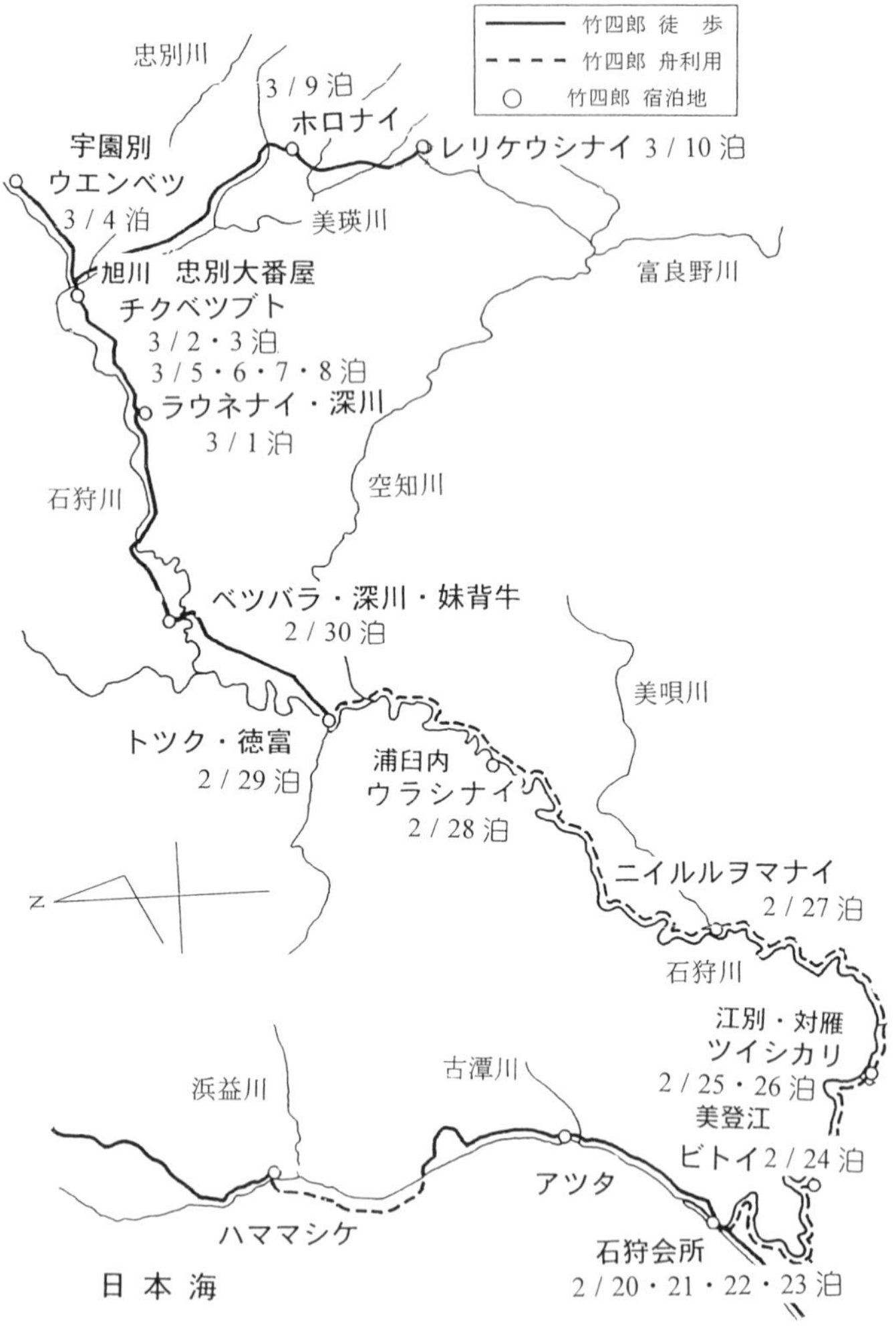

図版１　松浦武四郎の足跡図『安政５年２月20日～３月８日』

（注）河川改修された石狩川

私（編者）が平成二十九年四月六日（旧暦・二月二十三日）、石狩川河口近くの大橋から見た石狩川には、流れる氷りもなく、辺りに雪もなかった。雄大な石狩川の水は静かにゆっくりと流れていた。松浦武四郎が記録した、氷が流れ、両岸に雪が多い状況でなかった。

石狩川河口の砂州にある「いしかり砂丘の風資料館」に訪れた。江戸時代と今とでは気候の状況が異なるという話、現在の石狩川の本流は、河川改修されていることなど、聞くことができた。

資料館の壁には、二枚の地図が貼られていた。一枚の古い地図には、蛇行した石狩川が描かれ、もう一枚の現在の地図には、直線状に河川改修された石狩川が記載されていた。

『石狩町誌・下巻』に掲載されている明治二十九（一八九六）年、陸地測量部の地図では、石狩川は、まだ、大きく蛇行し、大正五（一九一六）年測図、昭和十（一九三五）年修正図の地図には、美登位（美登江）村と生振村の間が直線状の石狩川となっていた。河川が改修されたからである。

二月二十四日（新暦・四月七日）
丸木舟で出発

イソラムを案内人にしようとしたら、眼の病気で案内できないとのことだったが、そのようなことはなかった。鯡《にしん》（鰊）場に連行して、働かせるため、私（武四郎）に嘘をついたのだった。

アイノたち一同、支度を調え出発した。石狩場所に三日間滞留した。運上屋前の雪もほとん

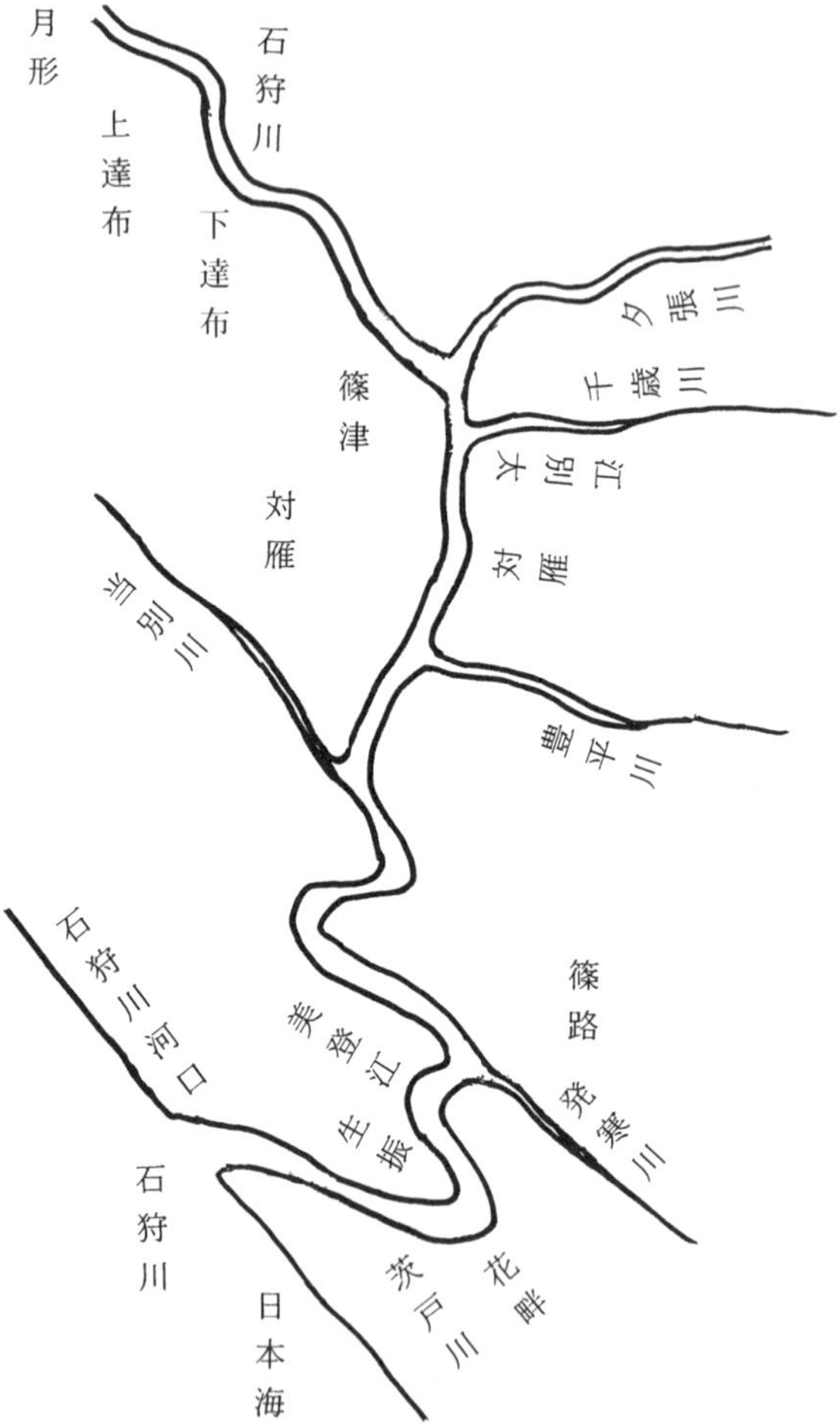

図版２　河川『石狩川河口から月形までの図』

写真二　石狩川河口の砂州にある石狩灯台

石狩灯台は、明治二十五（一八九二）年一月一日に初点灯。砂州の上に木造の遊歩道が整備され、石狩川河口が見下ろせる。初夏には色とりどりの花が咲き美しい原生花園になるのだと思った。

昭和三十二（一九五七）年、松竹映画の「喜びも悲しみも幾年月」の映画の舞台の一つとなった灯台である。戦前から戦後にかけての灯台守夫婦の物語。木下恵介監督、佐田啓二、高峰秀子主演、主題歌は若山彰が歌った。

ど消えた。川もツイシカリ（江別・対雁）まで氷が解け、開いたとのことである。

丸木舟で出発した。雪が解け、川の水がゴウゴウと流れていた。北生振《きたおやふる》という地域があり、そこに着いた。岸に川の波が打ち当たり、岸の雪がボトボトと崩れ落ちた。アイノの家があった。増水のため軒下まで水浸しになりそうだった。

また、幅三メートル、長さ百八十メートル、厚さ、六十センチぐらいの氷が流れていた。アイノたちは大変心配した。氷は岸に打ちつけられ、砕けた。

南岸に、コイトイウシ（石狩町）、ワッカウイ、テイイネ、トクビラなどが見えた。いつもは、この辺から右にマクンベツの方へ入って通るが、この枝川筋は、まだ、氷が解けていないので、本川筋を上った。しばらく行くと、左の方にシビンヤウス、生振（おやふる）があり、このところへ着いた。

惣乙名のサビテアイノが出てきて言うには、『ここまで、三日前から船が来始めたが、これより上の方は、まだ、船の運航は難しい。ここで、一泊して、明日の朝、硬雪の上をツイシカリ（対雁）まで行き、そこで、川の様子を見たらいい』と話した。

案内人のアイノたちは、総乙名サビテアイノの話に、『私たちは、川の氷を割り、行けるところまで行って、行けなくなったら、歩いて行く』と話した。

川を舟で上ると、水の勢いが強く、ゴウゴウと流れ、岸には、柳、ハンノキなどが枝を出し、川の水は岸に当たり、川の波は渦巻き、流れて来る氷は重なり合って、十八メートルぐらいの

写真三　石狩川の河川改修後に残った三日月湖

明治三十一（一八九八）年九月六日から八日、全道的に大雨が降り、各河川は増水し氾濫した。十勝川流域の田畑にも大きな被害をもたらした。

石狩川の氾濫により、その後、河川改修が行われることになった。大正七（一九一八）年から昭和六（一九三一）年にかけて、美登位（美登江）と生振の間を直線に水路を造る工事が行われた。これが現在の石狩川本流である。この時、多くの囚人が働いたという。

元々の蛇行した石狩川は、三日月湖となって残され、茨戸《ばらと》川という名称になった。

茨戸川堤防には、開発局が設置した説明看板が立てられている。その説明によると、昔、川筋に大小様々な沼があり、「パラト（広い・沼）」と呼ばれていた。大正7年から始まった石狩川の捷水路工事によりできた旧石狩川に、茨戸川の名が付けられたと考えられている、と書かれてあった。

冬の寒さの厳しい中、松浦武四郎は、現在の三日月湖、蛇行した茨戸川（旧、石狩川）を舟で上ったのだ。

氷山になっていた。

両岸に、モシンレパ、ホロモシリ、下トヤウシ、ウツナイ、上トヤウシなど地域があり、このあたりには、アイノたちの網曳場《あみひきば》小屋などもあった。小屋の軒下まで水につかっていた。陸地の小屋は、まだ雪が深いため、わずかに小屋の棟が見えた。

右の方に、花畔村《ばんなぐろ》、ヲタビリ、発寒川河口が見えた。この辺から眺めると、通常の夏日は、この河口は九から十一メートルぐらいと思われるが、雪解け水で水増して、その巾およそ二十七から二十九メートル、また、深さは九メートルぐらいであると思う。ヤナギなどの木々は半ば水に浸かり水の勢いをゆるめている。

サッホロブト（琴似川河口）は、最近、川が細く、河口が閉じたようになっていたが、この頃の雪解け水で、川幅おおよそ九から十一メートルにもなり河口が広く見えた。

右と左に、明るい土手という意味のペケレトシカ、ビトイ（美登江）という地域がある。

ここまで上って来たら、午後四時頃になっていた。なかなか思うように進まなかったが、幸い、この番屋で宿泊することをアイノたちがすすめるので、上陸して一泊することにした。

この辺には、まだ、雪が一メートルもあった。岸の雪は反り返って落ちそうになっていた。そのため、川の水を汲むことは危険を伴った。

濁っている川の水で飯を炊くと、飯の上にゴミ、チリが一面に敷き詰めたようになった。それでも飯田氏は、その汚れに少しもひるまず食べた。実に真面目な人物と思った。

写真四　花畔出土の十勝石のヤジリ

「花畔」と書いて「ばんなぐろ」と読む。アイヌ語で「川下の人の漁場」という意味。その昔、夕張から来たアイヌ民族が名付けたという。北海道では、元々、アイヌ語の地名であったものに漢字を当てはめた地名がほとんどで、普通に読める地名が少なく難しい。

石狩川流域、河口周辺には遺跡が多い。松浦武四郎はいろいろな珍しい物を収集していた。その中で、遺跡から出土する遺物にも興味を持っていた。

一例として、おそらく、以前、畑の耕起中に発見されたであろう、花畔地域の出土という十勝石のヤジリ三個を紹介する。写真・右約六・一センチ、中約八・一センチ、左約六・四センチ。かつて、編者が古物商から入手した。

（注）運上屋で三日間滞在し、舟で出発した。石狩場所運上屋→北生振→生振→花畔→発寒川河口→琴似川河口→美登江。

〈参〉『十勝日誌』では、二月二十日《新暦・四月三日》のこととして記述。要約して紹介する。

徒歩で出発

石狩場所から、徒歩で出発したことになっている。石狩川の東岸を越え、生振村に着いてから、小川のトマンベヲマナイ（石狩川岸）まで行き、河原で丸太小屋を造って野宿した。

（注）北に帰るハクチョウの群れ

平成二十九年四月七日（旧暦・二月二十四日）、私と妻は札幌で一泊し、早朝、石狩川河口に向かった。松浦武四郎が舟で石狩川を上り、旭川で滞在し、十勝川を下って大津に向かった日だ。

私は、百六十年前に松浦武四郎が出発した時と同じ日に、石狩川周辺の自然状況を見たかった。松浦武四郎の記録には、吹雪の中で野宿したことやオオカミの遠声を聞いたこと、夜中、寒さで凍り、木が割れる音の話などがある。

私は、雪がすっかり消えた石狩川沿線の道路を通り、江別の対雁に行った。そこから石狩川を渡って当別に向かった。途中、妻が「対雁」という地名を見つけた。

石狩川の両岸に同じ地名があるのを不思議に思った。北上すると、途中、石狩川周辺の田、畑には、これから北に帰る多くのハクチョウが羽を休めていた。

松浦武四郎が百六十年前に見た風景は、思いもよらない風景になってしまったと思った。蛇行した石狩川は河川改修され、原始林はなくなり、広々とした田畑となった。雪もなく、北に帰るハクチョウの群れが羽を休めるなど、想像できなかったことであろう。

二月二十五日（新暦・四月八日）

対雁に着く

暖気。出発する。川の水はますます増え、雪氷は昨日と同じで、千畳敷きもあるような大きな氷が流れて来た。川幅いっぱいになるが少しも恐れず、如月《きさらぎ》（二月・新暦では卯月、四月のこと）の雪模様の朝風に衣類を脱ぎ、勢いをつけて上った。

両岸にホンビトエ、トイヒリ、カマヤウシ、トウハラ、トウブト（当別川河口）などがある。当別川の河口は、通常、川幅十三、四メートルぐらいと思うが、十八メートル以上にもなって、激流となって川の水が流れていた。この川、どうしたことか、河口から見ると、いまだに氷が張りつめていた。

左の方、トイビリ、タンネヤウシがある。ここは平地である。ここに来ると、ヲタルナイ岳、ヲシラリカ岳などが見える。今日はいつもと異なり、雑木林の木の葉は全部落ちて、透き通って主峰の連山まで見えた。午後二時過ぎ、ツイシカリ（対雁・旧豊平川河口）に着いた。

写真五　江別の対雁近くの石狩川

平成二十九年四月七日、私は多くの樺太アイヌの人たちが犠牲になった対雁の墓地を訪れた。すぐ近くが石狩川である。

松浦武四郎は、氷が流れる川を苦労して舟で上った。同じ時期に、私が見た石狩川の周辺には雪もなく、川には氷りも流れていなかった。雄大でゆっくりと流れていた。

（注）対雁の樺太アイヌ

当別川河口↓旧豊平川河口↓対雁。現在、対雁は石狩川両岸の左右の地名である。かつて、蛇行して流れていた時代、一つの地域であったのが、河川改修のため二つの地域に分かれたのであろうか。

明治八（一八七五）年五月、日本とロシアの「久里留（クリル・千島）樺太交換条約」により、千島（クリル）列島全部が日本の領土となり、樺太全島をロシアに譲渡した。

これまで、日本国住民であった樺太アイヌは、ロシア、日本のいずれの国に帰属することも自由に任された。そのため、明治九（一八七六）年、樺太アイヌは故郷の樺太が遠望できる宗谷に移住した後、江別・対雁に百八戸、八百四十一名が移住した。

その後、明治十二（一八七九）年から明治二十（一八八七）年にかけて、コレラと痘瘡（天然痘）が流行して、対雁周辺では三百数十人が一時期の間に死亡したという（『アイヌ政策史』）。

〈参〉『十勝日誌』では、二月二十一日《新暦・四月四日》のこととして記述。要約して紹介する。

トドマツが凍結する音

夕方になり、風が強く寒さが厳しいので、アイノたちは夜通し火を絶やさないように起きていた。夜中、寒さが一層厳しくなり、トドマツなどの木々が、凍結でビシビシと割れる音が聞こえた。

オオカミが吠える

小屋から六百メートルほどのところで、オオカミが二、三頭しきりに吠えていた。その鳴き声は、熊の鳴き声よりも何となくもの悲しくきこえ、食料をあさりに、この小屋まで来るのではないかと心配した。

（注）オオカミの駆除

安政五年、オオカミが生息していることを記録しているので、興味深い。田辺安一編の『お雇い農業教師　エドウィン・ダン（ヒツジとオオカミ）』には、明治九年頃のオオカミ駆除についで書かれているので、この頃までオオカミが生息していたことがわかる。

余談であるが、私（編者）は、平成二十二（二〇一〇）年四月二十七日、ウズベキスタンのサマルカンドの路上で、オオカミの塩漬けの生の毛皮と、まだ、血と肉片が着いているオオカミの牙が売られているのを見た。

珍しいので記念に牙を購入して、穴をあけ、根付けにしようと思った。よく考えてみると、どのような病原菌があるかも知れない。生ものを日本国内に持ち込むことは、禁止かも知れない。そう考えて止めたことがあった。

二月二十六日（新暦・四月九日）

支配人、番人の非道

最近、阿部屋伝次郎の番屋が焼けてしまった。まだ、新築していなかったため、下ツイシカリ（対雁）の乙名（集落の長）のルビヤンケ六十九歳の家に宿泊した。

案内人のアイノたちは、あまりにも、多くの氷が流れて来るので、どうしようもなく、滞留しようと云った。アイノたちの申し出のとおり滞留することにした。ヤーラクル、サダクロ（定九郎）、サケコヤンケの三人を川の氷の様子を偵察に行かせた。

イコリキナ、アエコヤンは、弓と矢を携えて狩猟に出かけた。夕方、貂（テン）を一匹、獲って戻って来た。

アイノたちは、私（武四郎）をここに滞留させ、支配人、番人の非道を聞かせるため、一日間、足止めさせたようだった。その理由は、以前、私（武四郎）がサッポロで休んだときに、これから石狩浜へ行き、そこから石狩川を上って上川へ行くことの話をした。

乙名ルビヤンケの次男シミヤキが聞いたことを話すのには、その二日後、ユウバリのヤエタルコロは、松浦武四郎が来ることを運上屋から聞いていたが、支配人たちは、このヤエタルコロを、また、この度の人足に使用するのを止め、道案内にすることを拒んで、故郷のユウバリの山へ、早く帰したという。

その時、支配人がヤエタルコロをユウバリの故郷へ帰すのを不思議に思って、この家に寄って、『どうして、私をユウバリに帰れというのか』と聞くと、乙名ルビヤンケは、『それは、キミタニシバ（山男の尊称）が来るので、お前を山に返すのだ』と話した。

ヤエタルコロは『とにかく、今年は私が案内して上川を見て、それから何処かへ行く』と話した。ヤエタルコロは支配人に山へ帰れと言われたので怒った。

そのため、去年の秋からの番人、支配人の仕打ちをいちいち全部、乙名ルビヤンケに話した。自分がここへ来たことを他のアイノにわからないようにして、番人、支配人の仕打ちを話して、山へ戻った。乙名ルビヤンケは、私を一日滞留させ、番人、支配人の仕打ち、悪事を話した。

午後、二時を過ぎると、早々に酒を飲もうとして、筵《むしろ》に包んである柾桶（マサシンシク）をひらき、酒をこして出したが、まだ、熟成しておらず、少し早いように感じた。このため、この酒は私を待ち受けるために、醸造したように感じた。

その一桶を残さず、三升樽一つに詰め、それを山行に餞別としていただいた。今夜は遅くまで酒を呑み、乙名ルビヤンケは即興を楽しんだ。

〈参〉『十勝日誌』では、二月二十二日《新暦・四月五日》のこととして記述。要約して紹介すると、「猛吹雪のため野宿」していることになっている。

二月二十七日（新暦・四月十日）

強制的に漁場へ連行

朝、出発した。乙名ルビヤンケ夫婦、イソレキからも舟場まで見送りに来た。ここから上流に上ると川の水は増し、川幅百八十メートルぐらいのところを、氷がところどころ狭しと流れていた。舟で進むと右に左にホロカムイ、シノツ《篠津》があった。

このホロカムイにも網引き場があり、その小屋の柱の元まで水かさが増していた。シノッの川幅は通常四、五メートルぐらいであるが、今は、およそ十三、四メートルあった。右の方には、モシリケシヲマナイという川がある。通常、有るか無いかの小川が、今は相応の川となっている。その上には谷地（湿地）が見えた。夏は樹木の葉の日陰になり見えないが、今は葉が落ちて枝に付いていないため、そこにある小沼がよく見えた。ただし、沼の氷は、まだ、少しも解けていなかったので、ただ一面、鏡のように見えた。

しばらく行くと、右の方にエベツブト（江別川河口）あった。

このエベツブトもいつもと異なり広く見えた。また、この河口の右の方には、八キロほどもある野原がある。一面に見渡すことができ、しばらく行くと、左の方に、バンケヨスベ、ヘンケヨスベがあり、右の方にはタツカルウシがある。この辺に来ると、岸は、まだ、氷が張りつめていた。その岸から積雪を見ると、おおよそ一メートルもあるように見え、さすが山の中の趣があると思った。

右に、ホルムイ（幌向）があり、この川の流域には、昔、アイノたちの家が多くあり、漁業を行っていたという。近年、皆、強制的に漁場に連行されたので、川の流木などの除去ができなくなり、河口には流木がたくさん集まっていた。魚類が遡上するのも少なくなったという。

現在は、泳いでくる魚を捕る木や竹で作った梁（やな）という仕掛けも無くなった。梁を見掛けるのは、石狩川支流の中で、十番目以内のそれなりの川で見ることが出来る。

しばらく行くと、右の方に小川のヲカバイがあった。そこを過ぎると、左の方に大きく川が湾曲したところにホロノタフ（新篠津）がある。また、少し行くと、ホロビリ、ベンサイヲチがあり、左の小川である。

今日も、午後四時過ぎ頃になると、夕方の風が身にしみ、案内人のアイノたちも、ひじょうに疲れたように見えた。私が野宿しようというと、『もう少し上って、昨年、一昨年、二度ともニシバ（主人、武四郎）が宿泊したところまで行く』という。その心情も理解できたので行くことにした。

ビバイ（美唄川・北村）は、石狩川の支流で川幅の広い大河である。大きく曲がって岬のようになっていた。ビバイノタフ（美唄達布、野の出っ張り）、ニイルルヲマナイ。この辺に来ると西の山に沈む太陽が見えた。疎林の中に落ちていくように見えた。夕日の光が、一面に氷雪を照らして一同の顔に輝くと、紅を注いだように見えた。

仮の丸太小屋造り、氷雪の上に宿泊した。そのため、夜が更ける頃、肌の体温が雪に伝わり、寝たところの雪が解け、寝たところは、体が三十センチほど雪の中に沈んだ。

朝、四時も過ぎる頃になると、川の風が身にしみ、寒さに耐えられなかった。焚き火した残り火を見たが、少しも火の気配が無かった。私はその残り火をさがすと、アイノたちが早々と起き、火を焚いた。私と飯田は、唇が凍り、しびれて話すことが難しくなさけなかった。

以前、虻田から石狩越えの時の雪中行軍も懐かしいが、気候は、その頃より十日も遅く、暖気になる頃なのに、寒いのはどうしてだろう。
夜前の寒気は耐えがたかった。よく考えてみると、数十メートルの雪山の中に、雪を踏み固め、その中に丸太小屋を造り、雪穴のようなところを宿としたので、暖かいと思ったが、広漠たる二百キロもある平地で、吹きさらしの場所に宿泊したため、特別寒かったのだ。

〈注〉篠津→江別川河口→美唄河口→北村→美唄達布。

〈参〉樺戸川岸で野宿
『十勝日誌』では、二月二十三日《新暦・四月六日》のこととして記述。要約して紹介すると、「快晴。浦臼内に人家二軒、樺戸川岸で野宿」となっている。

二月二十八日（新暦・四月十一日）

役人の横暴

早朝、熱いお粥をすすったので、体が温まった。舟に乗り棹をさし川を上った。いつもこの辺に来るとカッコウやコノハズクなどという鳥、ウグイスも鳴くが、今はその鳴き声は一つも無いのでわびしい。
チイネウシ、ホンチイネウシ、ラルマニウシナイ（月形付近）など、いずれも左側の小川である。この付近に来ると、見慣れない小屋が四つほどあった。丸木舟も四隻あった。これはどうしたのかと聞くと、去年、上川アイノが秋味（サケ）漁を止めて山へ戻ろうとしたとき、組頭勤方、安間純之進（安政四年北蝦夷地、石狩見分、十一月十六日箱館に帰った）が、隊長の通行があるというので、役人に巡視させて上川アイノの上る舟を差し止めた。それで荷物を送ることができず、上川アイノたちはひじょうに困った。

この辺まで来ると川筋が凍り、丸木舟の通路はふさがった。上川まで行くことも出来ず、食う物もない。また、山に残る老人や病気の者は飼い犬を頼りに命をつないでいた。

秋が過ぎる頃になると、風の吹く音にさえ、浜から便りが無いか、子供は帰って来るのか、弟はいかに、妻はいかにと、ただ、浜から帰って来る者が持ってくる米、味噌、醤油、糀（こうじ・酒など作るときに必要なカビ）、木綿、煙草などを楽しみにしている。

ここまで来ると、水面が凍結しているので仕方がなく、小屋を造り、運んできた米、糀、煙草などを入れ、舟を繋ぎ、自分は身一つで歩いたという。

雪は、まだ、凍っていないので、深くぬかり、歩くのに時間がかかった。そのため、大勢で舟に乗り、舟の首にいる者は大きな斧を持って氷を割り、かろうじて大勢が一隻で、ここからウラシナイ（浦臼内）まで二日ほどかかって上った。氷は先ほどよりも厚くなり、今は大きな斧でも割れなくなった。それでウラシナイに舟を残し、ここから徒歩で行った。

そのため、去年は米、糀、煙草など、一切、山へ運んでいなかったので、山中に住んでいる者たちは実に困窮していた。

このたびの処置は、アイノの教育のためと聞いた。隊長一人の通行のために、上川の数百人のアイノたちは、生活物資に困り、九死一生の病の時も、一粒の米も食べられず、その恨みは深いものがある。すべて、今回のことは、隊長の処置によって生じたことである。

イヌがサケを獲る

上川アイノは、イヌが頼りとのことで疑わしいが、あえて疑うことはしない。すべて、上川では、老婆一人暮らしの者でも、イヌを七、八匹ぐらい飼っている。

その家はマクンベツという枝川、またはメムという上に清水の湧くところにある。その川幅は二、三メートルぐらいで浅く、サケが上るとき、背が半分も現れるところである。

サケはその川にやって来て、早々に掘りを作り、産卵する。浅瀬にサケが上って来るので、イヌはサケの背中を見ると川に飛び込み、背中をくわえて陸へ上がって持ち運ぶ。また、川に飛び込み、五、六匹のサケを追い回して獲る。一軒の家でイヌを五、六匹も飼っているので、数十匹のサケを獲ることは難しくない。

また、一人暮らしの老婆などでも、サケを六百匹、八百匹ぐらい獲ることは難しくはない。そのサケの多いことは筆紙のおよぶところではない。

そのため、各地域に住むアイノたちの飢餓のときは、天塩、十勝、湧別、渚滑方面などから山を越えて、ここの山へ来て飢えをしのぎ、立ち直って帰郷する者が多いという。

このため、この上川のビビ辺りには、天塩の子孫が多く、チクベツフト辺りは湧別、渚滑辺りの者が多い。荒井の家や川村家も先祖は、北見から来たと伝えられている。これらの家のシネトツパ（家紋）が北見国方面のと類似している。ビイ、ベベツの辺りには十勝のアイノが多い。近頃、石狩運上屋の処置が過激なため、他所から来たアイノたちは故郷に帰った。ここのアイノの三分の一は、十勝の山へ移住した。

ここの小屋に米、糀、煙草などを置き、春になって、氷が解けたら、皆で運んで、再び、下ると聞いた。

しばらく歩いた。シベツブト（須部津川）、チイコバフル、コブタラフル、ネツブヲマナイ、クーヲマナイ、ヒヒシユウスナイ、ヘモイビリ、アツカルウシ（厚軽臼）などは小川で、シベツはそれなりの川である。そのため、この辺に来るとどれも河口が、まだ、開かず、一面、氷が張っていた。

しばらく歩くと、左の方に小川があり、トヨベタ、トムシユイなどである。小川の河口は、まだ、凍って開いていなかった。

熊を追いかける

しばらく行くと、左の方にトイノタフ、フミルイナイ、サツピナイがある。この辺に来ると、いよいよ雪が深くなった。川岸に熊が一頭出ているのをアイノたちが見つけた。アイノたちは熊を追って行った。私と飯田は火を焚き、お茶を沸かして昼食にした。そこへ、イソラムとノンクの二人が戻って来た。

リビタリ、リイノタフなど通り、左の方にビンネタンナイ、シュブビンナイ、キイカルウシなどの小川があった。その河口の少し上の、瀬が浅く急流なところを回って、ヲホイチヤン、ウラシナイ（浦臼内）に行った。右の方に小川があった。

そのところで、夕方になり、舟の縁を叩くと丘の方で声がした。このところは、一昨年（安政三年）来たことがある。イナヲトクミという盲人が住んでいたが、去年、その家をしまって空き屋となっていた。

鎮台掘君（箱館奉行、堀織部正利熙）、村垣淡州君（箱館奉行、村垣淡路守範正）が通行の時に、当川筋の人たちに厚く世話をした。また、長谷川、荒井両調査役などは実に慈悲深く、アイノたちを見ると我が子孫のごとく接した。

その親切さはアイノたちに行き渡り、イナヲトクミ五十七歳と弟のサヲリ四十一歳は、同じところへ帰って来て、家を造って住んだ。

また、甥のハウサンケおよそ二十三、四歳は、去年まで妻を持たずいた。今年は、番人などがアイノの女子を妾（めかけ・本妻と同じ役割をする外の女性）とすることを、荒井某が厳しく禁止した。

トック村の小使トミハセの僕女シルケシユ二十二歳は、番人小太郎の妾であった。そのようなことで、女を取り戻して、このハウサンケへ娶（めとる・妻にする）らせることにした。

ハウサンケも、ここに家を造り住んだ。実に、わずか半年の間に両鎮台両調査役の功徳は、このような山奥までも著しく良い影響があり、ひじょうに感心した。

私が到着するとトック村のセツカウシも、ここに下りてきて出迎え、たいへん丁寧に世話をしてくれた。

熊を追った七人は、夜、八時頃帰ってきた。熊を獲ることができなかった。アイノたちは、私に会うのが恥ずかしかったようで、気の毒に早々に寝てしまった。

〈参〉『十勝日誌』では、二月二十四日《新暦・四月七日》のこととして記述。要約して紹介すると、「夜明け前に出発。新十津川の上徳富付近で宿泊（セツカウシの家）」と書かれている。

二月二十九日（新暦・四月十二日）

舟、使用できず

少し雨の気配になった。セツカウシは、これから私たちと一緒に行くという。『今日は、一人で歩いて先に家へ着いて、待っている』という。一人、薄暗い中を出発。私たちは舟で出発した。

しばらく行くと左の方に、キナウシナイ、チャシナイ（茶志内）があった。この二つの川の両方は、共にまだ氷が解けていないので、河口が閉じたままだった。ホロヤウシ、トイ、ヲタヤウシ、クヲマナイなどの小川がある。

しばらく行くと崖があった。このところは赤土で崩れた崖であった。この崖に清水が流れているのが、氷となって水晶の簾のようになっていた。上は少し高く雪に覆われ、おおよそ一・五メートルも積もっていた。樺戸川河口があり、相応の川であるが、まだ、凍って解けていない。また、この上流にはカバトノホリ（樺戸）という高い山がある。

しばらく過ぎると右の方に、ナエイ（奈井江川河口）がある。この川も相応な川である。川の瀬に浅いところがあった。岸の方は凍っているが、川の中ほどは水の勢いが強かった。

また、左の方、タナシベツ、チカブセツウシがあり、この辺から流木がところどころに重なり、そこへ氷や雪が流れ着いて氷山のようになっていた。

また、少し上ると右の方に、ホロベタ、ヲタシナイ（歌志内川河口）がある。ここで昼食にした。

また、しばらく行くと、ホンベタラ、ネトベタラ、ヤスシベタラ、リフンヤウシ、ソラチ（滝川市・空知川河口）があった。このところは、石狩川支流の第二番の川である。この川の水はどうしてなのか、他の河口より広く水深が浅い。

その理由を聞くと、この川はすべて夕張、十勝の山々の方から来る川筋のため、雪が解けるのは他の川よりも遅い。また、これより上に行くと氷が多くなり、舟の航行は難しくなる。このため、明日は、舟で行くことが難しいと思った。

老夫婦、ひと冬、滞留

また、上ると左の方に、フシコトック、トック（徳富川河口）がある。この川、第六番の川。河口はまだ開いていないが、水量が多い。それより約八百メートル上って行くと、今朝、早々と出かけたセッカウシが舟場で出迎えていた。このところに舟を着けた。一面氷場で岸が崩れて危なかった。

昨年、来た頃よりセッカウシの家は賑やかに見え、私たちを待って酒を造り豊かに見えた。また、この家にコセレバレという当年十九歳の美しい女性がいた。これも去年まで、和三郎という番人の妾にされ、故郷へは三年間一度も帰してくれなかった。この娘に今年はラクンテという夫をもたせた。

となりの家のトミバセ、イレンカアシも来て、私の安全を尋ね、明日はトミバセも案内してくれるという。トミバセは中川に残した米、糀、煙草などを運んでくるため、セッカウシを連れて行った。

隣には、去年見ることのなかった小屋が一軒あった。あれは何かと聞くと、『これは、上川の比布のハンクル爺六十二歳と妻ヲモヌカル婆の小屋』と教えてくれた。『どうして、ここに来たのか』と聞くと、『この老夫婦は、秋に勘定仕舞船で来た』という。

川が凍結したので陸に上り、徒歩で上川方面に行こうとしたが、高齢のため歩くことが難しく、ここで、冬ごもりをしたそうだ。

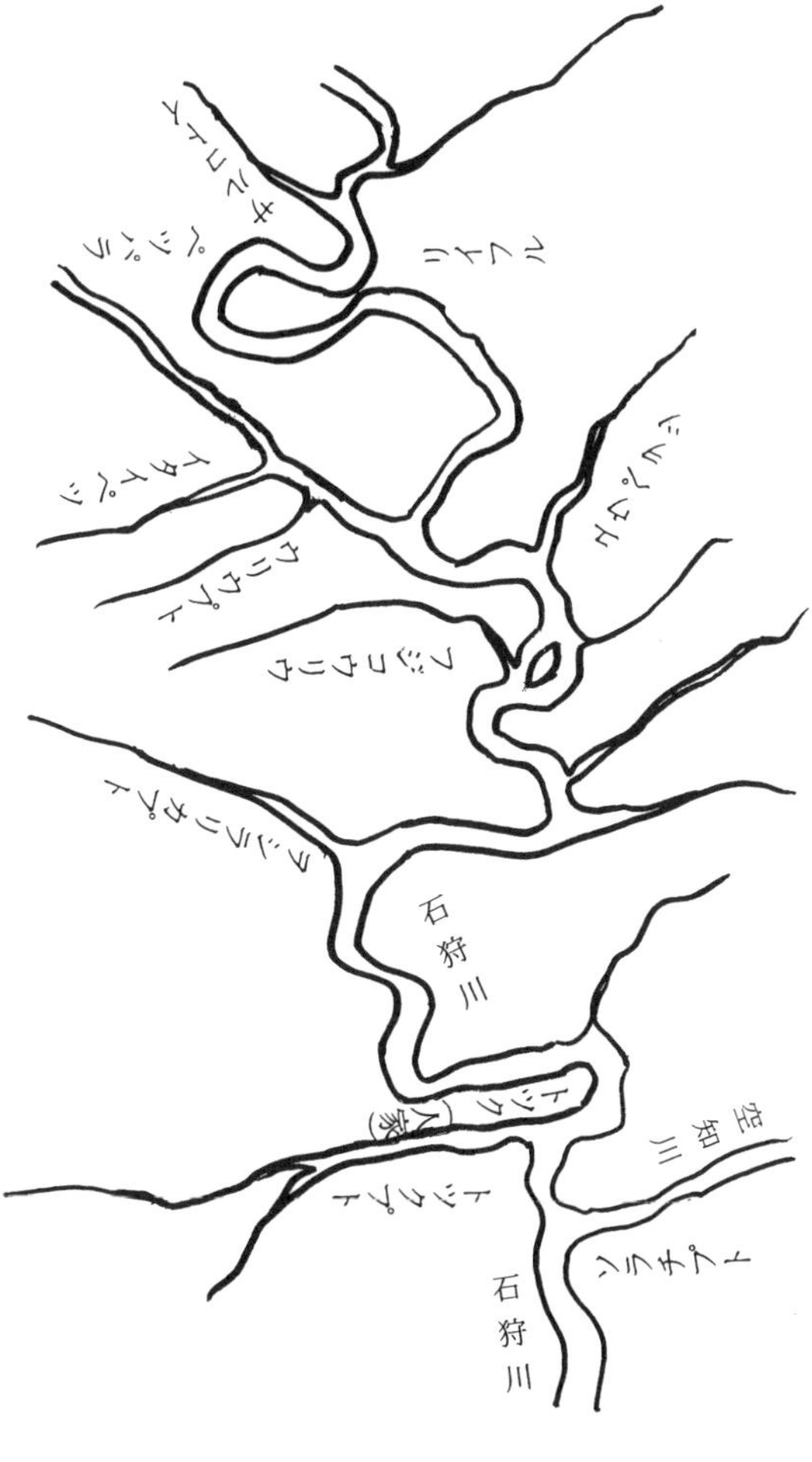

図版3　河川『石狩川山道陸行の図』

ここに留まって故郷に戻れないのは、誠に気の毒なことであった。これらのことは、アイノたちを無益なことに使うことによって生じることである。

その夜は、セツカウシが一同にご馳走をしてくれた。戯れ歌を披露し、一同満足して眠った。

〈参〉『十勝日誌』では、二月二十五日《新暦・四月八日》のこととして記述。要約して紹介すると、「猛烈な吹雪が止まず、滞留」と書かれている。

二月三十日（新暦・四月十三日）

病気の老婆

小雨。出発。川が凍って舟で行くことができないので、向こう岸に渡って歩いた。雑木林を七、八百メートル歩くと谷地が多くなった。谷地は少し解けて歩きづらかった。三、四百メートル歩くと、川幅が狭く深いラウネナイに着いた。この辺の谷地の水は、五百メートルほど先にある本流に注いでいた。本流は川幅が狭く深い。川底は赤地床である。徒歩のため磁石を見ながら歩いた。

北東の方向に一キロほど歩くと、無名の小川に出た。この辺は雑木林でタモ、ヤナギ、セン、カシワなどが多かった。水源はイチヤン（一已）の山ぎわからきている。二キロほど行くとホンチボヤニ川があり、川幅約一・六メートル。この川、イチヤンモシリの上に流れる。

二キロほど行くと、上川のアイノ民族がここに舟を置いて歩いたホロチボヤニ川がある。川幅約二・七メートル、少し高い崖があり、その下を歩く。いずれも木を倒し丸太で橋を造り上を渡った。大川まで五百五十メートルぐらいあった。シラカバ、カシワが多い。

ウリルン（ウリウ沼・江部乙市街の西）沼があった。沼の幅は十八メートル、長さ四キロほどである。水源はこれより八キロ上流のイチャンの山である。この周辺は雑木林だった。この沼の河口は八キロほど下流にあり、本川筋フシコウリウの南岸へ流れている。また、同じ方向に六キロほど行くとユウベヲッ（江部乙川）があり、川幅約九メートル、水源はイチャンの山からで、川底には小石がある。深いので木を倒し、橋にして丸太の上を歩いて渡った。この川は八百メートルほど下流のウリウブトに注いでいる。

北北東の方向に二キロほど歩くと、ヲベヒタラ川に着いた。川幅約三メートル、水源はイチャンの山。周辺は雑木林。この川は支流が多く、名無しの川が多い。河口は約九メートルあり、ウリウブトの少し上に流れている。

また、北東の方向に二キロほど行くと、シユマヲマナイ（須麻馬内・岩有川の意）があり、川幅は約三メートル、川上に約八キロのところにヤンの山があり、水源である。平地は雑木林である。ヤナギ、タモ、アカダモ、ハンノキが多い。河口はベツバラ（深川市・妹背牛橋の北）の約二キロ下流である。

このあたりに来ると小雨になり、暖気のため雪が柔らかくなった。ぬかって歩きにくくなった。上流に広いカヤ原があり、下りるとリイフル（下り坂の意）というところがあった。谷地でカヤが多い。

雪が柔らかく歩きづらかった。約六百メートル行くとホロノタ（ポロヌタップ・大きい川の湾曲の意）に出た。大きな突端で右の方から左の方の岸、約百メートルあり、突端の出ているところ約二キロと思われる。

川は増水して岸に波を立ててぶつかり、歩くのがたいへんだった。突端に着くと向こうにベツバラ（深川市・妹背牛橋の北・河口）があり、老婆と子供二人で一隻の舟をここまで棹さしてきた。

乙名イソラムの妹とイナヲカントリの弟である。今日は二十四キロぐらい歩いた。舟では普通の水量であると二日かかるが、氷がまだ解けていなかったので山道（現在の国道筋から中島へ越した）を歩いた。

ここに来ると、飯田豊之助は、『石狩からルルモッペを越え、後ろの山を越えて、一日がかりでウリウの川端に出た。そこから一日費やしてイタイベツの水源まで行き、そこから一日かけて、ヌブシヤの河口に出た』と話した。約十六キロ迂回したようだ。

私が心配して、『この先の案内は、誰がするのか分からないが、トックよりここまで来たのは、無駄道で暇をつぶした。トックから真っ直ぐ来ると、四日早くヌブシヤに出る。まったく、一日を無駄に山を引き回され苦労をさせられた』と語れば、その時、案内のアイノが加わり、

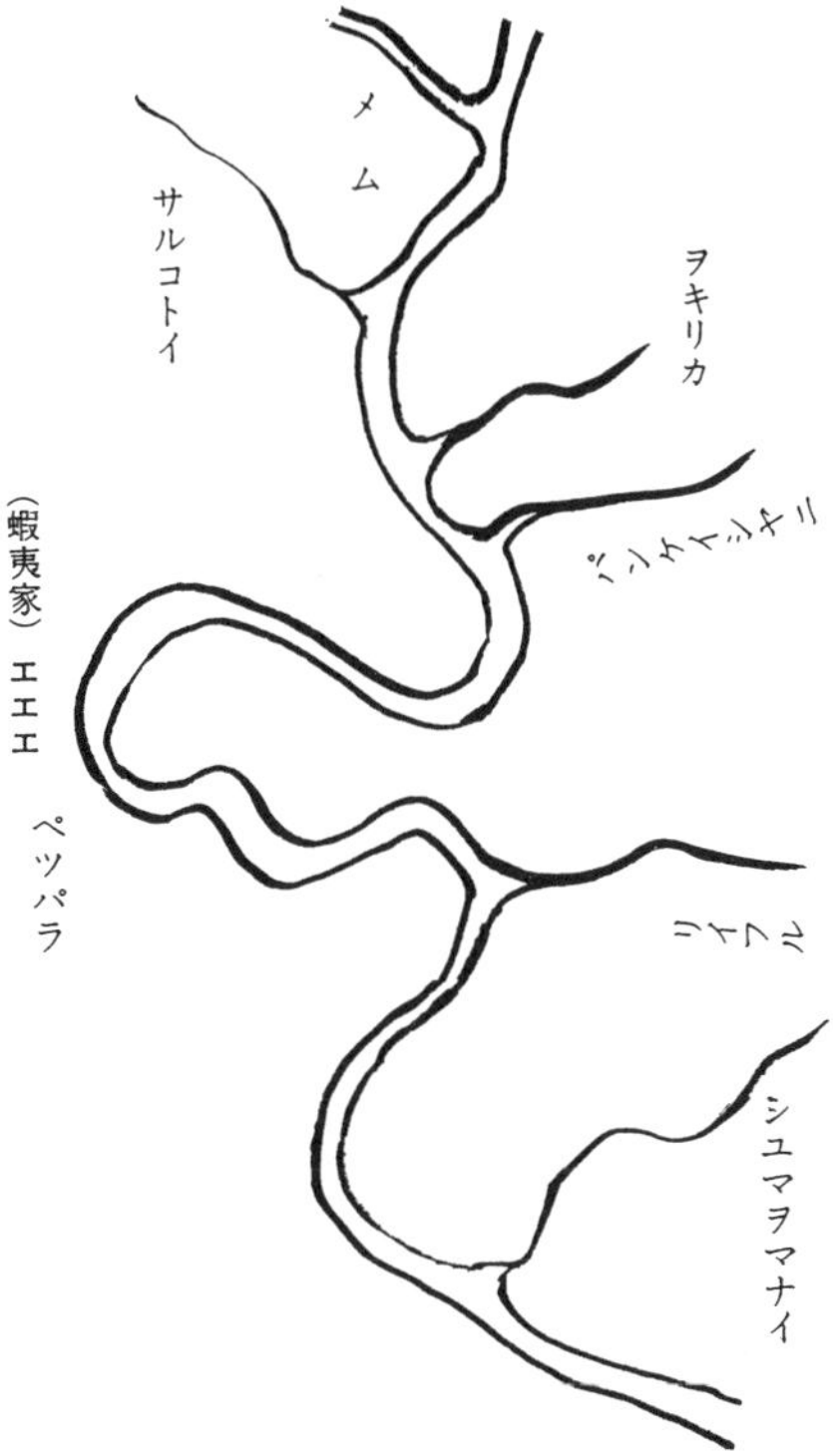

図版４　河川『石狩川川筋（ベツバラ）の図』

セツカウシのいうのには、『その通り、運上屋から数日費やすことをいわれていた』と答えた。運上屋の行為は非常に悪いことで、恐ろしい考えだ。

先ず、去年、雇った乙名エンリシウの後家カトアンテの家に行った。息子のイナヲカントリは留守で、病気が重いのにもかかわらず、誰一人世話する者がいなかった。

トミバセの妻ヤエノマツとイソラムのイシャン（一已）に住む叔母シリヌンテ婆、同じ所のリコチウシの母ヒシルエ婆、並びに、エンレシウの妹（母）タマレコ、並びにヤエノマツの孫、シウケシアイノたちが、その枕元にとりつき看病していた。

私は案内人一同とイソラムの家へ行くと、雪解けの水がもれて座るところがなく、床を造りこの上に蓆（むしろ）を敷いてて水漏れを防いだ。

イソラムの母七十七歳も病気で誰も世話をする者もいないので、イチャン（一已）に住むシリヌンケという老婆は、イソラムの母の妹なので、この妹に養われているという。

〈参〉『十勝日誌』では、二月二十六日《新暦・四月九日》のこととして記述。要約して紹介する。

病人、占い師の祈祷

曇り。気温が上り雪解け水が増えた。小川を渡り、突端に出た。そこで舟を頼み、ベツバラ（深川市・妹背牛橋の北）に渡る。同行のイソラムがこの地域の出身者なので、その家に宿泊した。

隣の老女が以前から病気で、女たちが大勢見舞いに来ていた。占い師が祈祷していろいろと指示をしていた。占い師は薬草の使用について熟知していた。

三月一日（新暦・四月十四日）
深川、音江

快晴。暗いうちに支度をした。朝、凍っているうちに出発した。昨日の小雨がよく湿り、十分に凍っているようだった。鏡のように凍っている上を真一文字に東北東の方に磁石を見ながら向かうと、二キロぐらいのところに幅十メートルぐらいの小川、サルコトイがあった。川は、深く氷が張っているが、渡れるかどうか分からなかった。

カヤがあるところの沼という意味のシャリコトイがある。その川端に木が少しあった。その木の下に行くとぬかって歩きづらかった。

また、この辺は暖かい地域のようだ。川の北を三十六メートルほど行くとメム（芽生川）があり、水溜まりの意味とのことである。河口は二メートルぐらい。しばらく同じようなところを歩くと、久しぶりに朝日が出てきた。左に日光が輝き氷雪に輝いてまばゆく歩きづらかった。

東に向かうことおよそ六百メートルのところに、川幅四メートルほどのニウシベツ（入志別川・木ある川の意・深川市花園町付近）川があり、ヤナギを五、六本倒して渡った。ドロノキ、カエデ、ヤナギ、タモなどの木が多い。

人別帳もれの孝行娘

これより、東南東の方向、八百メートルほどのところで、大川の端に出た。大声で南岸に向かって叫ぶと、日光が氷雪に映り、ちらついて、まぶしく、向こうに何があるのか分からなかった。

しばらくすると、老婆一人と二十三、四歳の女の両人で、水の勢いが強いのにもかかわらず、舟でやって来た。これに乗って南岸に渡り、イチヤン（一已）に着いた。

ここは昨年も宿泊したところである。ベツバラより川から来るときは、二十二キロぐらいあり、陸路では十キロほどと思われる。

イチヤンとは、サケが掘りを作り、産卵する場所の意味である。小川が一筋在り、そこに人家が三軒あった。その下の家には、ヤエルシヤレの妹、シリヌンケ婆五十六歳が住み、この者には一人の娘タクサアッテ十七歳がいる。まだ、夫を持っていなかったので、その理由を聞くと、もし、夫を持つと夫婦共に浜で働かされるため、まだ夫を持たないようにして、人別帳（戸籍簿）に記載されないように隠したままだという。

ヤエタルコロもサケコヤンケも、まだ、妻がいないので、二人のうち一人が結婚して一緒になったらいい。ヤエルコロとサケコヤンケの二人は浜で働いているが、一人が山に戻り老婆の世話をしたらどうかというと、若き女性はさすがに恥じらいを見せた。

シリヌンテと従兄のイソラムと大いに喜び、二人のどちらがいいかと聞くと、イソラムはサケコヤンケがいいと云った。そのことを飯田に頼み、このサケコヤンケを、一旦、浜に戻してから、ここに帰って来てもらい、マチコル（結婚）をさせよう。二人の者のことは荒井氏に頼み、この老婆の介抱をするように話した。飯田は承知した。帰った後、早々に取り計らうと云った。

その次の家には、イソラムの母、ヤエルシヤレ七十七歳が病気で寝ていた。また、その次の家にはリコチウシの妻と子供三人が住んでいたので、各家へ米、煙草、木綿、針など渡した。その後、昼食にした。

イソラムの母は大病であり、『残って老母を介抱した方がいい』と私は話した。イソラムは、『浜で働いていたが、今度、ニシバ（武四郎）の供をしてここまできたから、親の大病を見ることができた。その上、米、味噌などいただきありがたく思っている。それでともかく、上川のチユクベツまで送り、それから帰ってきて看病したい』と強く言うので、一緒に出発した。

イソラムは、上川に着いた翌日、病気の老母のところへ戻った。その後、五、六日過ぎて、この老母は亡くなったと聞いた。そのイソラムの孝と義は、誠に立派なことであった。


〈参〉『十勝日誌』では、二月二十七日《新暦・四月十日》のこととして記述。要約して紹介する。

孝行娘の人別帳もれ

快晴。雨竜の山々が重なって見える。深川、入志別川を通り、石狩川岸に立って叫ぶと、女が数人で氷の間を小舟でやって来た。それで対岸に渡った。

深川・一巳に人家四軒あった。二十三、四歳の娘がいた。人別帳（戸籍簿）の記載もれになっていた。まだ、夫がなく、老婆の世話をして孝行娘とのことである。

戊午登加智留宇知之日誌　巻之二　安政五（一八五八）年

三月一日（新暦・四月十四日）

裸で川に飛び込む

昼飯を食べてから出発した。磁石を見て東北東に向かった。左は大川筋、右の方は野原、おおよそ二キロ隔ててイシャンヌプリ（音江山と思われる）。おおよそ三キロも行くとヲトエボケ（音江・川尻がつぶれた下のところの意）、小川がある。川幅は一・六メートル。ここまでは野原であった。

ここから山麓を越えた。大川までおおよそ三百メートルと思われた。この川の両岸にはタモの木、ヤナギ、ハンノキ、カエデなどがあった。また、山麓を回って五百メートル行くとシイベヌカルシがある。このところの川端は平らで、これより山へ上りカシワの林をしばらく歩いた。下ると小川があった。雪が柔らかくなったので、歩きづらく苦労した。

このところに、また、少し低い丘の山、タムニ（国見峠）があり、山はササ原である。ここから北北西の方に、ウリウ山がよく見えた。

一・五キロほど行くとケナシバヲマナイの小川に着いた。幅約一・六メートル。上は険しい高山であり、その下は平らになっている。この上から大川を見るときは、屈曲して竜蛇がくねらせているように見えた。その直下の岸にぶつかる波はゴウゴウと渦をまいている。一歩間違えて落ちたら水底のもくずとなる。一同、慎重に歩いた。

また、小山を超えるとヒラノスケヲマナイ（出会沢）という小川に出た。その上の山は樹林で、トドマツの木が多い。ヒラノスケヲマとは、平らと平らの間にあるという意味である。

また、山へ登り少し行くとヲシリヲシマケヲマナイ（石狩川の中島の後ろにある川の意味、国道三六号橋）に着いた。川幅一・八メートルぐらいである。

また、低い山を越えると、キナチヤウシナイに着いた。ここは平地で草木が茂っていた。川幅は三・六メートル。まだ、氷が解けていないため、深さが分からない。

また、同じ方向に歩き、少し山に登るとエトクシユマ（頭、突き出した岩の意味）というところがある。この山の平らなところの下に大きな岩がある。その大岩があることで名付けたという。

下ると、タツカシユマという小川があり、川幅は約一・五メートル。小川を超えて山に上がる。このところも下は平らでトドマツやクワの木が多い。ここを下ると平地になり、カヤ原となった。

カヤ原を過ぎるとナイタイベ（内大部川）、中川、川幅おおよそ十八メートル。川の水がゴウゴウと流れ、深さは分からない。流れが急で、どのようにして渡ろうかと思案していると、この少し上流に丸木舟が一隻あることを、アエコヤンが聞いてきた。

この川に沿って三、四百メートル上ると、その舟は反対側の東岸に繋いであったので、どうしょうもなかった。木を切り倒して、丸太の橋にして川を渡り、舟をこちらの岸に着けようとしたところ、後からサケコヤンケが来て、何の苦もなく、丸裸になって川に飛び込んだ。思いのほか、浅かったので驚いた。川の中程にいたると胸位の深さだった。それほど深くなかったので皆一同、裸になり飛び入ったので可笑しかった。

熊の巣穴に野宿

今日、イチヤン（深川・一已）で、ヤエタルコロとサケコヤンケの二人と自由に話した。シリヌンテのいうのにはサケコヤンケを望んだが、同じ年でサケコヤンケは少しヤエタルコロより背も低く、どうしてかと思うと、サケコヤンケを望むのは、サケコヤンケに見所があると思っていることとであった。

この川口まで、七、八百メートル、水源までおよそ七十キロもあり、ナイタベイトコ（内大部山）という。ナイタベイトコは、上川チユクベツとソラプチの間の高山である。

野道を七、八百メートル行くと、無名の小川があった。向こう岸の上は岩石がおおく、雑木林になっていた。

ラウネナイは、深い沢と訳す。ドロノキ、タモの木が多いので、ここで野宿しようとしたところ、これより、三、四百メートル上ると熊の古巣穴があるので、そこで野宿することになった。

上ってみると大樹の根株のところに大きな穴のようなのが見えた。雪を取り除くと大きな岩のところに穴があり、私と飯田とイソラムの三人でこの穴に入り、他の八人はその脇に枝で屋根を作り野宿した。しかし、この野宿した場所は、山の中腹のため川水を汲むのに遠いので不便だった。

夜半、片袖、脚絆、敷き皮を焼く

この穴を見ると、この中にも雪が九十センチも積もり、取り除くことが難しかった。雪の上を平らにならし、木を敷き、その上に土を置き、火を焚くと下の雪が解け出した。

夜半頃、私はその炉の中へ転げて落ち、着ている物の片袖を焼いた。飯田も今夜、脚巾と敷き皮を焼き、イソラムは枕にした物を焼いた。三人ともこの穴の中で災難に遭ったのが可笑しかった。

このようなことで寝てもいられず、朝早く起きた。朝早く出発して硬雪の上を歩くと、一日で上川の忠別大番屋に着くことができる。少し遅くなると雪が柔らかくなり、歩きづらくどこかで野宿することになる。

夜半頃からサダクロとサケコヤンケが起きて、飯の支度をした。この穴から水のあるところまで遠く、山は急な坂で水を汲みに行くのが難しかった。そこで雪を解かして、それにコメを入れ、そのまま炊いた。

この間、虻田越えのとき、雪を鍋に入れて炊いた。三回も鍋に雪を入れて、ようやく鍋一杯の水になった。今回は鍋に一回雪をいれるだけで、水が一杯になった。これは雪が解けかかっているためだと思った。

〈参〉『十勝日誌』では、二月二十七日《新暦・四月十日》のこととして記述。要約して紹介する。

野宿

雑木林の中を歩き、断崖の上を歩くと、石狩川の蛇行がよく見えた。ヲランナイという小川の岸で野宿した。

三月二日（新暦・四月十五日）

神居古潭を通る

快晴。夜明け前に出発した。このところを下り、大川の端に至る。この向かいはシユマチセとのことである。山の片腹を登り、また、下るなどして、おおよそ三、四百メートル行くとシキウシハというところに着いた。ここはカモイコタンの下で、先年、私たちはここで宿泊した。樹木はことごとく落葉して、まだ、芽を出さず、山の沢は白い雪に埋もれてふさがっていた。その風景は去年と同じではなかった。シキウシハとは荷物を置くという意味である。このカモイコタンを越える者は、皆、ここに荷物を置いてから、上へ背負って越す。

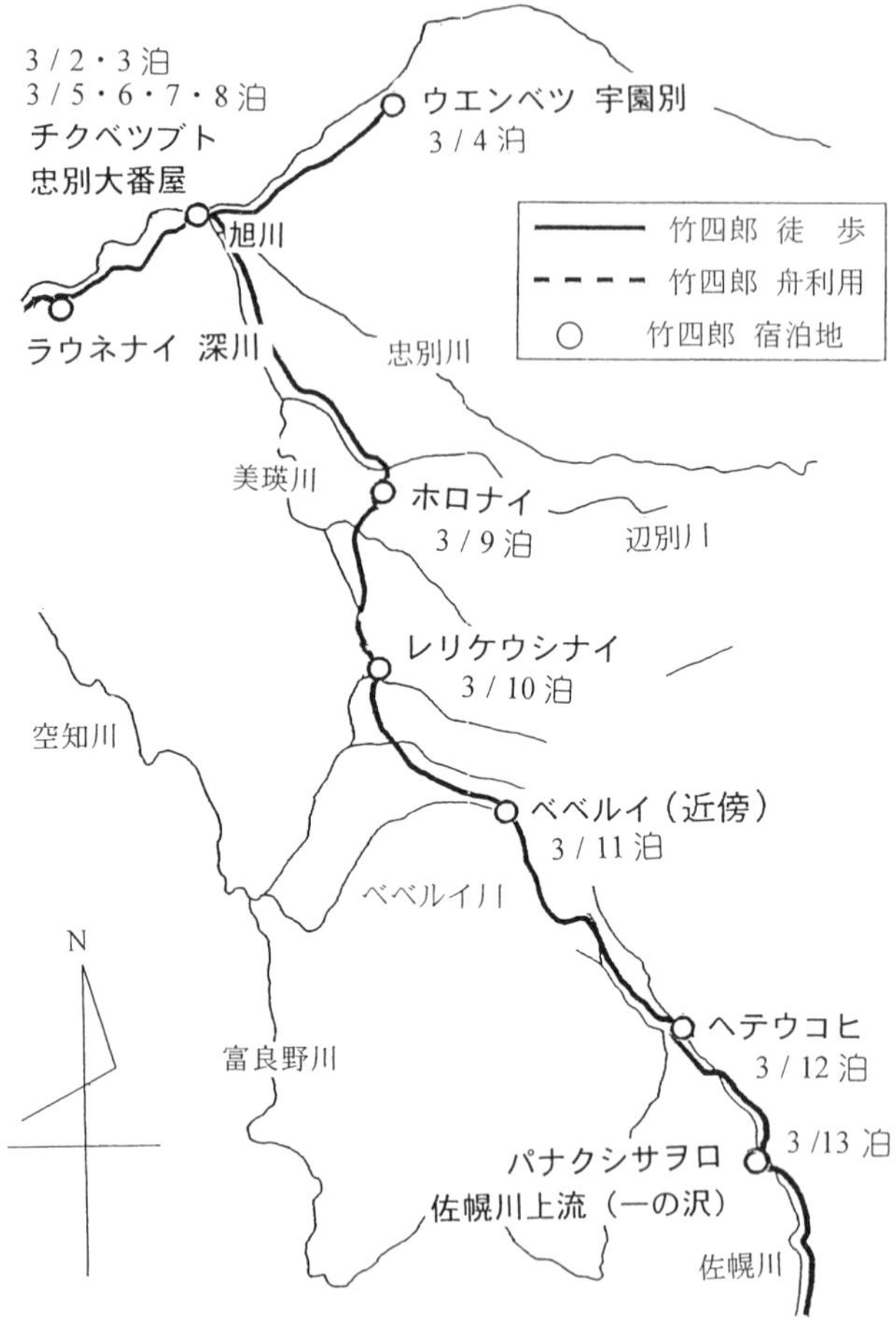

図版５　松浦武四郎の足跡図『安政５年３月２日～３月13日』

また、このところをカモイコタン（神居古譚吊り橋付近）、シユボロ（激澤）などという。カモイコタンは神のところという。シユボロは両岸がせまり細くなり、滝のごとく水が落ちることをいう。

両岸の岩山には樹木が多い。また、川岸左右とも奇岩、落ちる水は滝のごとく、水はあちこちにぶつかり渦巻く。その奇岩は雪をかぶり、崖には氷柱が下がり、目に付くものは、実に奇異な風景である。

南岸から東北東の方に、ポロレフシヘがある。川の中の大岩の上へ、まだ、三メートルあまりも雪が覆い重なり、川幅いっぱいになっていた。ホンノミンタルマイ（小さい獣の遊び場であるところの意味）、ホロミンタルマイ（大きい獣の遊び場であるところの意味）、両方から突出する奇岩の上に積もる雪は橋のようになっていた。

また、少し上るとヲナエルシ、道のそばに大岩がある。また、少し行くとサヌシビリ、このところも両方に差し出る崖がある。その上に積もった雪は橋のようになっていた。

この辺の風は寒く、手も頬も凍るくらいだった。また、しばし行くとテッシヲマナイというところがあった。そこに魚を獲る道具のテッシがあった。このところは第一番の滝、瀬である。

また、しばらく行くと、ルイカウシがある。ルイカは橋、ウシはあるという意味である。ここは、昔、神が橋を架けるため両方から大岩を突き出したところという。

少し行くと、ハルシナイ（春志内）があり、南岸の小川で川幅約五・四メートル、急流。ハルシは食べ物のこと。往来するアイノたちが多く、ここで宿泊するためにハルシナイという地名になった。

　シキウシバから、ここまで、およそ三キロ、この間をカモイコタンという。大川端を行くこと約一キロ、左は大川岩岸、右のほうは高い山、トドマツが多い。

　アソナイは深い沢であり、両岸は険しい。また、七、八百メートル同じようなところを行くと、ベンケアソナイがある。前年は舟で上ったので、この道筋を通らなかった。

　ここから沢に入り山に登った。おおよそ一キロ上ると、右の方に峰がある。南の方へ行きトドマツ林を下ること七、八百メートルにヲンネナイイトコがあり、この谷は、かなり深く両岸とも急である。

　ここを越えて向こう岸を上り、おおよそ、二十二キロで、ルチシホキ（峠越しの下）だという。この辺で一番の峠で頂上に少し樹木の少ないところから、東南東の方向を見ると、石狩岳、忠別岳、美瑛岳が見えた。

　これより約二十二キロ下ると、ルチシボカヲマナイのそばに至った。川幅は一・八メートルぐらいあると思われた。ここから、山に沿って大川より二百メートルも上のところでヨコウシナイに出た。この川も共にヲンネナイノホリから流れている。

　また、低い山を一つ越えてイヌンベツ（伊納）に出た。この川幅は三・六メートルぐらいあった。ハンノキを倒して川を渡った。ここまで来ると向こう岸にチカブニ（近文）が見えた。

土地は広く、山々も見渡せた。

忠別河口（チクベツブト）大番屋に着く

この沢に沿っておおよそ一キロ歩き、山を越え平原をしばらく行くとシラカバの林があった。そこを出ると忠別河口大番屋の後ろの方に出た。

この道は、内大部から、二十キロほどと思われる。舟で上るときは四十キロもあり、二日かかるところ硬雪のために一日で着いた。番屋の後ろには少し谷地があるので、そこはぬかる。

番屋は戸締まりをしてあった。今年の春、私は番屋に行くと話してあったので、玉川慶吉（通辞）と番人たちを置いた。そのため、居るはずなのであたりを捜すと、セカチ（男の子）が一人、金属で作った鈎《かぎ》、先の曲がった魚を獲る道具を携えてやって来た。

この者はヤエヲクテといい、忠別川河口のクーランケの弟である。私が着いたことを忠別川河口のイワンパカル（石山イワンパカル）二十九歳の家とクーランケの家へ知らせたら、イワンパカルは留守でクーランケだけやって来た。そして、一緒にやって来た案内人のセツカウシ、イコリキナ、イソラムの三人を残して、アエコヤンを永山付近の方へ行かせて、エナヲアニ、ラツコエキを呼んだ。サダクロウをこの者の村、永山付近にやって、ニボウンテ、アイランケを呼んだ。ノンクをメムの方へやって、シリアイノを呼び出した。

タカラコレ、エナヲエサン、ヤーラクルの三人をチクヘツ（神楽の方）、ヘベツ（美瑛）の方へ行かして、クーチンコロ、タヨトイ、シリコツネ、イソテクなどを呼びにやったが、いずれも山へ行き、しばらく帰って来なかった。その夜、サケコヤンケをイワンパカルの家へ使いに行かした。

〈参〉『十勝日誌』では、二月二十八日《新暦・四月十一日》のこととして記述。要約して紹介する。

神居古潭の難所を通る

猛烈な風、一面、雪が舞う。磁石の針で北東を定め出発。足を踏み外すと谷底に落ちるような神居古潭の難所を通る。伊野川河口の川端で野宿した。

三月三日（新暦・四月十六日）

十勝越えの案内人

朝、サケコヤンケはイワンパカルと一緒に来た。これから十勝越えをするので、案内人のことをセツカウシに話すと、『イソテクアイノとシリコツネが一緒に案内しないと難しい。

正月のうちであれば、川が凍っているので空知を越えて空知川まで行き、山越えして佐幌の水源へ出るのがよい。今は川が増水しているので難しい。

よって、これより美瑛岳のルベシベまで行き、空知の水源を越す。山を越してシノマイサヲロを越えるより仕方がない。

その筋は、イソテクアイノとシリコツネの二人が水脈や山脈を良く知っている』と答えた。

『そうであるならば、是非とも、イソテクアイノとシリコツネを捜すよりほかない』と私は話した。

クーランケとイワンパカルは『私たちが二人を探しに行く。彼等は常にチクヘッ方面で狩猟を行うので、そちらの方へ行く』と話した。食料、米、一人当たり二升ずつ渡し、先に褒美として手拭い一本ずつ与えた。

濁酒を仕込む

さて、今日は先ず、濁酒を作ろうと荷物を見ると、糀（こうじ）をどこかに忘れてきたようだった。セッカウシとイソラムに尋ねると、その糀はベッハラに置いてきたというので、一同の顔色が青くなった。

このようなときに、玉川慶吉は糀、五、六升を貯えてあると教えてくれた。その糀を借り、米、八升、糀、四升を桶に入れ、発酵させた。

夜になり、ヤアラクル、エナヲエサン、タカラコレの三人が帰ってきた。誰もいないというので、二日ばかり家に帰って休息して、その後、戻って来たらいいと各家へ帰してやった。


〈参〉『十勝日誌』では、二月二十九日《新暦・四月十二日》のこととして記述。要約して紹介する。

濁酒を仕込む

忠別川河口のチクベツ（現・旭川市内）番屋に着いた。番屋には、昨秋以来、玉川慶吉が滞在していた。武四郎は上川地方出身のアイノを集め、手当を支払って帰らせた。それから玉川慶吉に頼み、糀四升と玄米八升を分けてもらい、濁酒を仕込んでおくように頼んだ。

空き樽でキツネを獲る

このあたりにはキツネがたくさん棲んでいた。セツカウシが一升入りの古い空き樽を見つけてきて、長い三寸釘を三本、樽の外側から内側に打ち込んで、番屋の裏に仕掛けた。

樽の中に脂を入れて置いたので、その臭いにつられてキツネが空き樽に首を入れた。すると、キツネの首が釘に引っかかって抜けなくなったところを、セツカウシが物陰で見張っていて、棒で打ち殺した。それを料理した。

三月四日（新暦・四月十七日）

不貞の女の頼み

イソランをイチャン（一已）に帰したことによってイコリキナも帰った。私たちは、今日、これより、ここのコタンを回るため、セツカウシとヤイヌクテの二人に煙草と針を持たせて出発した。

忠別川河口にイワンパカルの家があり、石山イワンパカル二十九歳、妻イチヤニ、栗山サケ

絵図一　セツカウシ、空き樽でキツネを獲る（『十勝日誌』松浦武四郎記念館蔵）

飽くまでも　うまみにのるな　世の中は
後悔先に　たたぬものなり
南溟

コヤンケ二十三歳、妹イウンテマツ八歳、イワンパカラ七歳、カナチ（女の子）と当歳の女の子と住んでいた。

そのとなり、クウランケの家には、クウランケ三十七歳、妻シカシマと妻の老母イエテマツが住んでいた。去年来たときは、この家は川の向こうにあった。

そのまた隣には、シイビラサの家があり、シイビラサ五十二歳、去年、この者は、まだ、丈夫だったが今年は意外と弱って半ば病床にあった。シイビラサは妻に話して濁り酒を出してくれた。妻チエブモレカ、イヌリサン五、六歳、フウラアン六、七歳の二人の子供を育てていた。

ここから、丸木舟を借りて忠別川河口の向こうに行き上陸した。ヤナギの林の中、雪のぬかるところをカンジキを履いて歩いた。おおよそ一キロぐらいの間に小川を二つ超え、メム（川端町）に着いた。

ここに、老婆カントキという独り者が住んでいた。ハツシヤブのコトニに住んでいるヲツテイという女が一人来ていた。私は、どうして、この女はゆっくり滞在しているのかとセツカウシに聞いた。

すると、セツカウシは『この女は、和人が好きで番人などの夜の相手をしている。アイノの夫を持たせたがそれを嫌って、大工、常右衛門という男に連れ添った。

去年の改革の時、この女は浜で働いていたが、また、不義を行った。そのため、一人では浜に戻ることが難しい山へ、支配人の円吉が送って行き帰らせた』という。

ヲッテイは、私たちが見ると『なにとぞ、私はコトニの者なので、コトニへ帰してほしい』というので、『私たちは、これから十勝へ行くので、連れて行くことは出来ない。夏ならば番人に話して、浜に戻るようにしてもいい』と話して出発した。

番人の妾

その隣の家、老婆サケニセ八十二歳の家に寄った。娘が一人いた。シュートルマチといい、ウエンヘツのエナヲアニの妻である。

その隣の家は、ノンク四十一歳の家である。この者の母は八十余歳になるが、この春、ノンクアイノが浜へ働きに行った後、病気になったので、当分、家にいて看病するように話した。家にイコレコバという女の子がいた。ノンクの子供である。

その隣の家、磯谷シリアイノ二十六歳のところに寄った。家には妻エンカルマツと妹のミンタルシと三人で住んでいた。

その隣の家は、老婆シヤマツケトク六十一歳が独りで住んでいた。子供は三人いるとのことである。皆、浜で働いているので、一人戻して欲しいと、飯田に願った。

三人の娘のことを聞くと、姉はキナバトという名で良き女の子とのことである。十年前に浜へ行き、番人の兼五郎が妾にして山へ戻さないという。去年の改革のときに、アイノのセンラマと結婚させた。

妹、コランケマツも浜へ行った。おおよそ六、七年になり、まだ、結婚していなかったが、去年、ヲコヌカルと結婚した。その妹、ウイカリは十八、九歳になり、まだ、結婚していないと聞いている。ヤーラクルはメム（現在の旭川・川端町あたり）のシュンコトンの甥であるので結婚させ、その上、この夫婦は、メムへ来たらいいと行って出発した。

熊の爪で顔面に傷

その隣、シュンコトン五十六歳の家に行った。この者のことは、去年の日誌にも、また、人物志にも書いたように、熊に顔面を爪でひっかかれ、鼻、目が腐爛してしまった。

妻は浜に働きに行って番人にとられ妾になり、悪い病気をうつされ死んでしまった。そのため、シュンコトンは男やもめになってしまった。

子供は、トアイキシュマ四十四歳、今村コトンアイノ十四歳、布施イヤラクル、二十四歳の三人がいる。『浜に働きに行ったまま山へ帰してくれないので、なにとぞ、このうち、一人を帰して欲しい』と頼んだ。ウイカリと縁組みのことを話して出発した。

その隣は、ピアットキ五十二歳の家である。このピアットキは、去年までアサカラの川端に住んで居たので、私たちも宿泊した。去年の秋、サケが獲れる頃、ここに移住して、冬になり死んだという。後家テーコロクシは足が悪く歩けない。母、アシメノコは盲目で、当年、十二、三歳のイタキマ（清水イタキマ、十二歳）という男子一人と生活していた。この家にもアヤシという男が一人いるが、浜に何年も働きに行って、山には帰ってこない。

請負人の妾

昼ご飯を食べてから、雑木林のうしろに出てカヤ原を真っ直ぐ、二キロほど行くと、ウシシベツ（牛朱別川）があり、この両岸には谷地が多かった。舟があったので、この舟で渡った。左の方の樹林に沿っておよそ二百メートル行くと、老婆ユックセ六十六歳の家に着いた。テキビシテという女とコニタという十三、四歳の女子と三人で住んでいた。

このテキビシテは荒城ニホンテ三十二歳の弟アエピリカの妻である。夫のアエピリカは、去年の春に川に落ちて死に、その後、テキビシテは一人身となり、まだ、再婚していない。十三、四歳のコニタはテキビシテの妹である。このアエピリカが亡くなったのを思い切ることができない理由がある。息子がいるのである。

また、この隣の家に、去年まで、インカルマツ五十七歳という寡婦が、独りで住んでいた家があった。この老婆は、現在、亡くなって家は朽ち果て、その後を継ぐ者は誰もいない。

これより、また、左の本川を上り、広大なカヤ原を一キロほど行くと、アサカラ（永山付近）に出た。去年、この川を見た時は、川幅も広く深かった。今回見ると、それほどでもない川だった。この水源は、皆、石狩岳の方で深い山の中なので、まだ、雪が解けず、水が下っていない。そのため、浅瀬となっているので歩いて渡り、東岸に行った。フキノトウが多く咲いていてい

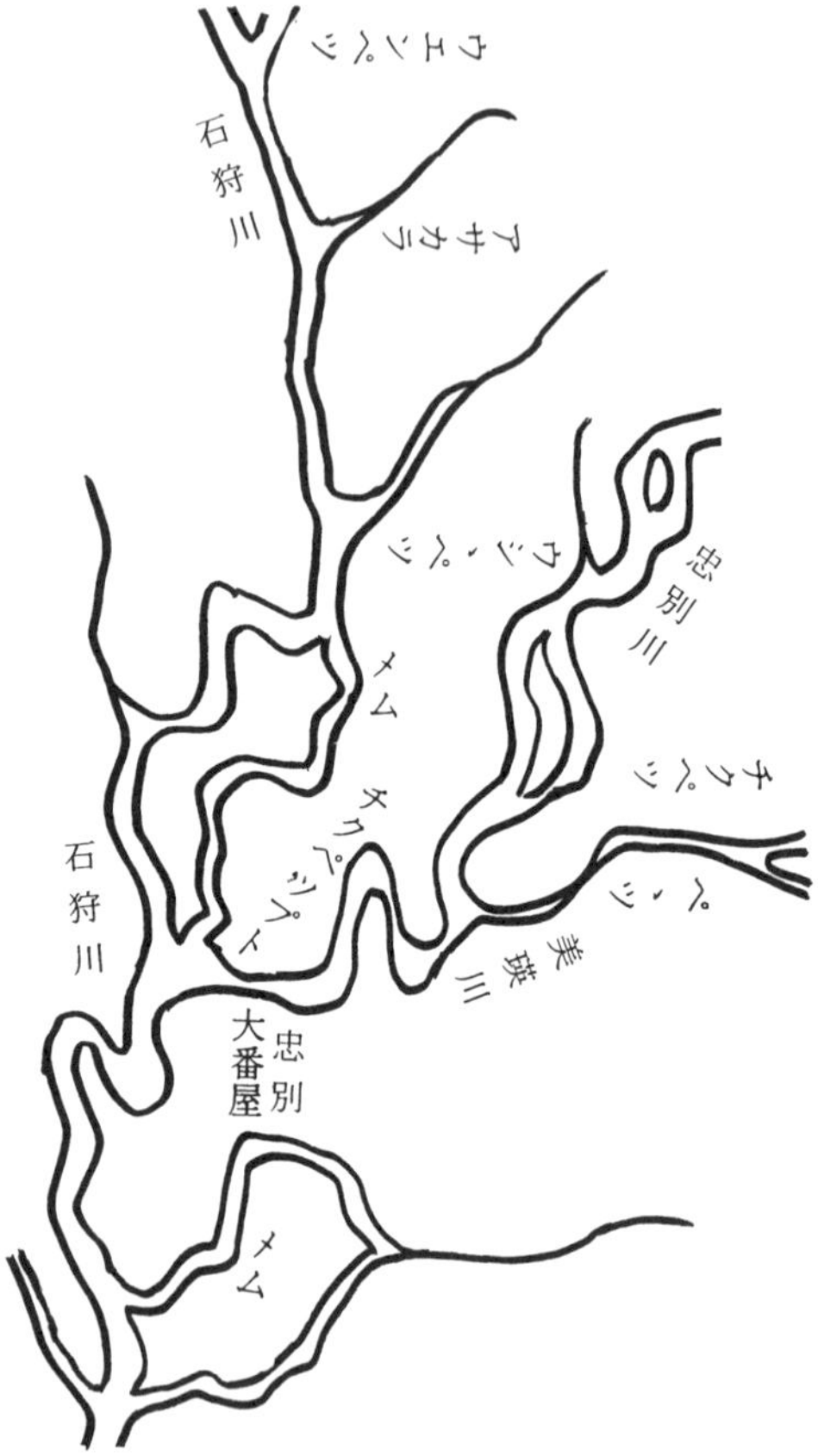

図版6　河川『石狩川支流　忠別川・美瑛川の図』

た。ここは上川第一番の暖地と思われる。

ヤナギの林を三、四百メートル歩くと、アイランケ二十九歳の家に着いた。母シウヤ四十八歳、シリアイノ二十六歳の妹で、当時、アイランケの妻になったモニシラン二十四歳、妹のヲトタ二十歳、末女アト十歳、モニシランの当歳になる子供と一緒に住んでいた。去年、来たときには、イタリセというアイランケの親父も存命だったが、今年の冬、亡くなったという。

この支流に沿って後ろの方に七、八百メートルほど行くと、ニボンテの父、タサヲリ六十三歳の家に着いた。母は去年の春に亡くなった。よって、妻トメノコと、十二、三歳の妹を家に置いて親孝行をしている。

この家へ来てみると、去年まで、石狩請負人代、阿部屋林太郎の妾キナサンケが居た。ヨモ、タマヌサ、ニイテマツ三人の子供を連れて来ていた。その訳を聞くと、先年改革の後、乙名がクーチンコロに、キナサンケを妾にしたらいいといったが、クーチンコロは断って妾にしなかった。

すると、ニボンテとシリアイノの二人の取り合いになった。元々、キナサンケはタサヲリの姪であり、この先、当分、一緒に住んで生活する。

サダクロ二十九歳（和人名・中山定九郎）も居て、まだ、ニボウンテが帰って来ないので、今、一日も休めないといった。これよりまた、丸木で向こう岸へ渡り、歩いて上ること一キロほど行くと、ウエンベツ（宇園別）に着いた。

ヲテコマ家に行き宿泊した。ヲテコマ五十九歳は狩猟の名手である。石狩、天塩、湧別、十勝の山々を行き尽くして、その後、有珠、虻田の山まで行き、十余年、岩内よりシリベツ岳の間に住んだ後、帰ってきた。その後、また、天塩山中から名寄へ行き、三年が過ぎて帰ってきた。妻はシユケリといい盲目である。

ヲテコマは腰が曲がり、何の稼ぎもできない。三十歳になる娘テキランケに夫を持たせて浜へ働きに行かせると、支配人の円吉は、その夫から妻を奪い取って自分の妾にして、山へ帰さなかった。

また、近頃、兼五郎という番人の妾は、先年の改革で、中川ケイシヨマというアイノを夫に持たせて、まだ、浜で働いているとのことである。よって、日々の薪や水の世話をテキランケの昔の夫、その子供、シユツコウエンという女の子とシイヌシという男の子の二人が世話をしていると聞きいた。

夜、ルイベのご馳走

夜になった。タサヲリ爺は腰が曲がり杖をつき、カンジキを履くことができない。私たちは少しの米を取り出して粥を煮て一同に振る舞った。

この家で、ルイベという塩も何も用いていない、寒さで凍らせたサケを切って、盆にのせ出してくれた。盆にはヤナギの枝の先を尖らしたのを一本添えてあった。一同にそれぞれ出してくれた。

先の尖ったヤナギの枝は、凍らせたサケのルイベを差し、少し火にあぶってから食べるためのものである。火にあぶらないで食べるときは、キナで作った塩壺の塩を振りかけてルイベを食べる。皆は一つかみずつ振りかけて食べた。

すべて、サケの皮だけでなく、ほかの魚の皮も、寒さには強い。サケの皮や他の魚の皮を少しでも火に近づけると、ひじょうに弱くなる。

サケの皮で作ったケリ（靴・沓）などは、おそらく、八十キロ以上も雪の上を歩くことができる。火にかざした魚の皮のケリは弱くなり、三キロも歩くことができないそうだ。

その夜は、タサヲリ爺と、昔、狩猟の名手だったヲテコマの二人がいろいろと話しを聞かせてくれた。

『石狩十三場所で働くアイノの地域は、トクピラ、ハッシヤブ、上下サツポロ、シノロ、上下ツイシカリ、上下カパタ、上下ユウバリ、シママップ、ナイポウで、イチヤンより下に住む地域のアイノのことである。

当地は、上川アイノが住んでいる地域であり、石狩十三場所とは関わりのない外の地域である（すなわち、石狩番屋の管轄外の地域）』と話した。

『石狩浜の番屋（場所）で働くことに問題はないが、今は、若い稼ぎのできる者が、浜の番屋に取られるようになった。山には自分たちのような五体の不自由な者だけ残っている』と、当地域での生活の大変なことを、夜の更けるまで話してくれた。

（注）ルイベとイクラ

文中に、「ルイベ」とあるのはアイヌ語である。サケやコマイを凍らせて、薄切りにして食べる。ちなみに、「イクラ」はロシア語で、魚の卵の意味である。

〈参〉『十勝日誌』では、二月三十日《新暦・四月十三日》のこととして記述。要約して紹介する。

熊の肉

「クーチンコロとタヨトイの二人が私の安着を祝って、熊の肉を持ってきた」と、書かれている。

〈参〉『十勝日誌』では、三月一日《新暦・四月十四日》のこととして記述。次のように書かれている。

ルイベのご馳走

急速に融雪が進んだ。石狩川上流の家々を巡回した。生サケを凍らしたルイベをご馳走してくれた家もあった。マキリ（小刀）で皮を剝いだヤナギの枝一本と塩を出してくれた。生のルイベを食べるのが苦手であれば、ヤナギの枝を削って差し、火にあぶり食べるようにとの配慮だった。

この他に、ムグラ（葎）の根を煮た物やイケマの根を焼いて出してくれる家もあった。当麻付近で一泊する。

三月五日（新暦・四月十八日）

コタンを巡回

ウエンベッ（宇園別）を出発して二、三百メートル上ると、老婆アチヤサキの家があった。この家には、去年の夏、宿泊した。息子エナヲアニ三十七歳は、今日、山から帰って来るそうである。妹ヲヤイマッ十五、六歳と三人で暮らしている。

その隣、ラッコエキ爺五十一歳と妻のイベコレヌ婆が住んでいた。その川の向かいはハンクルチヤ六十二歳が住み、去年見たが、今年はトックまで帰ってきて、そこで年を越して、まだ、ここには帰って来ていないという。

少し下ると荒井イソチユウ三十歳の家があった。この者は浜に働きに行っているため、家には妻のアベヤンケ二十九歳と、まだ幼い男子一人、女子一人の三人で暮らして居た。今度、一緒に来たアエコヤン三十歳もこの家で休息した。

いろいろと見物してから、丸木舟で川を下ろうとした。すべて、上川地域にあった丸木舟は、冬に川筋は氷が張りつめ、石狩からここまで、丸木舟が上って来られなくなった。皆、歩いて帰って来た。それで、今年は、上川地域の川筋には、丸木舟が不足しているという。

皆、不自由なことであるが徒歩で下り、私とセツカウシ、アイコヤンが小舟に乗って下った。川の水の勢いが強く二時もかからないでメム（旭川市川端町）に着いた。ここで昼飯を食べてから、カヤ原を一文字に南南西の方に二キロほど歩いた。チユクベツの端に出た。

大きな太いアカダモの木が川の中に倒れていた。これを渡り向こう岸に着いた。この川に枝川があり、橋が無いため、皆、腰まで入って川を越え、三百メートルほど下った。雑木林の中を歩くと、ベベツ（辺別川・現在、美瑛川）の川端に出た。

ここに老婆ヤヨハンテ七十歳の家があった。盲目で腰が曲がっていた。娘はトメノコ二十四歳。この娘はニポウンテのところに行って不在である。子供（シロロッチ）が一人いるとのことである。これもアサカラへ行っているという。そのため、その隣の人たちが、老婆ヤヨハンテの世話をしている。

その上にサムバクの家があり、爺五十九歳、妻シュウタレ四十三歳、イトレシマ二十五歳という一人の娘があり、クーチンコロの男タヨトイと結婚し夫婦である。

その隣の家、乙名クーチンコロ四十二歳のところへ行く。今日、山からタヨトイ二十七歳と帰って来て、今、番屋へ行こうと支度をしているところだったという。妻ヲボロベキ三十六歳と叔母サケニセ八十二歳も久しぶりに会ったので、親切に世話をした。

去年まで、クーチンコロの家が一軒だけだった。今年はメムから二軒越して来たので一つの村になった。

これからシリコツネ、ハリキラ、イソテクの家へ行こうとしたが、今日は一日の宿泊は難しいと思い、三軒の者の妻や子供にお土産を頼み、特に、ハリキラ夫婦は大病と聞いたので、神通湯、五貼を渡して帰ってきた。

丸木舟があったので、これで下った。雪解けの増水で岸が十分満ち、舟は矢よりも速く進み、四キロほどのところにあるチュウベツ番屋（神楽六条六丁目）に着いた。タヨトイ、クーチンコロも下って来て宿泊した。

〈参〉『十勝日誌』では、三月二日《新暦・四月十五日》のこととして記述。要約して紹介すると、「忠別川河口のチクベツ番屋に戻る」と書いている。

三月六日（新暦・四月十九日）

雨。滞留。

三月七日（新暦・四月二十日）

ソリの跡

雨が降り、川の水が一メートルほど増えた。そのため、皆は、夜に雪が凍れば歩きやすいので良いと思ったが、そうもいかなかった。

夕方、クウランケとイワンバカルの二人が戻って来た。シリコツネには会わなかったが、橇《そり》の跡があったのでそれをたどって帰ってきた。印を付けて置いたままだと云った。

〈参〉『十勝日誌』には、三月三日《新暦・四月十六日》のこととして記述。要約して紹介する。

十勝越え十三人選ぶ

前に仕込んでもらった濁酒をこし、イナウ（木幣）を作る。その後、石狩川下流の者は帰宅させ、十勝方面の山越えのため、詳しい者など十三人を選ぶ。それぞれに荷物を割り当てた。

三月八日（新暦・四月二十一日）

旅の安全祈願

晴れ。寒い。川の水は増水したままだった。十時頃、上からレクンタク、エナヲアニ、ニホウンテ、アイランケを連れてアエコヤン、ノンク、サタクロが下ってきた。チクベツの方からエナヲエサン、タカラコレ、ヤーラクル、シリコツネが下りて来た。チクベツブトからはサケコヤンケ、クウランケ、イワンバカルが下って来た。一同が集まった。これまで天候も良くなかったことから、十勝越えが遅れ気味だった。八日になったので、早々に、明日、出発することを話した。すると、シリコツネが云うのには、「イソテクがいれば助かるが、いなければ困る」といった。

タヨトイ二十七歳が進み出ていうのには、『それほど心配することはない。おおよそのことは、その水脈山脈を見定めることができる』と、この者は、まだ、若いのに案内を請け負った。

米などの食料の準備をした。『米、一人当たり三升ずつ、私、飯田、炊事係のサタクロは白米四升とする』と話した。

エナヲエサンとタカラコレの二人を石狩の浜へ戻すことにした。エナヲエサンの親が病気で、浜の雇蔵のところにいるためである。

タカラコレは、ヲタルナイに出稼ぎに行ったとき、妻が病気になり、ゼニバコの番屋にいるためである。ノンクには母の病気をしばらく介抱するため山に残るように話した。

先に出発する者をシリコツネ、クーチンコロ、セツカウシの三人にした。次にニボウンテ、イワンバカル、タヨトイ、アイランケは十勝まで行き、帰りは日高の浜回りと決めた。ヤーラクル、アエコヤン、サケコヤンケを荷物係とした。サタクロは炊事係。クーランケは、この間の山行が大変だったので休ませた。

レクンタク、エナヲアニは、来春、天塩越えの時に水先案内をするので、その道筋をヲテコマに調べておくように話した。

それぞれ手拭い一本と煙草一把を与えた。柾桶（柾シントコ）ひと樽の酒を濾（こ）し、イナウを削らせて、チクベツ岳、ビビ岳、美瑛岳、石狩岳の神に手を合わせ、山越えの無事を祈った。

夕方、シイビラサ爺、シュンコトンも暇を見て来てくれた。車座にその酒桶を取り巻き、夜が明けるまで飲んだ。これから行く未知の土地を楽しみに、ひととき、腕を枕にして眠った。

〈参〉『十勝日誌』では、三月四日《新暦・四月十七日》のこととして記述。要約して紹介する。

旅の安全を祈る

暖かい。上川のアイノたちを集め、御神酒を一同で飲み、旅の安全を祈った。川の水量が急に減ることは、山の上の方が寒くなり、上流の水が凍るためだ。平地もやがて寒くなると教えてくれた。

戊午登加智留宇知之日誌　巻之三　安政五（一八五八）年

三月九日（新暦・四月二十二日）

十勝越え案内希望多し

昨日、石狩詰下役、飯田豊之助の外、アイノ案内人十二人、乙名クーチンコロ四十二歳、アイランケ二十九歳、シリコツネ三十八歳、ニポンテ三十二歳、セツカウシ三十歳、イワンパカル二十九歳、タヨトイ二十七歳。

次の者の帰路は日高の浜回りである。アエコヤン三十歳、炊事係のサダクロ二十七歳、イヤラクル二十四歳、サケコヤンケ二十三歳、イソテク四十三歳、合計十三人で行くことに決めた。

米は一人当たり三升から四升を持参した。

タカラコレ、エナヲエサン、エナヲアニ、レクンタク、クーランケたちは、米を分けてもらわなくてもいいから、十勝に行ったことがないので、行きたいと希望した。あまりにも人数が多いので断り、昨日決めた通りの人数にした。レクンタク、エナヲアニには米二升を渡し、休むように話した。

番屋の前から川に沿って数キロのところにアイノイテという小川がある。川幅三・六メートル、枯れ木を倒し、その上を渡った。三、四百メートルほど行くとベベツ（現在の美瑛川）の川端に出た。

アイノの家に向かって呼ぶと、クーチンコロの家から息子のチャリミナが舟を出してくれた。その舟で渡った。この間、番屋から川までおよそ五キロある。近道はない。シリコツネとタヨトイは空知川上流から引き返した。

クーチンコロの家に着くと、皆に餞別の酒が振る舞われた。この酒は、一昨日、山から帰ってきてから造ったという。その酒を私たちに振る舞ってくれた。

三階杯

三階杯という杯を出し、上の杯に酒を注ぎ、その中間にある杯に酒を注ぎ、その杯を膝の上に置いて、台の酒を呑んでから、膝の上の酒を呑むのが礼儀とのことであった。もし、台の酒を呑む間に膝の上の杯の酒をこぼすと、償いを出さなければならないとのことであった。当時、その杯は、無くなってしまって蝦夷地には無いとのことであったが、今、初めてこの家で見た。

この家を出て、家の後ろの雑木林を四百メートルほど歩き、ニヨヘツを越え、カヤ原に出た。これより一面の雪原を東南東に向かい二キロほど行くとチクヘツの川端に出た。ベツチウシというところに至る。

このところの上に小さな山があってカシワの林があり、その後ろはカヤ原である。このたび連れてきた平石シリコツネ三十八歳の家で休んだ。妻ハルウクヌ、母イエチユフとヤイルという女の子と三人で住んでいた。

その隣の家は、ハリキラアイノ二十七歳の家である。妻シユハシランと共に病気であった。そのため、イソテクアイノも荷物を担ぎ、昨夜、山から帰ってきたところである。十勝行きのことがあるので、今朝、直ちに家を出てきた。いよいよ人数が増え、レクンタクとエナヲアニを案内人にするかどうか様子を見た。

ウバユリ一貫目の餞別

ここから向こう岸に住むイソテクの姉のタレカ婆五十五歳は、去年のお礼にと、娘のレクツコレとセカチ(男の子・孫)二人にトレツフ《ウバユリ》の類を一貫目持たせて、山越えの餞別としてくれた。

出発して小高い山に登り、カシワやナラの林を真っ直ぐ南に行くと雪が少なくなった。一キロぐらい行くと、ニケルルホンケシという小川があり、川の水は美瑛川に注いでいるという。一面が平らで左が崖のところにフシコチクベツのイソテク（後に、鹿田イソテクと名乗る）の家があった。この辺はタモノキが多い。ササ原を三百メートルほど行くとカヤ原に出た。

そのカヤ原を一キロほど行くとトヌシユマナイ川、川幅約一・七メートル。その左右には谷地が多かった。ハンノキを倒して川を渡る。これも末流は美瑛川に流れる。

また、二キロほど行くとシウタンナイ川があり、この川も木を倒して渡った。南に行くにしたがって雪が少なくなった。この辺は一キロも雪のないところがあった。一キロほど行くと小川のメメトツケシ川があった。カヤ原があり、この川の両岸はヤナギ、ハンノキ多い。美瑛川に注いでいる。ここで昼食にした。

アイノの宝物、盗まれる

同じくカヤ原を四キロほど行くと、シネビンニウシ川があり、一本のタモノキの大木があった。ここを越えて南南西に向かうと、先に行ったシリコツネとイソテクの二人が待っていた。私たちの前後に立って話すのには、『去年の秋、チクベツのイナヲクシというものが、このイソテク爺の姪フツマツと密通して、そのイソテク爺の山へ行くことを考えた』という。その時、イナヲクシは、『タンネエモシの家の長太刀一振、銀拵えの鐔二枚、銀金物柄一本。その隣、ハリキラの家が留守の時、長太刀一振、銀金物、銀拵えの鐔。また、シリコツネの家から長太刀三振、鐔三枚、矢筒一本、薙刀二振、柄二本など十七品を盗んだ』と話した。その時、フツマツを連れて十勝の方面へ逃げ去った。『なにとぞ、今度、十勝に行ったときには、その者を捕らえて品物を取り返して欲しい』と願った。『了解した』というと、この者たちは喜んだ。

ここから、東南のカヤ原の向こうに、チクベツ岳、石狩岳を見通せた。方位を南西と少し右の方へ下るとイワンコンクツレという小川に出た。一キロほど下流で美瑛川に続いている。

また、しばらく、カシワ、ナラの林を行くとボロヌツの原に出た。この右の方に樹林がある。ここをしばらく行くと小川があり、そこを越えるとホロトウブという小川があった。この辺は雪が無かった。ところどころに谷地があった。水が溜まり小川となっていた。これも美瑛川につながっている。この川の西にカシワ、ナラの林があった。

また、その美瑛川の西に神居山が見えた。この山の後ろに空知川があるという。トドマツも多くあった。ホロトウプよりカシワ、ナラ林の中を、小山の麓に沿って上り、一・五キロほど行くとクマザサ原に出た。さらに、三百メートルほど行くと崖の上に出た。ここから下を見下ろすと、約三十メートル下に美瑛川が渦巻いて流れているのが見えた。

崖の木の根につかまり、岩に手をかけて下った。雑木林に出てその中を三、四百メートル行くと美瑛川の川端に出た。両側に大木があり、それらの木々は洪水のたびに岸に倒れ、その後、また、川となって数十条の枝川となり、網の目のようになっていた。この川幅は、およそ二十四メートル、急流。水源は美瑛岳から来ている。

焚き火が野火となる

美瑛川は、今朝、休んだクーチンコロの家の前を流れ、チクベツで合流して大番屋の前を流れ、忠別川本川に注いでいる。一同、手を引き合って腰より少し上まで川の中に入った。川の中を四分位い渡ると急流になった。

これより西の方はなお深く、どうしようかと思っていたところ、西岸にドロノキの大木が一本川の中に倒れていた。大木につかまり、大木の上に上って向岸へ渡った。一同、焚き火をして衣服を暖めた。

その火が、雪のないカヤ原へ移り、西風が強く勢いよく燃え黒煙を上げ始めた。それから、南西の方に向かい、また、南の方などに行くと、おおよそ二キロのところに、川幅十三、四メートルのヲマクンヘツ川があった。両岸にヤナギ、ハンノキがあり、これを倒して渡った。この川はビエヘツへ続くという。

また、南の方角に八、九百メートル歩くと、川幅約二メートルのトウセンナイ川があり、ハンノキを倒して渡った。カヤ原を五、六百メートル行くと川幅約十メートルのホロコツナイ川があり、トウセンナイ川と合流し美瑛川に続くという。

そのところに小山があった。その小山にシユマチセビラという大岩窟のある崖があった。山にはカシワ、ナラが多く、みな落葉していたので見晴らしがよかった。ところどころ奇岩のあるのも分かった。

樹液を飲む

ここで休むと、シリコツネがシラカバの木に山刀で傷を付け、そこに枝を差し込み、樹液を採取した。碗に樹液を入れて持ってきたので、それを飲むと、少し甘みがあった。この樹液は

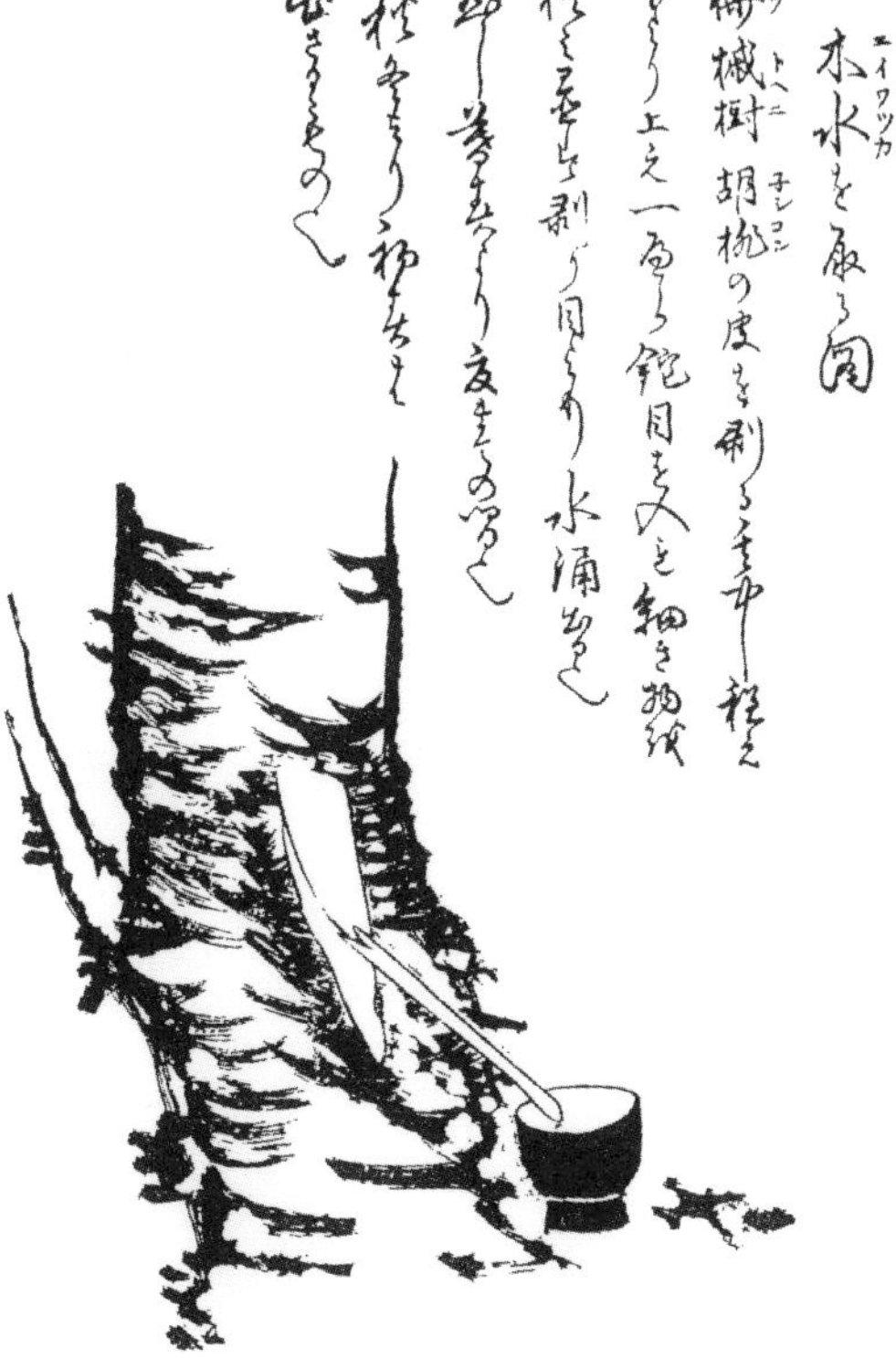

絵図二　木から樹液を採取する（『十勝日誌』松浦武四郎記念館蔵）

シラカバ、イタヤカエデ、クルミの三種類の樹液は甘いので飲むことができる。木の皮を削り、その中央にナタで切れ目を入れ、細い棒を挟んでおくと、削り目から樹液がにじみ出る。それを容器などで受け集める。時期は春から夏までの間である。秋、冬は樹液が出ない。

どの木からも採取できるのかと聞くと、シラカバとイタヤカエデ、クルミの三種が甘い水が出ると話した。その他の木の樹液は苦く、トドマツの木の樹液は、特に苦いとのことであった。そこより、小山に登り南南東の方向に行くとササ原に出た。そこから、おおよそ二・五キロ行くと、川幅約五・四メートルのホロナイの川端に出た。水は清く浅い。

この山の陰はきわめて暖かく、雪もない。この辺はカタクリ、フキがあり、カシワ、ナラが多い。そのため、ここで野宿した。今日の道は、おおよそ二十一キロ歩いた。

木の上に登って見ると、チクベツブトより、今日は、南南東の方向から南の方に来たと思った。少し下に小さな沼が一つ見えた。その沼でカエルが多く鳴いていた。このため、この地帯は暖かいということがわかった。

〈参〉『十勝日誌』では、三月五日《新暦・四月十八日》のこととして記述。要約して紹介する。

熊一頭獲る

早朝出発。美瑛川の支流、辺別川を越え、クーチンコロの家で休む。イソテクが熊を一頭獲って待っていた。幾つかの小川を超え、辺別川本流岸に出た。雪解け水が溢れていた。丸太を渡し裸になって水に浸かり対岸に着いた。岸の草原で焚き火をして体を温めた。

フキノトウの和え物食べる

小川を三つほど渡り小山に登った。そこは暖地のようでフキノトウ、福寿草、キト（ギョウジャニンニク・アイヌネギ）などの芽が出始めていた。フキノトウを和え物にして食べたが、苦味がなかった。

キツネ一匹獲る

夜、キツネ一匹獲る。小川の岸で野宿した。

三月十日（新暦・四月二十三日）
ウバユリの多いところ

まだ、夜明けに早いが、朝飯を食べ出発した。木を倒して川を渡る。この川も美瑛川に注いでいる。これより山に上り、カシワ、ナラの林、カヤ原を歩く。およそ四キロ歩くとカヲナイ川があり、一・七キロほど行くと沢があり、下るとシキウシナイ川に着いた。

ここにアイノが野宿した跡があった。どうして野宿するのかとその訳を聞くと、水がきれいで薪が多く、ウバユリが多い。忠別や美瑛の老婆など、皆、ここへウバユリを掘りに来て野宿するという。

ここから、一・七キロほど平野を歩く。崖を二百メートルほど下ると川幅約十三・五メートルのヲキケナシがあった。シキウシナイもこの川に合流し、美瑛川に注いでいる。

シキとは「荷物」のこと、ウシとは「ある」という意味で、「荷物がある川」という意味になる。

ヲキケナシ川は川幅が広く、橋の代わりに利用する物がないので、川に入って渡った。水深は七十センチぐらいだった。

案内人はシリコツネである。シリコツネは運上屋で何か悪いことをした不道徳者のようであったが、一番初めに川に入ったり、荷物を対岸に運び、そのうえ、私や飯田を背負って川を渡ったり、実に他の者よりよく働いた。このため、後ほど陣羽織一枚を贈った。

両岸にはヤナギ、ハンノキ、タモノキが多かった。カヤ原を歩き二キロほど行くと谷地（湿地帯）が多くなった。ここを二、三百メートルほど歩くと、ビエベツに出た。ここから東南の方にチクベツ岳、ビエベツ岳、美瑛岳などよく見えた。硫黄の煙が空に高く上っていた。川幅約十八メートル、小石川、浅瀬にして急流。その河原にはヤナギ、ハンノキが多い。水は酢の味。硫黄の含んだ水である。崖の上はトドマツの木が多い。

ここからカヤ原、山に登るとチクベツ岳が東によく見えた。そこから一キロほど行くと小川のビエナイに着いた。ここを越えて、また、平山に行く。山々がよく見えた。

その峰を二キロほど南南東の方向に行き、五百メートルほどカヤ原を下ると小川、ホンビバウシがあり、ササ原を二、三百メートルほど行くと、川幅約五・四メートルのホロビバウシに着いた。

雑木が多くハンノキを倒して渡った。この川の二つは合流して美瑛川に注いでいる。ビエはカラス貝のことで、この川に多いことからビエと名付けられたとのこと。

フキノトウやカタクリを食べる

これより、崖、大ザサ原でトドマツの樹林を二百メートルほど南南西の方向に上っていくと、空知岳に続くという。また、上って山筋を見ると、トドマツばかりが下の方に続いていた。さらに行くと、四方の眺めが良かった。

そこから沢に下ると、小川、川幅一・七メートルほどのホンカンベツ川があり、さらに二、三百メートル下ると山間にホロカンベツ川が合流して空知川に注いでいる。それに沿って沢を行くと崖に出た。上の方を見るとトドマツの樹林であり、まだ雪が深いようであった。

六キロほど行くとカヤ原があり、五、六百メートルほど下って行くとシャリキウシナイという小川に出た。ここは湿地でアシ、ハギが多いので名が付けられたという。そこを五、六百メートルほど行くと川幅約三・六メートル、水深の深い富良野川があり、シャリキウシナイ、ホンカンベツ、ホロカンベツなどいずれも合流して空知川に注いでいるという。その南岸はカヤ原である。

富良野川は赤川という。川底が赤土のため付けられた名称である。これより、二キロほど小ササ原を南南東の方から東南東の方へ行く。このところの平野は、幅が約十キロ、東西およそ四十キロもあると思われ、一国の面積が十分にある。

土地が肥え、暖かく、南は夕張から空知岳、東は美瑛、ベベツの山、北にナイタイベ岳、北北西から西へ回り空知のカモイコタンの山々に連なり、実に一大領域というべき土地である。

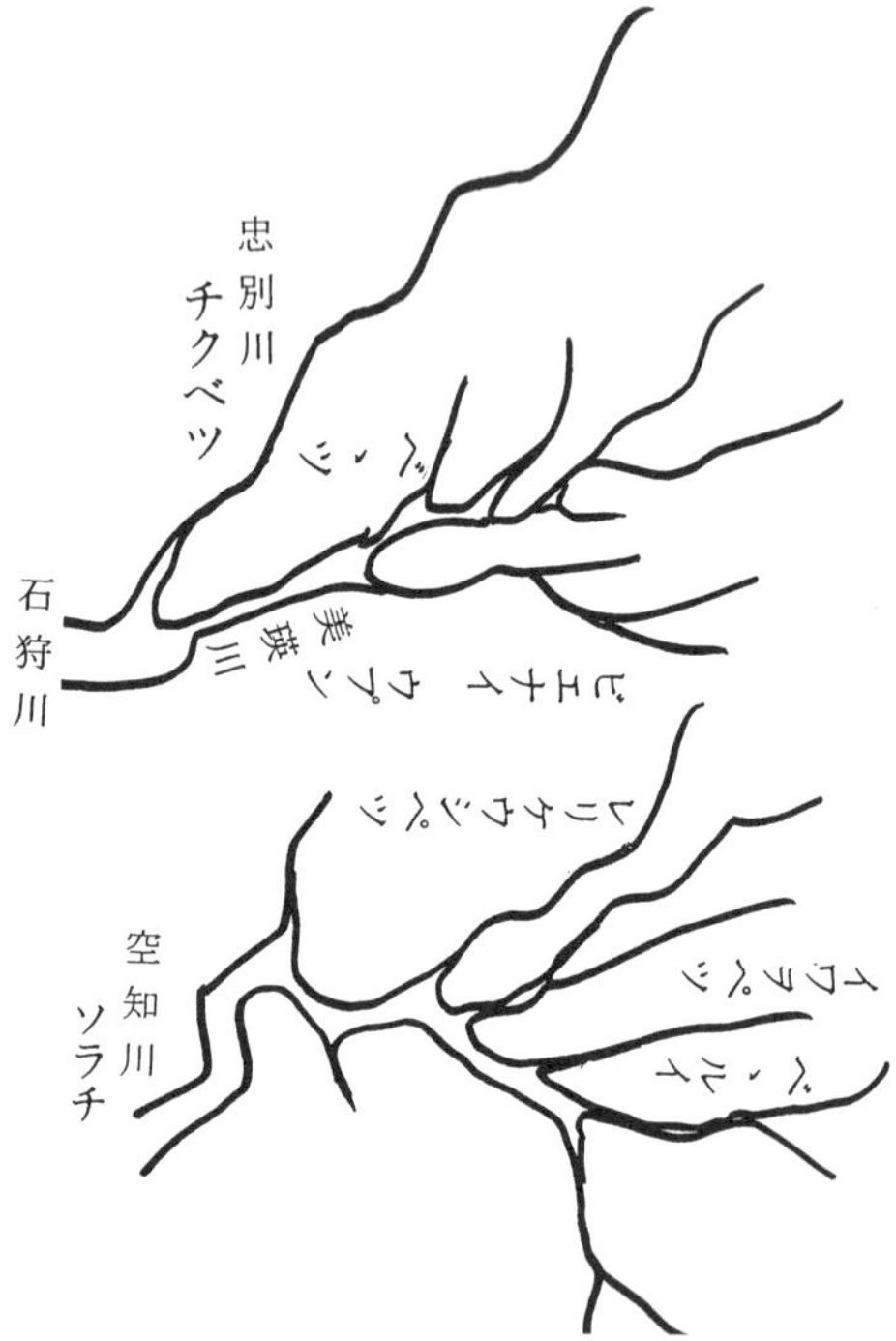

図版7　河川『忠別太から美瑛川・空知川を越す図』

この辺は雪が少しも無い。

二キロほど行くと焼き石の小川、クヲナイがあり、水源はビエ山から来て空知川に続く。同じカヤ原を二・二キロ行くと川幅約一・八メートルのレリケウシペツ川に出た。両岸はカシワ、ナラ、カバ、ハンノキ、ヤナギが多い。川の中は焼き石のみ。

水源は美瑛から来て空知川に注ぐ。この辺はカタクリ、フクジュソウ、フキノトウが多くある。フキノトウやカタクリを摘み食べた。アイノはこれを多く食べると良くないと話した。

カヤ原に火を付ける

これより先には、飲み水がないそうだ。イワヲペツという川があるが、硫黄分が多く飲用には難しいというので、ここで野宿した。

イヤラクルは火を焚き、その周囲のところどころに火を付けた。外の者は皆、小魚を釣り、野宿のための屋根を造ったり、フキノトウを摘んだりした。まだ、午後の四時頃であり、早く野宿する準備をしたので楽だった。イワンパカルとタヨトイは、弓矢を持ってシカを捜しに行った。

夜になり、この数キロ四方のカヤ原に火を付けたところ、風が起こり、火花を吹き散らし天をも焦がす勢いで燃え、昼間の明るさのようになった。火焔が吹き荒れ、バリバリと響き渡った。このため、イワンパカルとタヨトイは、シカを一頭も捕らずに帰ってきた。

〈参〉『十勝日誌』では、三月六日《新暦・四月十九日》のこととして記述。要約して紹介する。

枯れ草に火を放す

吹雪の中を出発。何キロか歩くと美瑛川に出た。草原を横切って小山に登ると四方の山がよく見えた。

再び、草原に出たので、枯れ草に火を放った。風で獣が走る勢いで燃え広がった。その上を歩いて下った。針葉樹の山を越え、空知川に合流する江幌完別川を渡った。

焔、天を焦がす

リオナイ川を渡り、レリケウシナイ川で野宿した。夜、野に火を放って寝たが、次第に燃え広がり、強風となり、夜中に見ると、四方の焔が天も焦がす勢いだった。

硫黄の臭気

谷地のアシ原を通り富良野川の岸に出た。この川の水は十勝岳の硫黄山から来ているので、硫黄の臭気が強く、一口飲んでみようとすると、「毒だ」といって止められた。どんな寒期でも凍らず、魚一匹棲んでいない川である。

三月十一日（新暦・四月二十四日）

硫黄分の含む川水

野火のため東の空が明るくなるのも分からず、あわてて支度を調え出発した。三、四百メートルほど行くと、山の方に火が走ったので、シカが五頭、驚いて飛び出してきた。私たちが行く前方に飛び出てきたので、イワンパカル、タヨトイ、セツカウシ、その他の者も荷物を捨て四方に走り回り、雌シカ一頭を獲った。

焼けた野原を一キロほど行くと、川幅約十三・五メートルの水がないフシコベツに出た。このあたりで朝日が昇ったが、景色にモヤがかかり、四方の山々が見えなかった。

五、六百メートルほど南南東の方向に行くと、川幅約十メートルの小石が多く急流のイワヲベツ川に出た。水源は美瑛岳からで、硫黄分を含み、酸味がして飲むことができない。また、二キロほど行くとレボシナイという小川があった。両岸にはハンノキが多い。また、三、四百メートルほど過ぎると小川、コロクニウシコツがあり、両岸はハンノキ、シラカバが多い。これより三、四百メートル歩いてからカヤ原となり、山に登った。下は一面平野で、カヤ野である。五、六百メートルほど登ると、その下の野原は一面燃えて芦別岳が直立して見えた。

今日は方々の山々を見ることを楽しみに歩いた。夜明け前、ふと、いたずらをして火を放ったのが、思いのほか、野火が広がった。そのため、今朝は、八キロを歩くのに野草も少なく歩きやすかった。楽しみにしていた山々は、煙のため見ることができず、残念だった。

四キロほど上って行くと、ニヨトイというところに出た。山の峰のようでシラカバの木が多い。これより二百メートルほど行くとトドマツやカシワがあった。下草はクマザサである。

ここから五、六百メートルほど行くと、トドマツの原生林があり、二抱え、三抱えもある大木で薄暗かった。ここを三百メートルほど右の方向へ行き、谷を下ると、まだ、雪が深かった。ただし、雪のあるところは硬雪で歩きやすいが、雪のないところはササで歩きづらかった。

雪の間から出ているササにつかまり、崖を十八メートルほど下りると小川があった。ここは平地でトドマツの原生林で雪が深かった。五、六百メートルほど小川を上ると、川幅約十三・五メートルの浅瀬のベベルイ川があり、転石で急流、魚はいないという。

十勝アイノの足跡

巨木が倒れている上を渡った。トドマツの原生林を二キロほど歩くと、サッテキベベルイ川に着いた。乾いたベベルイという意味で、この水源はルベシベより流れ、空知川に注ぐという。川中に大岩があり、ここの川中で昼食にした。

雪が深く水がないので、雪を解かし沸かしてから飲んだ。これより、大岩の上に雪が厚く積もっている上を飛び越えながら、一キロほど行くと、硬雪で歩きやすかった。二十キロほど上ると、昨日歩いたカンジキの跡を見つけた。

案内人のアイノたちが話すのには、十勝アイノの歩いた跡だという。その足跡をたどり、一抱えも二抱えもあるトドマツ林の中を五、六百メートルほど行くと、一昨夜、泊まった跡があった。

この辺まで来ると、ベベルイもどこかわからなくなり、水が無かった。今夜はどこで野宿しようかと考えていると、シリコツネは、『ここから上に行くと、トドマツの木が少なくなるので、そこで野宿したほうがいい』という。そこで野宿した。

樹木の種類はカバ、エゾマツ、カシワ、カエデなどであった。また、桜の木が多かった。ただし、トドマツの木に妨げられ生育が悪かった。今日一日で、おおよそ二十四キロ歩いた。夜になると、オオカミの吠える声が聞こえた。

〈参〉『十勝日誌』では、三月七日《新暦・四月二十日》のこととして記述。要約して紹介する。

十勝アイノの仮小屋

焼け野原を歩く。川を何カ所か渡る。川の水は火山帯から流れているので、酸味がある。針葉樹林の下のササ原を歩いた。そこを下り、玉石の河原を歩く。

雪の上に、昨日通ったカンジキの跡があった。仮小屋の跡もあり、案内人のアイノたちは十勝のアイノだと言った。仮小屋の造り方で分かるのだという。

このあたりは、トドマツやエゾマツで空も見えないほどだった。この森の中で野宿をして、雪を解かし食事を作った。

三月十二日（新暦・四月二十五日）

ハエマツの原を越える

朝、四時頃起きて、鍋に雪を入れ沸かした。昨夜、雪を解かすと雪一杯に対して、水一杯になった。今朝は、雪一杯に対して六分目の水になった。この理由を考えてみると、昨夜の雪は凍っていたためである。

支度をして出発する。アイノの案内人たちは、ここに、帰りの食糧を半分貯蔵した。山はいよいよ険しくなった。エゾマツ、トドマツ、カバの樹林を登り、おおよそ一キロ行くと、トドマツの林がなくなり、カバとエゾマツの林になった。エゾマツは二抱え三抱えのある大木で、カバは曲がり人形のような形になっていた。高さは三、四メートルぐらいだった。

その間をおおよそ十メートル登ると、雪が凍っており、滑ってなかなか登れなかった。それで、皆、杖を横突きにして登ったが、約百八十メートルも登ると滑ってどうしょうもなかった。

そのため、マサカリで足がかりを作り、六百三十メートルほど登ると少し平らになっていた。この辺は樹木が一本もなく、一・六メートルほどのハエマツが一面に広がっていた。ハエマツは雪に埋もれていた。七、八メートルほどのカバの木も枝だけが七、八十センチほど出ているだけだった。

かろうじて、十一時頃、その峰に出た。その間、およそ三キロもなかった。この辺は一キロほど平地でハエマツ原だった。これもみな埋もれて、ただ梢のみ三十センチ、六十センチづつ出ていた。

右の方にヲッチシバンザイウシベという上が尖った山がある。この山の後ろは空知川に至るという。また、左の方は、ヲッチシベンザイウシベといい、これまた、右の方の倍の高い山である。頂は岩山で、その続きはビエ、ベベツ、チクベツ岳の方に連なり、この間をルウチシという。ルウチシは路を越えるという意味である。この峠でしばらく休んだ。木幣を切って天地の神霊を祭る。

ここで磁石の方位を見ると、東南東の方に空知のヌモッペ山を望み、左にシュマフウレソラチを見る。これより、峠を越えて下り、それより先に下ると十二時頃になるが、雪氷がやわらくなり歩くのが難しかった。左右はハエマツ原でカバの木があった。

鉄分が含む赤い水

約二キロ行くと、幅約三メートルの小川ヌモッペイトコがあり、両岸から雪が深く積もり重なり、カンジキを履いて渡った。この川も空知川に注いでいる。

これより、約七、八百メートル、また、小坂を上って行くと右の方にヌモッペ山、左はシュマフウレナイの源の山にあたる。ホンルウチシは小さな路越えという意味である。

これより、また、一キロほど坂を越えて下ると、無名の小川があった。その両岸はハエマツ、カバの木が混ざっていた。二百メートルほど下ると、川幅約一・七メートル、川の水が赤く鉄分が含むシユマフウレナイの端に出た。水も石も赤く、飲むことはできない。

また、七、八百メートルほど行くと川幅約一・七メートルの無名の小川があった。この川もシユマフウレナイと合流し空知川に注いでいる。

これから、この川に沿って真南の方に行き、しばらくして昼食にした。この川の水は飲むことができなかった。飲もうとして手ですくって見ると、鉄分が多くお歯黒のようだった。

これより下ると、ニナウシシユマ川があり、これもシユマフウレソラチに注ぐ。両岸はエゾマツ、トドマツの大木が多い。これよりしばらく、この川を越え、沢を下るとその左右より流れる小川、十五、六、合流して、幅十一メートルぐらいだった。

午後、四時を過ぎていたので野宿しようと思った。水が悪く、また、雪が深く、水が少ないため空知川に下りた。この沢を十二キロほど歩いた頃、シユマフウレソラチブトに着いた。

この川は空知川の本流の二股に出る。そのため、このところに来て見ると、空知川もこの川も同じぐらいだった。ペテウコピの二股を越えて向こう岸に上り、岩壁の下で野宿した。今日の道程は、おおよそ二十キロ歩いたと思われる。

貂《テン》を二匹獲る

野宿した場所は、川の近くで水が豊富な場所だった。トドマツの木が多く、小屋を造るのに都合がよかった。雪の消えている場所にフキノトウがあった。これを採り味噌和えにして食べた。

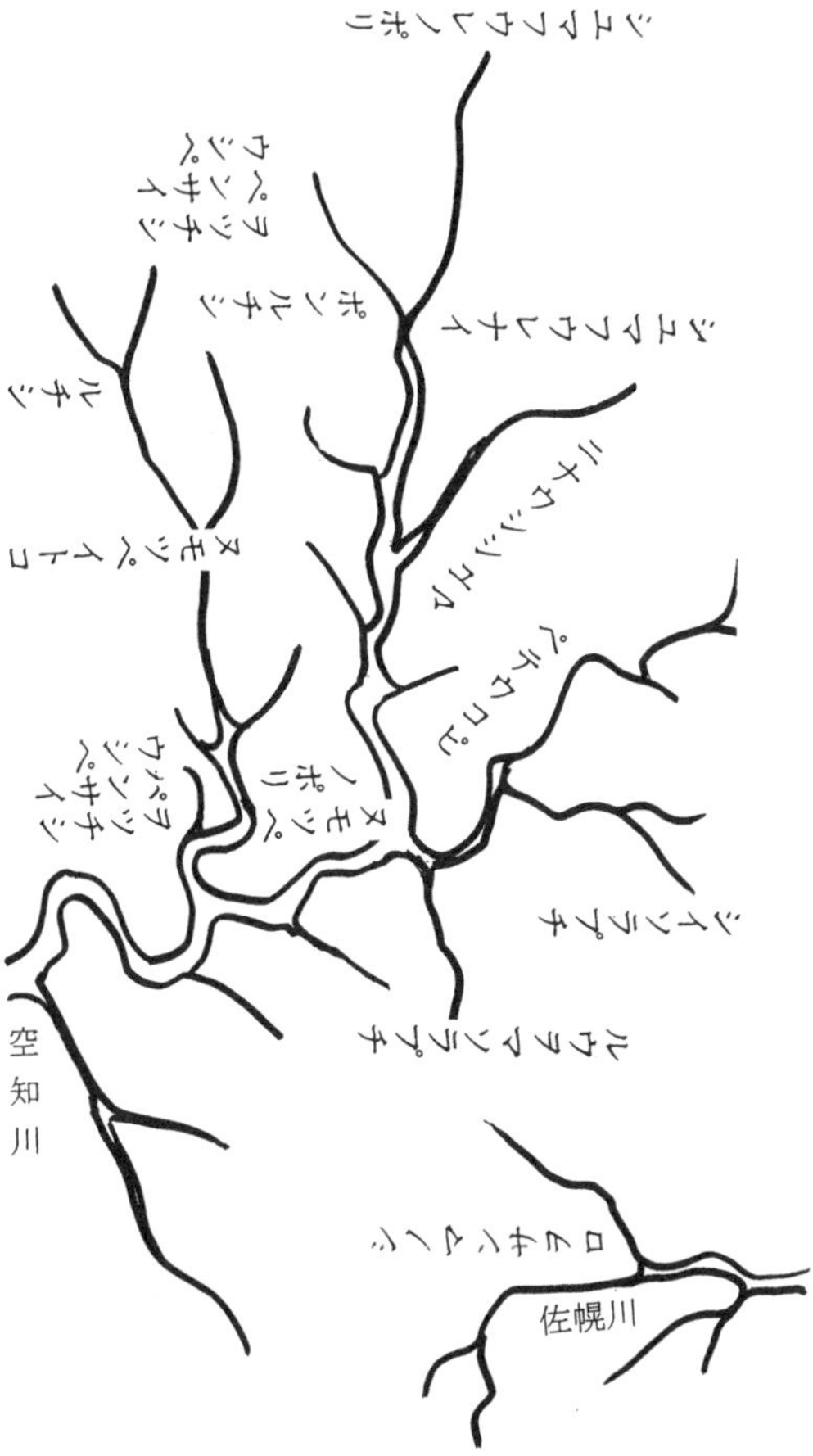

図版８　河川『空知川から佐幌川に出る図』

タヨトイは、その辺で貂を二匹獲った。昨夜のシカ肉の余ったのと合わせて湯がき、皆でこれを食べた。

夜になると、乙名たちが私に話すのには、『これより先は、迷うこともないので、シリコツネとタヨトイの二人は故郷に帰してほしい。このシリコツネは、昔、十勝の佐幌へ行き住んで、妻（シトンレ）を持ち、子供（ウカリアイノ）も一人いる。今年、およそ十三、四歳ぐらいになる。よって、今度、行って会うと、お互いに心よろしくないので、ここから帰した方がいい』という。

私は帰ることに同意し、二人に暇を与え食料を持たせた。後に、この女の子のことをシリコンナの家へ行ったときに聞いてみた。すると、札内のマウカアイノ弟、今は佐幌に住むイソラムの妻になっていると話してくれた。

〈参〉『十勝日誌』では、三月八日《新暦・四月二十一日》のこととして記述。要約して紹介する。

空知川上流に出る

夜明け前に出発。山に登る。樹木がまばらになり、小さく痩せ、曲がりくねっていた。振り返って見ると、一昨日、野宿したあたりから空知川まで眼下に見え、登るにしたがって十勝岳、美瑛、トムラウシ山、旭岳などがはっきりと見えた。

雪が積もったハエマツの上を歩くと、暖気のためカンジキがハエマツの枝の間にぬかり、歩きづらかった。午後、五時頃、空知川本流の上流に出た。ツツジやシャクナゲなどの灌木が多いところで野宿した。

熊、一頭獲る

夜になって、川岸の向こうに、体長一メートル二十センチほどの熊を見つけたので、イヌで崖下に追い詰め、うまく獲ることが出来た。この夜は、全員、下痢をして困った。火山性の有毒泉を飲んだためらしい。

三月十三日（新暦・四月二十六日）

佐幌への道、間違える

月影がなくなる頃、皆、起きて飯を炊き、出発の用意をした。また、アイノの案内人が帰るときのため、この野宿したところに食料をかくして保存した。

ここからすぐ後ろの崖の間に小さな渓谷があり、木の根につかまり、ササの葉をつかみ、一・五キロほどよじ登った。カバやトドマツの林の平地に出た。ここをサヲロルベシベという。

ここは平地で、雪が凍って硬く鏡の上を歩くようだった。これより南の方向へ急いで歩いた。磁石で方位を確かめず、約四キロ行き、両峰の間の谷へ下ると、エゾマツ、ハエマツ、シャクナゲがあり、アイノたちが、お茶として飲むエゾイソツツジが多くあった。これを見て、クーチンコロとイソテクは、『ここは佐幌ではなく、空知だ』と言ったので、一同、驚いた。

その谷を下って川端に着くと、川底は小石、急流で、川幅十八メートルほどあり、空知川であることを知って、一同、腰を抜かし荷物をおろした。

ここに居ても仕方がないので、元のところへ戻ることにした。険しいところを上り、元の道跡を捜しながら歩くと、十一時半頃になった。雪が柔らかくなり少し足がぬかりだした。

今度は、先ほどのように歩くわけにはいかなかった。かろうじて、元のルベシベに戻ると、朝靄《あさもや》も晴れ渡り山々も見えた。一同と相談して南の方角に行くことにした。

佐幌川の水源

山の峰まで一キロほど行くと、両方に谷があり、その谷はトドマツ、エゾマツ、カバの林であった。三・二キロほど行くと右の沢、シノマンサヲロ（佐幌川・三の沢）があり、佐幌川の水源である。

左の方の沢はシンノシケクシサヲロ（佐幌川・二の沢）という。シノマンサヲロとは本川の源をいう。シンノシケクシサヲロとは、中の佐幌と言う意味である。この川筋を下って行こうとしたが、左は険しいので峰まで一キロも行って、ノシケタサヲロへ下った。

この向かいに佐幌岳（一〇五九・五メートル）いう高い山が見えた。この後ろは、サルの川筋より夕張の山々に当たるという。これよりこの沢下ること七、八百メートル行くと、丸太小屋の跡があった。これは佐幌、人舞のアイノの猟場であるという。この辺、トドマツ、エゾマツ、カバ、カシワ、アカダモ、タモノキ、セン、シナ、カエデ、ヤナギ、ハンノキが多い。下草はサジオモダカにササだった。

この川を渡るなどして、小山を超えると三、四百メートルで川端に出た。川幅約二、三メートルで川底は平石の多いバナクシサヲロ（一の沢）という。このあたりの樹木は雑木にトドマツが混じり、エゾマツはない。

ここを右に左に歩き、二百メートルほど行くと、両岸崖にシャクナゲが多く垂れ下がっているところに出た。ここは風景が良い。

アイノの足跡があった。ここを二百メートルほど下ると、川幅約十三・五メートルの本川端に出た。川底は平らな一枚岩で急流、両岸は雑木、トドマツなどなかった。しばらく左の岸を行くと切り立って、いかんともしがたく、向こう岸に渡った。大ザサの中を三、四百メートル分けて行くと、トドマツの木が多かった。この中で野宿した。

道を間違えて空知側に下ったとき、アイノたちが『ここは佐幌ではない』といったので、『まだ一度も来たことがないのに、どうして分かったのか』と聞くと、『川底の様子が異なった』という。その時、私は本当かどうか疑ったが、ここへ来て川底の平らな岩を見て驚いた。確かに川底を見ると異なっていた。

気持ち悪い夜

『今夜は、ここまで来たので、明日は遅くても四時頃には、人家を見ることになる』という。一同、飯を炊き、一腕ずつ食べた。ヤーラクルに弓を持たせ、その辺を見に行かせた。すると、キツネを一匹獲って来た。これを一同で食べた。

夜になると野宿している周辺で、しばしば仲間のキツネか家族のキツネが鳴き、アイノたちはキツネを食べてしまったので、気持ちの悪い夜を過ごすことになった。

〈参〉『十勝日誌』では、三月九日《新暦・四月二十二日》のこととして記述。要約して紹介する。

佐幌川本流に出る

案内人のシリコツネとタヨトイが、空知の山に猟に行くと希望したから、米一升、味噌一腕ずつ分けて別れた。カバとマツばかりの東西の分水嶺に出る。小川を超え、山を越え、夕方、佐幌川の本流に出て、南岸を越えたところで野宿した。

戊午登加智留宇知之日誌　巻之四　安政五（一八五八）年

三月十四日（新暦・四月二十七日）

佐幌川上流

曇り空のため、急いで出発した。この辺は万年草（ひかげのかずら科）が多い。そのササ原の中を約六百メートル下ると佐幌川上流の川端に出た。

ここで北岸へ渡った。この辺は石原である。上に崖があり、ヌーベレケという。北岸は野山、南岸はトドマツの樹林である。その岸を上るとカヤ原だった。

これより三キロほど下ると、ヌーベレケがあり、それより少し下ると南岸にクウカルシナイ（佐幌川上流・北新内）という小川があった。

この川口を見ずに下ると、クツタルシナイがあった。ここには、新芽は酸っぱく、食用になるイタドリや草丈約十五センチの白い花が咲く鍬形草などが多かった。川の両方にハンノキ、ヤナギなど多い。

また、東岸を上ると無名の小川、三、四カ所越えて、川幅のあるところに出た。このクッタルシナイを下ると南岸に小川があった。ペンケニウシナイ、パンケニウシナイなど昼間も暗い樹林の中にある。

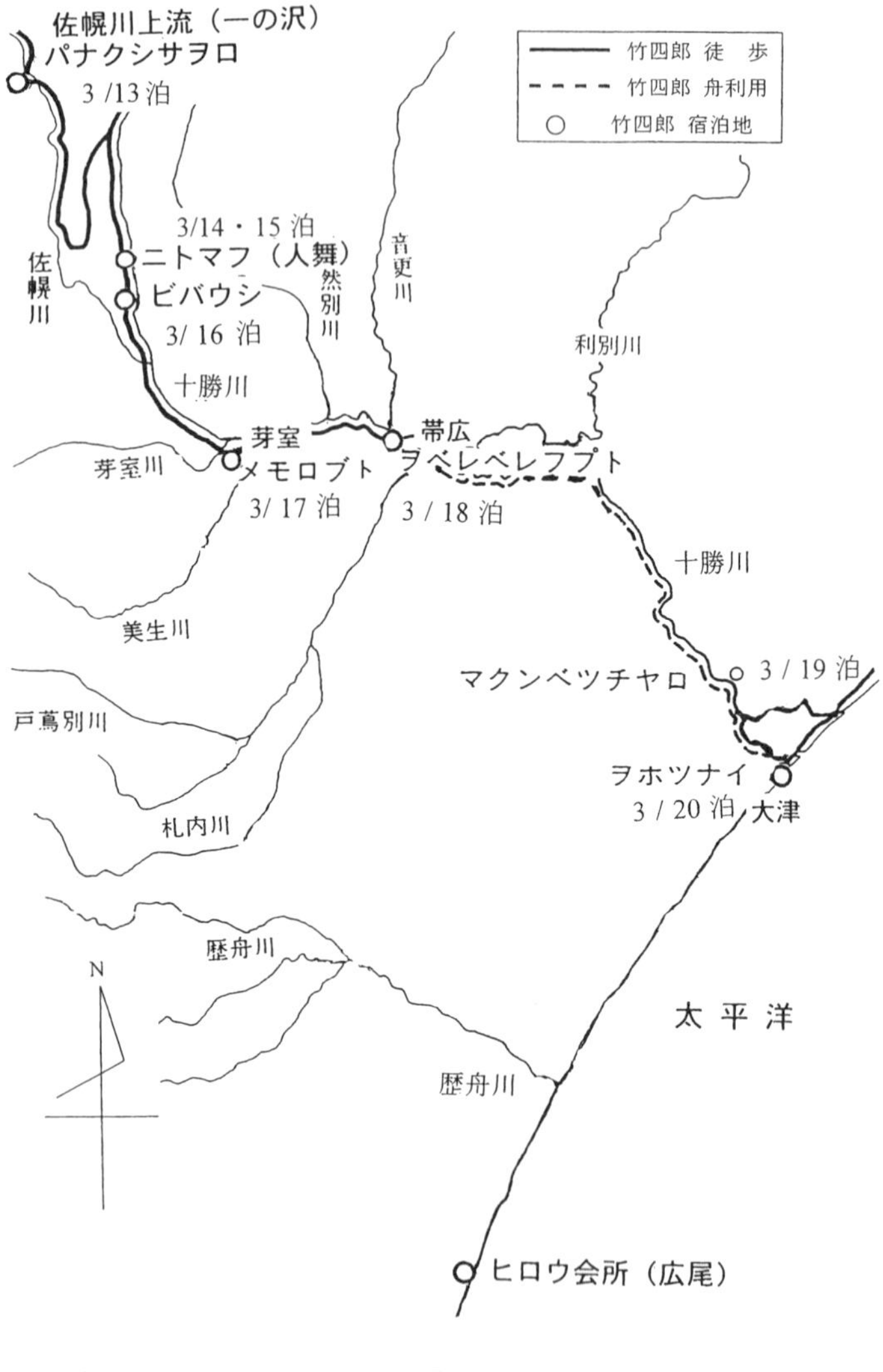

図版９　松浦武四郎の足跡図『安政５年３月13日～３月20日』

ペンケは「上」、パンケは「下」という意味である。ニウシは「木が多い」という意味である。また、南岸に小川、ニンニウシナイがあった。この名の意味は、小川のことである。

新　得

クッタルシナイから野原の道を約四キロ行くと、川幅の狭いシントクレリコマナイがあった。シントクフト（新得太）の向こうにあるので付けられた名称と思われる。この辺一面はカヤ原である。

シントクレリコマナイの下の南北に少し下り、ペンケシントク（上新得）、パンケシントク（下新得）、シントクハラボイケクシベツなど南岸に並んでいる。このパンケシントクは相応の川である。この源は山である。その後ろは夕張岳にあたる。

シントクレリケコマベツを出てカヤ原を二百メートルほど下るとバラボケクシベツがあり、その下に、ペンケヲタシユイ、パンケヲタシユイなど小川がある。陸路のため丸木を倒して渡る。この野原の中は方々に道があった。本川筋を下った。このところ陸路のため見えないがヨウコウシの様子を聞くと、両側が崖で中に滝があるという。

数千頭ものシカを見る

カヤ原を四キロぐらい下ると、カシワ、ナラなどの林の中に小川があった。ビバウシ（十勝

写真六　松浦武四郎が野宿した佐幌川上流

新得市街から狩勝峠に向かって、国道三八号線を車で走り、右側の雑木林に入ると新内地域がある。そこに佐幌川がある。そこから上流に進むと佐幌ダムがあり、さらに林道を行くと、サホロ湖キャンプ場がある。その上流に松浦武四郎が野宿した記念の御影石に刻まれた碑がある。

現在（平成二十九年九月）は、残念ながら、昨年、平成二十八年八月三十日から三十一日にかけて、台風一〇号がもたらした大雨により、林道が不通になって行くことができない。

川支流）という。この川、ニトマフ（人舞）の下の十勝川へ注ぐ。カラス貝の多い川という意味である。この両岸はハンノキが多い。

また、並んで小川、ニセイケショマベツ（岩の崖の端にある川）がある。同じカヤの原を行くと両山が開けて見晴らしがよかった。

ここで多くのシカの群れを見た。秋風で落葉が舞い落ちるような数で、実に一瞬の間に、数千頭ともいうべきシカの群れで、筆状にあらわすことが難しい。

〈参〉『十勝日誌』では、三月十日《新暦・四月二十三日》のこととして記述。要約して紹介する。

無数のシカの足跡

朝は穏やかだった。佐幌川の岸を歩くと平原が広がっていた。川を渡ると、網の目のようにシカの足跡が付けられていた。

昔の城跡、チヤシコツ

この辺に来ると雪が少なかった。ヨウコウシを過ぎてニセイケショマベツは北岸にある。南岸にイワヲシマクシベツがあり、この川は硫黄があるという。イワヲシユマは「硫黄のある岩」、クシは「ある」と言う意味である。

小川、シシユエナエがあり、ヤナギが多いので名付けられたという。並んでナエイがあり、この上に来るとだんだんトドマツの樹林になった。これより両岸はカヤ原である。小川があり、ホンラウネナイ、ホロラネナイなどは、深い沢という意味である。

しばらく歩き、下のほうに行くとベケレベがあり、河口は五メートルぐらいである。その上には小沢もたくさんあるという。ケレは「明るい」、べは「水」の意味である。この川は「水が明るい」という意味とのことである。この水源（日勝峠）の山を越えるとサルのアネ岳（日高・沙流岳）の後ろにあたるという。

ヲカトマブカリという小川がある。これを過ぎると本川端のカムイロキの向こうを見る。ここを越えるとチヤシコツという小高い丘があり、これはその昔の城跡だという。

ハンノキの林を行くと谷地（湿地帯）が多かった。ここを越えるとカヤの原になり、しばらく行くと、北岸にヲカトマカリがあり、下の南岸にエヲロシバケクシベツがある。また、同じく岸を少し下ると、エンコロマナイがあり、この辺はメモロ川の川筋の奥にあたるという。

石狩場所の通訳とケンカ

この河口の北岸には、元、石狩のチクヘツの乙名シンリキという者が、石狩場所の通辞、利左衛門と口論して、ここへ逃げてきた。

ここに住んで、すでに亡くなっていたが、その息子のヤエケシユクという者が住んでいた。当年六十歳。妻をカマツといい、イカリン十六歳、コエカル十三歳、ヤエヌカル十一歳の三人の子供があった。この者を私が連れてシリコンナの家へ行き、私たちが無事到着したのを祝った。

また、同じく南岸にノッチミフ川があり、これより一キロぐらい歩くと、サヲロブト（佐幌太）へ出ると聞いた。この辺は川幅三十六メートルぐらいで急流。舟は滝まで行き、これより上には行くのが難しいという。十勝川に近いと思った。

道に沿ってサツテキという小川があった。この川は佐幌川に注がず十勝川に注いでいた。六百メートルほど行くと十勝川に出た。

十勝川の川幅は九十メートルぐらいあった。崖は十二メートルぐらいあり、赤石土が混ざり、その上は平らだった。川は渦巻きゴウゴウと流れていた。

屈足、人舞

この向かいをカムイロキ（屈足）という。これより左、十勝川筋、右、ニトマフ（人舞）、サヲロブト（佐幌太）などであるが、この間、三月十四日（新暦・四月二十七日）は、ここからニトマフへ下り、一泊した。

三月十五日《新暦・四月二十八日》、少し川筋を遠望し、ヲソウシ（岩松ダム付近）まで見聞したので、そのおおよそを知った。それを補うために、このあたりのアイノたちの話を聞いて記録した。これらのことは、紛らわしいので明日からの項に記述する。

この川の東岸断崖の壁は、灰白色で大岩の中腹に穴があった。ここは昔から神霊があり、ここへ行くことは難しいというので、木幣を奉る。そこの風景は実に見事であった。

さて、これより川の西にある崖の上を行くと、道があった。カヤ原でハンノキ、カシワ、ナラの木が多かった。約二百メートル行くと川幅五メートルほどのパンケニヨロフがあり、浅瀬で十勝川に注ぐところは滝になっている。

仕掛け弓、アマツポ

また、四百メートルほど行くとペンケニヨロフがあり、同じぐらいの川である。源は平山から来るとのことである。この辺はシカが多いので、アマツポ(仕掛け弓)が仕掛けてあり、危険だ。

また、ムツケ(婆蕎麦・ソバ)という食べ物がある。ビバウシ、ニトマップの女の子供たちは、いつもこの根を摘みに来るので小屋があった。

また、一キロほど上ると、レーラウシがある。この川の両岸は平地のため、洪水のたびに岸が崩れて新しい川ができ、古川もできるので広い川原となっている。そのため風通しがいい。レーラは「風」、ウシは「多い」という意味である。

約六百メートル上るとアイカツプがあり、川原一面にハンノキ、ドロノキ、ヤナギがあった。少し上ると小川、ペンケナイがある。水源は四キロほど奥のトドマツ林から来ている。カムイロキ(屈足)からこの辺まで、トドマツを見ることがなかったが、ここで初めてトドマツを見た。

また、五、六百メートル上ると右の方に、ヲソウシ(岩松ダム)があり、少し崖になっている。

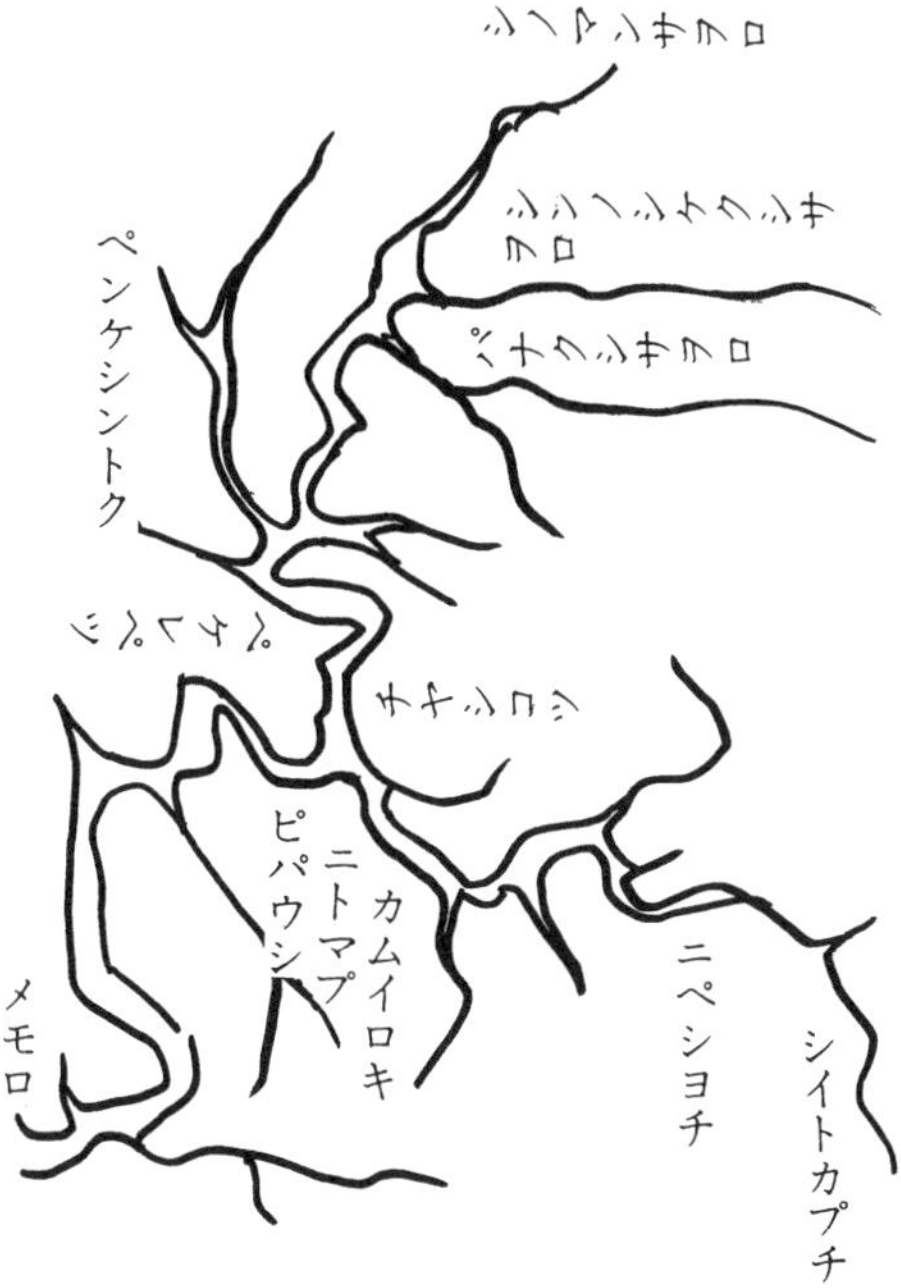

図版10　河川『空知川を越え、佐幌川、芽室までの図』

その上に小川がある。ここの崖で昼飯にしてから下った。

ここまでニトマフから約十キロと思われる。ここまでアイノの道があったが、ここから少し上にはなかった。シカの道があったのでそこを歩いた。ここから、川の両岸もせまり、その両側の山は高く、トドマツや雑木で昼間も暗い樹林になっていた。

これより奥のことは、アラユクとシユルンケの二人から聞いて記録をした。およそ一・七キロも上ると、サマツカリ、両側とも崖で、その崖には木の根が出て垂れさがっている。

しばらく行くと、小川、イロンネウシリがある。ここには滝があり、崖から落ちている。また、しばらく行くとパンケキナウシとペンケキナウシが共に左岸にある。水源は空知岳の後ろの方から流れているという。その河口の上は、平野のため名が付けられたという。

また、その間から無名の小川が三つほどあり、そこを超えるとピシカチナイ、右の方は相応の川である。水源はシカリベツ岳の西からくるという。この辺は、トドマツ、エゾマツの林である。少し行くと小川、ニベショチがある。

これより高い山の間をわけ行くこと約二キロで、パンケベツがあり、相応の川である。この辺までサケが遡上するそうだ。水源はシカリベツの岳から来るという。

並んで、ペンケベツの右の方にパンケベツがあり、同じぐらいの川である。しばらく過ぎると左の方にチカツペキツテという小川があり、水源は空知の方から来るという。川底には大きな玉石が多い。

〈参〉『十勝日誌』では、三月十一日《新暦・四月二十四日》のこととして記述。要約して紹介する。

置き弓

曇り。シュンクランの案内で、わずかな食料を持って十勝川の西岸を上る。しばらく歩くと、一帯に「置き弓」がたくさん仕掛けてあったので、ひじょうに危険だった。サケがここまで遡上するという場所で野宿した。

乙名アラユクの話

二キロほど上ると、チカシトクがあり、右の方が大崖で、上はトドマツ、エゾマツの林である。しばらく行くと、トンラウシ（トムラウシ・富村牛）があり、チカシトクの上の山の後ろに当たるという。小川で川口に滝がある。

しばらく行くと、ヘタヌ（二股）があり、川が二つに分かれている。両川とも川幅四メートルぐらいである。右の方にトウヌカルシがある。左の方は少し広く平らな盤となっている。ここをシイトカフチ（十勝川筋）という。

ここまでニトマフから、およそ四日かかるという。トドマツの林はおおよそ十キロもある。そのところは、皆、大ササ原で歩きづらく難所である。山はすべて岩石である。

その上に高い山がある。この名をオブタテシケ山という。この峰は石狩岳の続きである。空知の水源もこの山の西に注ぐ。また、東に続くとシカリヘツイトコがある。山にはカバ、ハエマツがあり、山麓にはエゾマツ、トドマツが多い。
また、この川筋にシャクナゲがある。ニトマフ、ビバウシの猟師は、皆、この辺に入るそうだ。同所の乙名アラユクの話すことを記録して、この足跡の不足しているところを補った。

シカの皮、百枚

オソウシから十勝川の下へ引き帰り、チャシコツ、サツテキを過ぎて、十勝川の端へ出るとカムイロキ（屈足）に着いた。この西の崖にカヤ、ハギ原に道があり、およそ一キロ、川端へ下る道があった。そこには、人家があるようで、三百メートル下って見ると、崖の下に人家が一軒あった。

家の中に入ると、シュンクラン五十九歳がいた。この家で休ませてもらった。シュンクランの妻は三年前に亡くなったという。今は息子のラムカウシ二十三歳、嫁シュトルシ二十一歳、次男ヤエラムシ十四歳、孫と共に、ここに住んで生活している。浜で働くことは、五、六年も前からしていないとのことだった。家の中には、シカの皮が百枚も重ねて置かれていた。

私は、お土産に針と糸を渡したところ、お礼にムッケ（婆蕎麦・バアソバ）を煮て食べさせてくれた。

（注）シカの皮の価値

大きなシカの皮、一枚、六百文で取り引きされ、百枚で清酒三百升買うことができたという（『トカプチ』二十一号　谷本晃久郷土史講演会）。

盗人の逮捕

クーチンコロとセツカウシに、盗人イナヲクシアイノのことを聞いてもらった。すると、『この下の村、ビバウシの乙名シリコンナが捕まえて、昨年から世話をしている』と話した。『それこそ、私たちがここへ来たことを知ったら、逃げるかも知れない。今すぐ、その家に行って捕まえる』というと、この者たちが言うのには、『決して逃げることはない。安心して欲しい。持ってきた宝物は、乙名シリコンナと乙名アラユクの二人が預かり、その女の子も、決してここから外には行かない』と言った。それでも、もしものことがあったら困るので、一同は後から行くことにした。『イソテクと一緒に行って、シリコンナに捕まえて置くように』と言うと、直ちに承知して、イソテクと一緒に走って行った。

〈参〉『十勝日誌』では、三月十日《新暦・四月二十三日》のこととして記述。要約して紹介する。

ガガイモの煮物

ここを過ぎると一軒の家があった。シュンクランの家である。四人家族だった。私たちの一行に知り合いのイソテクがいたので驚いていた。親切にしてくれたので、ここで宿泊した。ガガイモの一種の煮た物をご馳走になった。

盗品、十四種類の宝物

ここで、昨年の冬、石狩から十四種類の宝物、太刀、短刀、刀の飾り物、鐔、矢筒、飾り玉など、主に銀装飾の物を盗んだ、盗人イナヲクシの行方を聞くと、佐幌にいることが分かった。一緒に同行していた飯田豊之助が、犯人逮捕の命を受けていたようだ。

腰が曲がった老婆

少し雨が降ってきた。家の前を四百メートルほど下ると険しい崖があり、川の中には大岩がたくさんあった。これをシュマーハラコシという。このところは、今朝、野を越え通った小川、サッテキテに注ぐ。カヤ原があり、カシワ、ナラの木が少しあった。この野原を約一キロ下ると人家があった。

道の右の方に一軒、家主はトノトク五十八歳、妻テケシキ四十二歳、長男バナテク十五歳、次男チヤレトム十四歳、三男アタフ、娘ウエナマツ九歳、妹ラマツ七歳の七人家族で暮らして居た。

家には家主のトノトクだけが残り、子供たちは、皆、ニトマフの乙名アラユクの家に、酒宴があるというので、行ってしまって留守だった。

その道の左の家を見ると、腰が二重に曲がった老婆がいた。トンモン七十歳という。その息子トコロロ二十七歳、嫁テキリキン二十五歳、子供ケソリユ二歳たちも、乙名アラユクの家に行ったという。

そのため、この老婆トンモンが一人残っていた。針と糸をプレゼントして、この家を後にした。

〈参〉『十勝日誌』では、三月十三日《新暦・四月二十六日》のこととして記述。要約して紹介する。

土器を拾う

霧雨の中、下流を歩く。トノトクの家、五人家族。トシトン老女の家、四人家族の二軒があった。それぞれに針と糸を配った。屈足は、昔、土器が出土したという。私（武四郎）も通りすがりに三個拾った。

チャシコツ（砦址）

この辺はクツタラシ（屈足）といい、クツタルは「虎杖・イタドリ」、ウシは「多い」という意味である。しばらく下ると、トミタヒラがあり、西岸に平らな場所がある。ここで戦があり、上にあるチャシコツを攻め落としたという。トミは「戦い」のこと。タは「作る」という意味である。

〈参〉『十勝日誌』では、三月十日《新暦・四月二十三日》のこととして記述。要約して紹介する。

チャシコツ（砦址）

十勝川本流は増水し、泥水の激流だった。十勝川に沿って下り続けると、約百八十メートル四方のチャシコツがあった。現在は使用されていないので、雑草が茂っていた。

子供が迎える

ここに一軒の家があった。家の中を覗いて見ると、老人が一人居た。ヲキシロマ六十四歳である。一人の息子は、シヤマイカ十五歳で、これもニトマフへ行ったという。食料の米を一碗だけ与えた。

ここから二百メートル離れたところに人家が一軒あった。ここには女の子一人と子供三人がいた。この家のことを聞くと、家主はエイニ五十八歳、この家にいる家族は娘ハルカテキ十九歳、次男サケチヤル十七歳、三男サムサ十四歳、四女シユウヌカン十二歳、五女ホルカモン九歳、妹ノヲラム七歳の七人で、長男と次男は、浜で雇われて働きに行ったまま、冬も帰ってこないという。

その家の前にマクンベツ川がある。ここから崖の下を見ると、十勝川が二つになり中島があった。マクンベツは十勝川の枝川である。この川の名称がなかったので、今、この川の名称とした。

その近くに家があった。家主はアリケウトム四十二歳、妻イシユレ四十四歳、子供四人、息子コレベカ十一歳、弟イクチヤロ六歳、娘チホランケ八歳、妹一人四歳の六人家族である。この夫は、浜で雇われ働きに行っているが、冬になると帰ってくるという。

しばらく下るとアシリヒラがあった。アシリは「新しい」の意味。この崖は最近崩れて新しく出来たのでアシリヒラという名称になった。向こう岸にカブチヤという川があった。この川は十勝川とシカリベツの間の野原を流れている。

しばらく下ると、道が二股に分かれていた。十二、三歳の子供二人が、私たちの通り過ぎるのを待っていた。

不思議に思ってクーチシコロに聞いてみると、『乙名の家から来て、この二股の道の案内に来ていた』といった。親切に思った。右の方に先に走って行った。

左の方の川端に下りて行くと、魚を獲る仕掛けの簗場（やなば）があるという。それより五百メートルほど行くと、ニトマフ（人舞）という小川があり、ここを越えると、少し高いところに野原がある。

〈参〉『十勝日誌』では、三月十三日《新暦・四月二十六日》のこととして記述。要約して紹介する。

中国製山丹錦の陣羽織で正装

大崖に立って見ると、人舞方面が見えた。ここまで来ると、事前に知らせてあったので、土地

絵図三　乙名アラユクの家の大宴会（『十勝日誌』松浦武四郎記念館蔵）

うつしえの　姿みるだに　むくつけき
おくえぞ人に　なれし君かな　弘綱

の者が迎えに来ていた。人家が三軒あり、二十三人が住む。すべて、アラユクの一族だという。乙名アユラクは七十四歳の老人で、広袖の着物の上に中国製の山丹錦の陣羽織という正装だった。そして、二人の子供に太刀と煙草入れを持たせていた。

煙草入れは一斤、約六百グラム入る大きな煙草入れだった。肩を覆う豊かな白髪、膝が隠れそうな長い髭をなぜながら、枝杖を片手に出迎えてくれた。いかにも一国の長老の貫禄だった。

一緒に並んでいたイウタカアイノは背丈が六尺もある大男だった。二人の後ろに十数名の一族が並び、私たちの前に座った。

和語を話すシルンケアイノ

私たちが来たのを見て、乙名アラユク、息子ショマ、次男シルンケアイノが出迎えてくれた。三番目に座っていたシルンケアイノは私を見て、『ニシバ様、久しぶりでございます』と、和語（和人の言葉）で挨拶した。不思議に思って顧みると、一昨年、大津から日高の幌泉まで一緒に行ったのを思いだし、私は安心した。飯田も喜び、一緒に来た石狩アイノも大変安心して乙名アラユクの家に入った。

〈参〉『十勝日誌』では、三月十三日《新暦・四月二十六日》のこととして記述。要約して紹介する。

樺太の話

『ニシハヤンカラフテ（旦那お久しぶり）』と、声をかけるアイノがいた。一同、驚いた。以前、大津から幌泉までの旅に、馬の手綱（たずな）を引いて案内してくれたアイノだった。彼は一族に、『このニシバは、遠くヲロッコ、山丹、樺太など北方まで行ったことがある人だ』と紹介してくれた。

そこで、私が樺太のことを話してあげると、皆、大いに喜んだ。早速、熊の焼き肉、シカの腸、凍ったサケ（ルイベ）、アイノ酒が振る舞われた。

知り合いのアイノ

乙名アラユク七十四歳の家に入る。息子ショマ三十二歳、次男シルンケアイノ三十一歳、妻は亡くなっているが、当時、妻はウエシュ四十九歳だったという。嫁シュテア二十三歳と孫一人、三歳と五人で住んでいる。

私たちが来たので、シルンケアイノが話すと急に部屋の中を掃除し、キハダの皮等を敷いた。この間に私はシルンケアイノを連れて歩くと、西隣に人家が一軒あった。この家はシルンケアイノの別宅で、家には妻トタヌマツと二歳の子供が居た。

そのまた隣には、女タマヲフヌ五十六歳が住み、乙名アラユクの妾という。長男イタキネン十五歳、次男チャテシュ十三歳と一緒に暮らしていた。

また、その隣には、乙名アラユクの弟、シカシュンアイノ四十一歳、妻マウトロシ三十五歳、息子コンニセ十歳、弟と妹の幼い二人が住んでいた。

その隣には大きな家があり、ここには乙名の子供、三男チャラシ二十三歳、四男エヲロサン十八歳、六男カフコトク十二歳、七男ヲサリアイノ十歳、八女八歳が住んでいた。

家族は、この者たちだけでなく、シカリベツやビバウシ方面の子供たちを住まわせ、世話をしているようだった。この村は乙名アラユクの縁者でかたまり、一つの村となっていた。

掃除が終わり整ったので、家の中に入った。シルンケアイノは私の側に座り通訳をした。この度は、山や川の地理を調査するために来たことを伝えた。その後、シルンケアイノは、私と去年からの知り合いであると伝え、右に座っている者から順に名前を記録させた。

乙名アラユクと並んで座っているのは、シカリベツの乙名イナウタカアイノといい、大変、英気あるように見えた。

左には、一緒に来た案内人、クーチンコロ、セツカウシ、イソクテ、その続きにニボウンテ、アイランケ、イワンバカル、アイコヤン、ヤーラクル、サケコヤンケ、サタクルなどが並んだ。

クーチンコロ、セツカウシ、イエニは十五、六年前にここへ来たという。そのため、乙名アラユクや乙名イナウタカアイノは、イエニたちと懇意であった。また、イソクテは若い頃ここで育ったので、女、老婆などまでも手を取り喜んだ。

五十人の大宴会

家の中は人で混み合っていたので、三軒の家に分けた。乙名アラユクの家には、クーチンコロ、セツカウシ、イソテク、ニボウンテ、イナウタカ、イエニ、シヨマ、シルンケ、サマカに女三、四人を置いて酒を呑み始めた。

アイランケ、イワンバカルたちは、一緒に来た四人とシルンケアイノの家へ行った。ここの若者たちは大勢の者と楽しみ、女の子や子供たちはイタキネンの家に行き楽しんだ。

おおよそ、今日集まった人数は、五十人ぐらいだった。その賑わいは山の中とは思えない賑わいであった。

そのため、盗人イナヲクシアイノのことを心配すると、乙名アラユクは少しも心配ない様子で、『決して心配しなくてもいい、逃がすようなことがあれば、私が代わりになる』と笑って酒を飲み干した。乙名アラユクは即興で、『ヲホーヲホー』と腹鼓(はらづつみ)を打ち楽しんだ。

下痢、イヌの糞食

そこで一息ついたので、私と飯田は安心して雪を解かした水で飯を炊いて食べた。なぜか腹がくだって下痢になった。夜になると十回ぐらい外に行き、大便をすると、その辺のイヌが集まって来た。尻を出すと、イヌが私の糞を食べようとするのには困った。

夜になると雨が降り、イヌも濡れた。尻をまくって糞をしようとすると、イヌの体の毛が濡れているので、その濡れた毛が尻に当たり、気持ちの悪かったことは、この度の山中で一番困ったことだった。

〈参〉『十勝日誌』では、三月十三日《新暦・四月二十六日》のこととして記述。要約して紹介する。

イヌが糞を食べる

困ったことに、前日から、全員、下痢をしていた。たびたび、外の厠（便所・トイレ）に行った。厠は二本の丸太を渡してあるだけで、イヌが糞を食べに来るので困った。

三月十五日（新暦・四月二十八日）

小雨のため、ニトマフに滞在

終日小雨。一日、ニトマフ（清水町・人舞）滞在した。私はシルンケアイノとエヲロサンの二人を案内人として、川の上流を見物に出かけた。石狩アイノたちは、一同、昨日の残った酒で酒宴を開いていた。そのため、その途中、シルンケアイノに大津まで私を送って欲しいと頼むと、承知してくれたが、先ず、ビバウシのシリコンナの家まで行って相談すると答えた。

〈参〉『十勝日誌』では、三月十四日《新暦・四月二十七日》のこととして記述。要約して紹介する。

石狩出身のアイノ

雨雲が風に吹かれて晴天になった。シルンケとエヲロサンが案内人となった。小川の向こうに人家が三軒あった。エチヤナレクルの家、五人。ノタヤンの家、七人。テムコロルの家、二人である。佐幌に着いた。人家が二軒あった。そのうちの一つがシリコンナの家で、この日はここに泊ま

写真七　清水町人舞の「松浦武四郎宿泊之地」の碑

「松浦武四郎宿泊之地」の横にある説明版には、「昭和十二年六月三十日、アラユクの嫡孫の証言により、現在地に史跡標が建てられた」ことが書かれている。

現在の御影石の碑は、昭和四十九年四月、清水町教育委員会により建立された。碑の裏側には、「安政五（一八五八）年、蝦夷地山川地理取調の命を受けた松浦武四郎が飯田豊之助をともない、石狩国から山越えして十勝川筋に沿い、この地に着いた。

ニトマップ（人舞）の初代酋長アラユクは同族あげて、これを迎え、一夜の旅情を慰めもてなしたことが紀行文、十勝日誌に記されている」と書かれている。

った。この人は石狩生まれで、幼い頃、当地に移り、今ではこの辺一帯から然別方面までの一族の長であった。夜に、イソラムという和語に通じた者をわざわざ呼び寄せ、私たちの通訳として付けてくれることになった。

三月十六日（新暦・四月二十九日）
案内人が増え、十四人

出発するため、皆に手拭い、針、糸など贈った。シルンケとエヲロサンを案内人として出発した。案内人の一行は、始めの十二人に二人を加え十四人になった。

カシワ、ナラの林、ハギ、カヤ原を二百メートルほど下ると、道があり、そこから三百メートルほど下に人家が一軒あった。

家主はノタカシ五十四歳、妻サクサン五十七歳、長男チブレカウ二十四歳、嫁セヌルヲ十九歳、次男クッチヤマアイノ二十三歳、三男イソンコレキ十三歳、娘ウサレキン二十一歳が住んでいた。私たちが立ち寄ると思って掃除をしていたので、針、煙草などを贈った。

上の道に戻って見ると、この辺は崖であった。十勝川は幾つにも網の目のように別れていた。その南側に小屋があった。また、川の向こうにアイノの家が二軒あった。この辺は谷地のようになってアシ、ハギが多く、川端にはハンノキが多く、その上はヤナギが多かった。

家主はエチヤナンクル四十一歳、妻シュアンテクル三十七歳、長男クッテシュ五歳、二男イタキチヤロ四歳、三男三歳の五人で暮らしていた。

また、その隣に一軒あった。家主は女テムコロル二十五歳、娘シコロマツ四歳と二人で住んでいた。

ここから三百メートル行くと川幅九メートルほどのビバウシ川（清水町明生）があった。源は一昨日通った野道の中程のところである。水が冷たく、両岸はハンノキが多い。ビバは「カラス貝」、ウシは「多い」という意味である。

シリコンナがいうのには、この川筋を八百メートルほど上るとホンビバウシという小川があるといった。

川の側に乙名シリコンナの家があった。この者たちの親は前から知っていた。石狩チユクへツのシンリキという者であるが、兄ヤエケシユクなど、まだ、幼いとき、ここへ連れられてきた。今はここで乙名の役目を勤めている。その詳しいことは近世人物誌に書いてあるので省略する。今年、五十一歳、妻モエリニセ三十七歳、長男イカンハウケ九歳、娘ラブセマツ十四歳、その他男（召し使い）十人ほどを養っている。

その隣に一軒、アバシリアイノ九十四歳、息子アチヤウシアイノと云う者と同居していたが、最近、この老人は亡くなったという。息子が一人いた。この老人は網走から来たのでアバシリアイノという。

乙名、盗品を預かる

乙名シリコンナの家で、石狩で盗みを働いて逃げてきた盗人イナヲクシのことを聞くと、『家で世話をして養い、宝物は預かっている。女フツマツも捕らえてある』と話した。

乙名シリコンナは、『盗人イナヲクシの元の生まれは十勝であり、当時、石狩に行き、人別帳には石狩となっていたことは知っていた。女も宝物も一つも紛失していない』と答えた。『よって、この度、案内してきたアイノたちは、いずれも、石狩の浜へ帰し、山には案内に必要なだけ連れて行ってほしい。何とぞ、盗人イナヲクシがニシバ（飯田）たちに連れられ、日高の海岸通りに連れられ帰されると、当人も恥ずかしくどうしょうもないと思う。その恥を浜でさらされることは、気の毒に思う。当人を去年の冬から世話をした。石狩会所に知らさなかったのは、私の手落ちである』と申し訳をするので、私は、『それらのことは、乙名の希望に任せる』と話した。

そのことを飯田に話したところ、飯田は不満だった。飯田は腰縄にして捕まえ、十勝、幌泉、様似、浦河方面へ召し捕って連れ帰り、名を高めるのかと思ったら、そうではなかった。

少し不満をいったが、飯田はアイノ語が分からないので、それらの話に同意した。乙名シリコンナとの相談のとおりとなった。

そのことをクーチンコロ、セッカウシ、イソテク三人の者に話した。『乙名シリコンナは、去年から盗賊を捕らえて世話をしてきたので、盗まれた品物の中から、褒美として贈るように』

と話すと一同は承知した。

『できることなら、今回、同行している石狩の案内人たちが、仕事が終わって帰るときに、石狩に連れ帰って欲しい』といったので、そのように決めた。

宝物を盗んだ理由

乙名シリコンナに、『明日からヲホツナイ（大津）までの案内に、去年から知っている和語のできるシルンケアイノを同行させたい』というと、『それは、出来ない。ここは乙名アラユクの支配の範囲で、これより先は私の持ち場であるから、和語の出来る者が必要であれば、私の支配の中の者を呼びましょう』といった。

アシリケウトンをサヲロブトの方に行かせ、チヨハトバという者をシカリベツの方へ呼びに行った。

乙名シリコンナが言うのには、『去年、私も大津でニシバ（主人・武四郎）から、ヲロツコ、タライカの話を聞かせていただきました』といった。その時の手帳を見ると、乙名シリコンナの名前があった。私も大変嬉しくなった。少し笑顔で、『今晩中に、私の配下の者を三人呼びましょう』といったので、手はずが整ったと感じた。

『ここに盗人イナヲクシを残しておくので、二、三人の番人を付けて欲しい』というと、『そのようなことは無用で、蝦夷の国の中であれば、たとえ斜里、宗谷、石狩、根室、樺太、択捉に居ようとも、捕らえることが出来るので、送り届ける。私たちは、その先々の乙名に連絡して、誰がどこに居ても捕らえて送り届ける』といった。

盗人イナヲクシに、『何が不満でここまで逃げてきたのか』と尋ねると、盗人イナヲクシが答えるには、『私には、今年、二十五、六歳のイサリカイという息子と十九か二十歳になる娘の二人がいる。七、八年前から浜で働かされ、一度も家に帰って来ることが出来ない。働かせられているため、何の望みもなく、このことに及んだ』と話した。

飯田は驚いて、『その息子、イサリカイは、勤番の飯炊きをさせられている。去年の冬、タマチシカラという女が、番人鉄五郎の妾にさせられた。改革により禁止になったので、その妾はイサリカイの妻になった。

妹には、今、夫がいる。今年は息子のイサリカイを山に返すように話す』というと、盗人イナヲクシは、セツカウシとクーチンコロに向かって虚偽でないことを確かめ、涙を流した。私にお礼をいい、その夜は、四方の山々の話で夜が更けた。

三月十七日（新暦・四月三十日）

アワの栽培

それぞれ持ち合わせのお土産を贈って、出発しようとしたとき、隣の家に住むアシリケウトンが、佐幌太のヤエサラマと一緒に来た。また、チヨバトバは、全身、露《つゆ》に濡れてシカリペッの方から札内の乙名マウカの弟、イソラムを連れてきた。

この佐幌太のヤエサラマは和語によく通じ、イソラムは、一昨年、私を広尾から様似の境まで案内してくれた。イソラムは私を見て大喜びをした。久しぶりに逢った時の礼儀、挨拶のヤンカラフテをした。

準備が整ったので、『石狩のアイノ、セツカウシ、クーチンコロ、イワンバカル、ニボンテ、アイランケ、イソテクの六人は、早速、これから帰ってもよい』と言うと、クーチンコロとセツカウシの答えは、『イソテクはここで休息して、昔の知り合いとそれぞれ逢い、私たちは大津の浜で和人に逢うまで一緒に行きたい』というので、大勢で出発した。

乙名シリコンナも、札内太の乙名の家までと送ってくれた。盗人イナヲクシとシルンケは、外に出て見送ってくれた。この近くに、アワが栽培されているのを見た。

ここから崖を上って行くと、五十四メートルほどのところにハギ、カヤ原があった。また、六百メートルほど行くと、川の東側にビバウシブトという河口があった。

アイノたちは、西岸をコエボクカタビバウシ、東岸をコエカタボクビバウシと教えてくれた。また、二キロほど原野を行くとハシユヒラという大きな崖があった。上は一面の野原である。

道から二百メートルほど離れた樹林の中に、一軒の家があった。一緒に同行しているヤエサラマアイノの家である。当年、三十五歳、妻アヘサムイへ二十五歳、母キシユノ六十八歳、娘八歳と四歳の二人がいる。一同に針と糸を贈った。

イトウが多い

早々に出発して、二百メートルほど坂を下り佐幌太に出た。川幅三十メートルぐらいで、魚のイトウが多く棲むという。その岸は大ササの原である。ハンノキ、ヤナギ、タモノキが多い。川に沿って、三百メートルほど歩いて渡ると、皆、腰まであった。越えてカヤ原を一キロほど行くと、人家が一軒あった。ここは、案内人のイソラム四十一歳の家であった。妻はシトンレ三十七歳。石狩のシリコツネが、昔、ここに住んで妻を持っていたという。シリコツネは石狩に帰った後、その家をイソラムに持たせた。息子のウカリアイノは、石狩に帰ったシリコツネの子供で十三、四歳になる。次男アイラクトイと娘一人、これはイソラムが結婚後、生まれた子供であるという。

小川が一筋あり、ここに一軒の家があった。家主はヲヒツタコロ三十八歳、妻トキサンマツ三十四歳、娘タレヲクテ八歳、妹サンケレキ六歳と住んでいた。

そこから、草道を行くと、平地が続いた。少し下ると、川原の多いフシコサヲロというところに出た。また、少し下に行くとシイベンベシ（熊牛村）あり、カシワ、ナラの林を一キロほど行くと、西岸に小川があり、ヲヘヘナという。

そこを越えて行くとカシワ、ナラの林があり、しばらく歩くとボネウクに出た。これより、また、高いところを歩くと、ビラウトルマに着いた。

少し小川を超えて、また、崖を登ると平らなところがあった。また、四百メートルほど行くと、ヲムイタンネブという小川がある。カヤ原を越えて下ると谷地に出た。谷地の中を歩くこと約一キロでマクンベツに出た。

マクンベツは十勝川の枝川である。中島に樹林があった。また、その向岸にシイベンベシ（熊牛村）があり、少し下の方に小川、チブタウシベツ、マツクシマカンベツがある。これはシカリベツ（然別）川の上になる。

芽室村に宿泊

クマンベツの上の原をしばらく行くと、コイチヤネシユフという小川があった。そこを越えてカヤ原を五百メートルほど行き、少し下るとサネコロ（御影村）の川に着いた。川幅は十八メートルほどあり、歩いて渡ると腰まであった。

ここを越えるとヌプリルエラン（十勝橋付近）に着いた。ここの崖の上のカヤ原から一本の道があった。ヌプリは「山」、ルエランは「道を下る」という意味である。ここは昔、アイノが新しい道を切り開いたところである。

この上から眺めると、北の方に十勝岳、少し東に連なり、然別岳、西に佐幌岳、芽室岳、ピパイロ岳、札内岳がよく見える。実に目を驚かすところである。

この方に昼間も暗い樹林の中にケネベツ（毛根）というハンノキの多い川がある。この西岸のシユプンユマと対する。カヤ原を、おおよそ、四キロ行くと道の横にシユプンシユマという

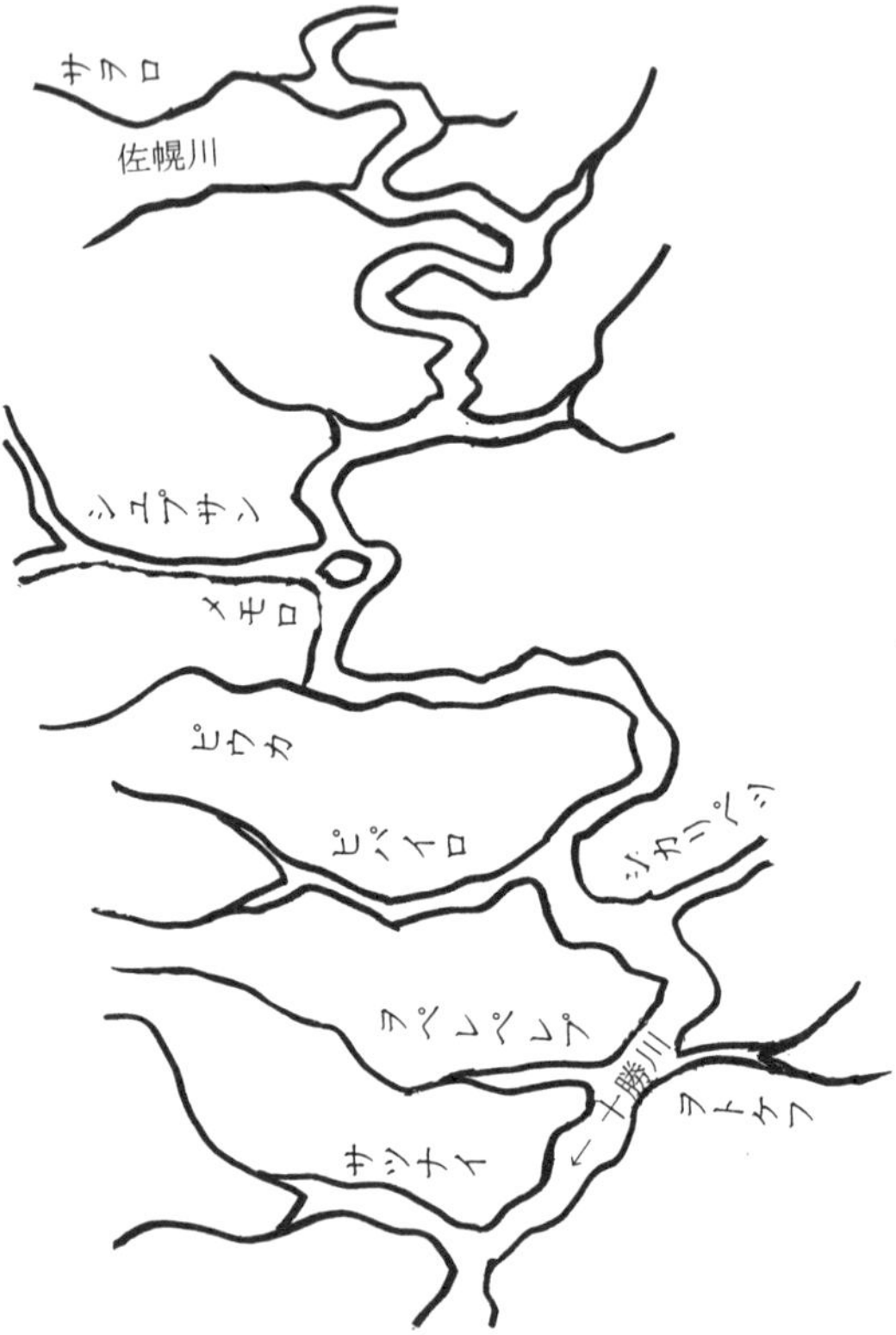

図版11　河川『佐幌川から札内川河口までの図』

ところがある。清水の湧き出るところである。よって、ここで昼食にした。

また、カヤ原を三、四キロほど行くと、マクンピラの崖が崩れていた。この辺で磁石の方位を見た。南南東の方向に向かった。一・七キロほど行くと、無名の小川がカヤ原の中にあった。そこを越えて、二百メートルほど行くとカヤ原があり、少し下ると樹林が百メートルほどあり、川幅約三十六メートルのメムロブト（芽室川河口）があった。瀬が二つになり、急流だった。この渡場から十勝川まで、百メートルぐらいという。ここを歩いて渡るとカムイコバシの家があった。ここに宿泊した。


〈参〉『十勝日誌』では、三月十五日《新暦・四月二十八日》のこととして記述。要約して紹介。

佐幌川河口に着く

快晴。しばらく行くと小川があり、人家が一軒あった。ヤエサラマの家、五人家族である。それから約二、三百メートル下ると、十勝川に注ぐ佐幌川河口に着いた。河口付近に人家が一軒あった。石狩出身のヤエケシユリが住んでいた。

佐幌川河口付近、サホロブトを越えると、イソラムの家、五人とヲヒツタコロの家、四人が住んでいた。

カシワの林の丘が続いていた。見渡す限り平野で、その中を十勝川の本流が、段丘の下を曲がりくねって流れていた。ここは温暖のようで雪は全部消えていた。

写真八　松浦武四郎、二回、宿泊の地、芽室川河口《メムロブト》

今から一六〇年前、十勝川と芽室川の合流地点、メムロブトにアイヌの住居が二軒と記録されいる。そのうちの一軒がカモイコバシの家である。

その頃の十勝川は、現在の毛根中島橋の近くを流れていた。上流に向かって左側は崖であり、その崖にぶつかるように流れていたという。

明治十八（一八八五）年、芽室川河口、美生川河口、クッタルシ、ニトマプ、シカリベツに住むアイヌの人たちが農業を営むため、現在の十勝川北側の芽室太（メムロブト）に集団移住した。

このため、十勝川の南、芽室川河口のメムロブトという地名が、明治十八年以降、十勝川の北側、すなわち、現在の芽室太に地名が移動した。

コイチャネシュツ小川、サネコロ小川、ヌブリルイラン坂、この上から四方を遠望すると百二十数キロ四方も平野だった。

芽室川河口に出る

十勝川川筋の向こう岸は、毛根の小川、こちら側が清水、マクンビラなど過ぎて佐幌川河口から約二十キロ、メムロブト（芽室川の河口）に着いた。このあたりはアイノが好んで食べる一輪草がたくさん生えていた。

寛政の戦いに参戦

メムロブトには人家が二軒あった。カモイコバシの家、四人、アバトシマチの家、四人である。カモイコバシは八十三歳であるという。

カモイコバシは十四歳の時、根室方面で七十一人の和人が殺された寛政の戦い（寛政元年・一七八九年）に参加したそうだ。

戊午登加智留宇知之日誌　巻之五　安政五（一八五八）年

芽室川筋、渋山川、久山川

芽室川筋の南岸は、すべて、カヤ原で北岸は樹林であり、石の多い急流である。サケ、マス、アメマス、イトウ、ウグイなどの魚が多い。アイノたちの食料は十分にあるという。

この川筋を四キロほど上ると、左に小川があり、渋山川という。ここにはアイノが魚を獲るため仕掛けてある簗場がある。

また、六百メートルほど上ると、左側にコヌンピラという崩れた崖がある。このところの北岸には立木があり、カヤ原でカシワ、ナラの林である。

また、二キロほど上ると久山川が左の方にある。これより南の方の上流に小川が多い。魚が少ない川なので、アイノはその名を知らないという。

また、八キロほど上るとピパオマプ（芽室川の支流）という小川がある。この辺から両岸が山になる。ここまではほとんど平地である。

また、十二キロほど行くとオヒョウ（ニレ）の樹皮を採るアツカルシペツ川がある。この辺の樹林にはオヒョウが多いので、メムロブト（芽室太）のアイノが多く上って来て、オヒョウの皮を剥いでアツシを織る。アツは「ニレ」、カルは「採る」、シは「ウシ」詰語で「多い」と

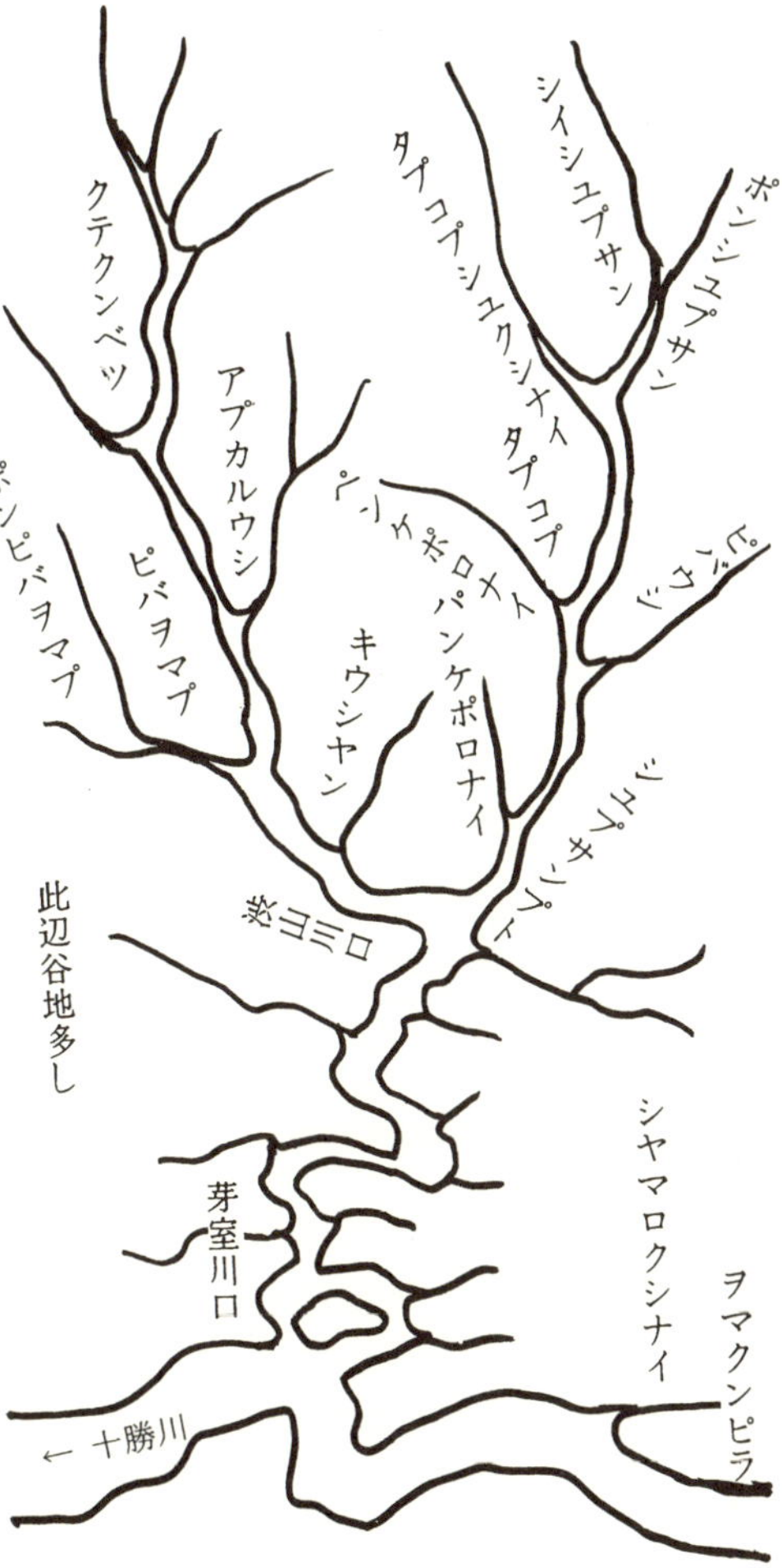

図版12　河川『芽室川・渋山川の図』

いう意味である。

また、四キロほど上ると、左の方に小川、クテクンベツ（シカを捕獲する柵のある川）がある。その上に高い山があり、アシュシ岳という。その岳の向こうは日高になる。その山はトドマツ、エゾマツ、カバなどの樹林だという。カムイコバシが話してくれた。

また、その左の方の流れの激しい瀬の渋山川の川筋について聞くと、この川幅は約十三、四メートルあり、アイノたちの簗場がある。河口より右に入り、四百メートル上ると、パンケホロナイがあり、また、一キロほど行くとペンケホロナイが左の方にある。しばらく行くとビバウシナイがこの右の方にある。また、しばし行くと、この川端の左に一つの小山、タツコブがある。その山の麓を回って右の方にタツコブバクシナイがある。

また、二キロほど行くとソウ大滝があり、その上の川が三つに分かれて、その山はエーネン岳という。この山の後ろはキウシヤンに続くという。右のことは、一緒に行ったアイノのエコレが教えてくれた。

芽室に来ていた間宮林蔵

家主のカムイコバシは八十三歳、カムイコバシは、昔、間宮林蔵がこの芽室川川筋の見分けの時に一緒だったという。古いことなどよく覚えていた。家には後妻アシカラン五十六歳、孫ボンビコロ二歳、二男エミソレ十七歳と住んでいた。

その側に、一軒あった。ここには亡くなった息子の妻アバトシ三十歳、息子エコチヤケ十一歳、弟コシユンケ九歳、三男クンカヲリ六歳の四人で暮らしていた。

カムイコバシは、昔のことをよく覚えていた。夜遅くまで話を聞くことができ、七、八十年前の天明時代にまで及んだ。それから、一睡して起きた。

（注）間宮林蔵の略歴

間宮林蔵は、文化五（一八〇八）年に二回、樺太を訪れている。文化六年、それまで樺太とロシア沿海地方とは陸続きと思われていたが、林蔵が三十五歳の時、海峡を発見し樺太は島であることが確認された。そのため海峡は、「間宮海峡」と名付けられた。

その間宮林蔵が芽室に来ていたというカムイコバシの話は驚きであり、新発見かも知れないと思った。

松浦武四郎著『天塩日誌』（丸山道子現代語訳、凍土社　昭和五十一年）によると、間宮林蔵は文化五年、樺太探査の帰り道に天塩川上流、雨竜川、石狩川などを越えたという記録もあると書いている。林蔵は天塩川上流を探査し、アイヌの家屋の柱に記録を残したそうだ。その後、明治になってからその文字は板に書き写され、その板が間宮林蔵記念館（茨城県つくばみらい市上平柳）に保存され展示されている。

間宮林蔵は、安永四（一七七五）年、常陸国（茨城県）筑波郡上平柳村の農家に生まれる。父、

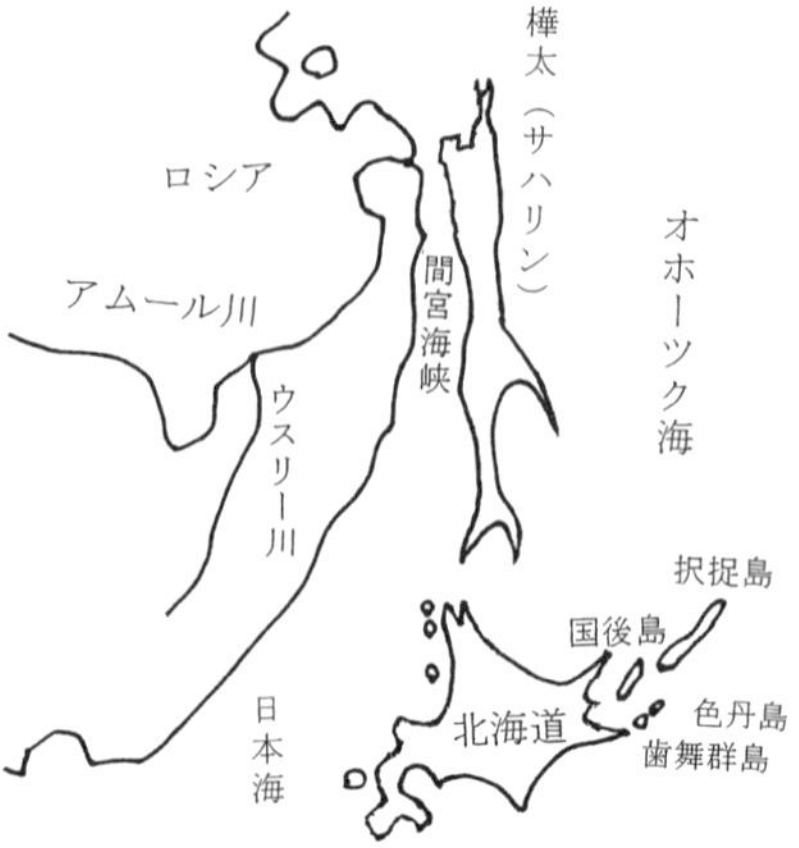

間宮海峡の地図

間宮庄兵衛、母、森田クマである。

江戸後期の測量家、伊能忠敬から測量を学ぶ。寛政十一（一七九九）年頃（二十四歳）から文政五（一八二二）年頃（四十七歳）まで二十三年ほどかけて蝦夷地、樺太を探検、測量。文化十四（一八一七）年、四十三歳頃、伊能忠敬宅で同居。

ドイツ人シーボルト事件（国外持出し禁止・樺太・国内地図流出）に関与。晩年は隠密（情報・スパイ活動）として働いた。

弘化元（一八四四）年、江戸深川外手町の寓居で逝去。七十歳。

（注）伊能忠敬の略歴

延享二（一七四五）年、上総国（千葉県）山辺郡小関村（現・九十九里浜小関）で出生。苗字は小関。地主、網主、名主の家柄であった。忠敬の母が小関家の娘で、父は神保家からの婿養子であった。

忠敬は、十七歳の時、上総国佐原村の伊能家の婿養子となる。伊能家は古くからの大百姓、名主であり、その後、酒造、米穀売買、貸金などを行ない資産家であった。五十歳を過ぎてから全国を測量。寛政十二（一八〇〇）年、五十五歳の時、蝦夷地を測量。この頃、間宮林蔵と会う。日本最初の実測日本全図・大日本沿海輿地全図を作製した。文政元（一八一八）年、江戸八丁堀亀島町の屋敷で逝去。七十三歳。

三月十八日（新暦・五月一日）

メムロブト（芽室太）出発

メムロブトを出発した。この辺、一面、カヤ原であり、アイノたちの小屋の屋根はすべてカヤ葺きだった。ここからカヤの原を五百メートル行くと、川幅五メートルぐらいで急流のピウカ（小石の河原）川があった。ピウカ川の両岸は樹林であり、その上は平地でカヤ原だった。このピウカ川河口、マクンベツから、しばらく上ると右の方に小川があり、レウヌメムという。赤石で水の色が赤く見えるので、この名が付けられた。しばらく行くと、左の小川、パナワンヌプトプセトがある。

また、六、七百メートル行くと、左にペナワンヌプトロピバがある。また、しばらく行くと左に崖がありトクセピラという。この辺までカヤ原で、これより高い山になり、カシワ、ナラの林である。ここを過ぎると左にキショプロランという小川がある。

また、しばらく過ぎると左の方にヲフイピラという小川がある。左にケネがあり、これらの

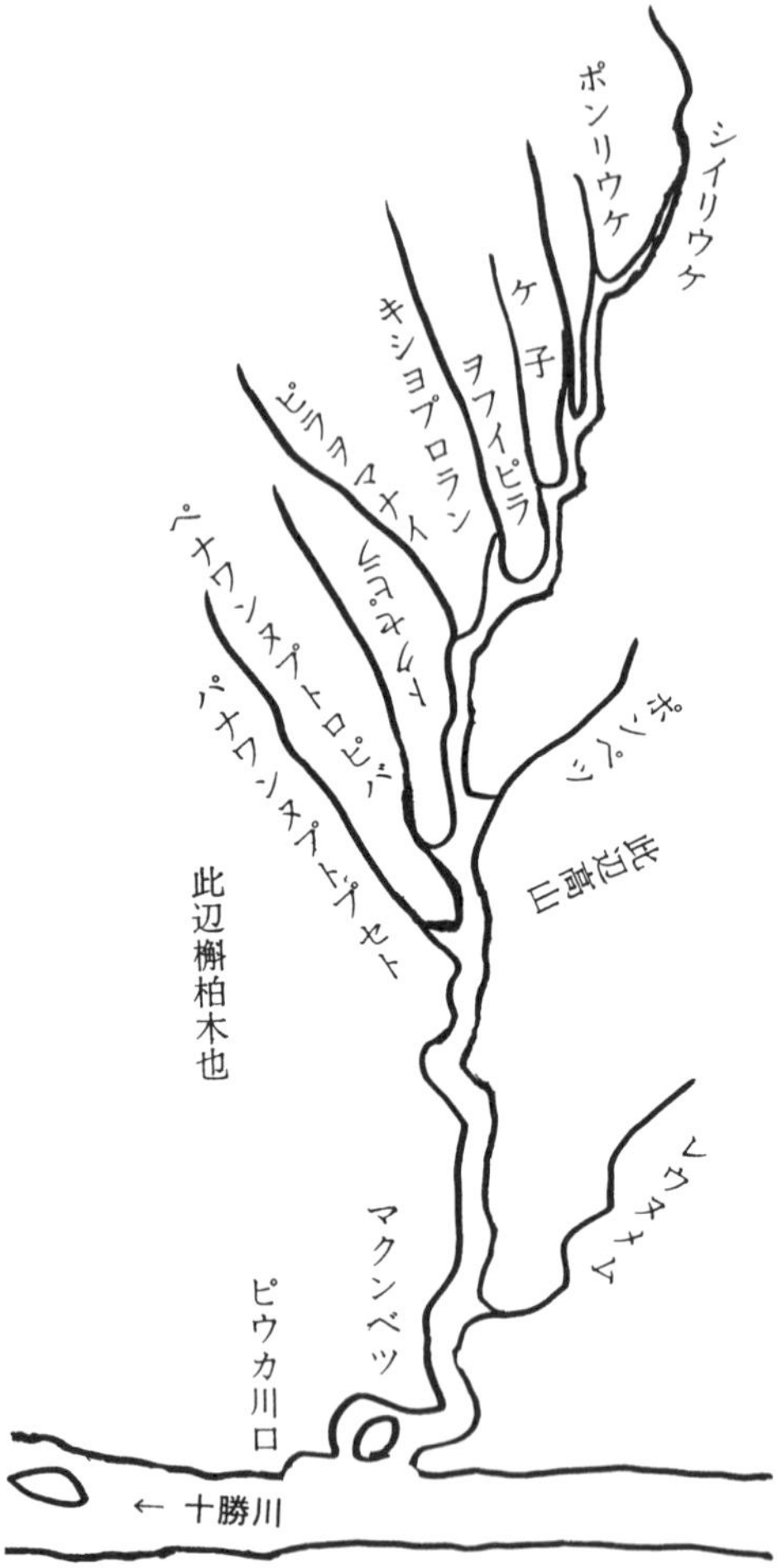

図版13　河川『ピウカ川川筋の図』

水源はヤウシタッコフ山（雨山・現在の新嵐山）である。これは芽室の中程になるという。この奥に行くと高い山が連なり、ラクヨウマツ、トドマツの林がある。

この川の側にアイノの小屋が二軒あった。家主はヲッタクス六十三歳、妻シュチコロ五十一歳、息子エアクヌ二十三歳、嫁ヲフリカラ十八歳、次男バウユシクブ十四歳、三男イクリヲシ十一歳、四男チヤラマ六歳の七人が住んでいた。このうち、息子と嫁と次男は、浜（大津か広尾）で雇われて働きに行っているという。

もう一軒の家主はバウコボエ二十歳、次男シエビヤ十八歳、三男ニタタ十五歳の三人で住み、三人とも浜に働きに行き、しばらく帰って来ないため、家は腐朽していた。

美生川川筋

野原を一キロほど行くと、アシリピラがあり、ここからは山々がよく見えた。崖の上はカシワ、ナラの林（現在の芽室公園か）で、そこから一キロほど行くと、川幅三十メートルほどのピパイロ（美生川）があり、川は浅く急流で五つに分かれているところを歩いて渡った。両岸はハンノキ、ヤナギが多かった。

この美生川河口から上流の方の様子を聞くと、河口からしばらく上ると、ピツトクケナシという野原がある。ピツトクは不明、ケナシは「野原の少し岡になるところ」という意味のようである。

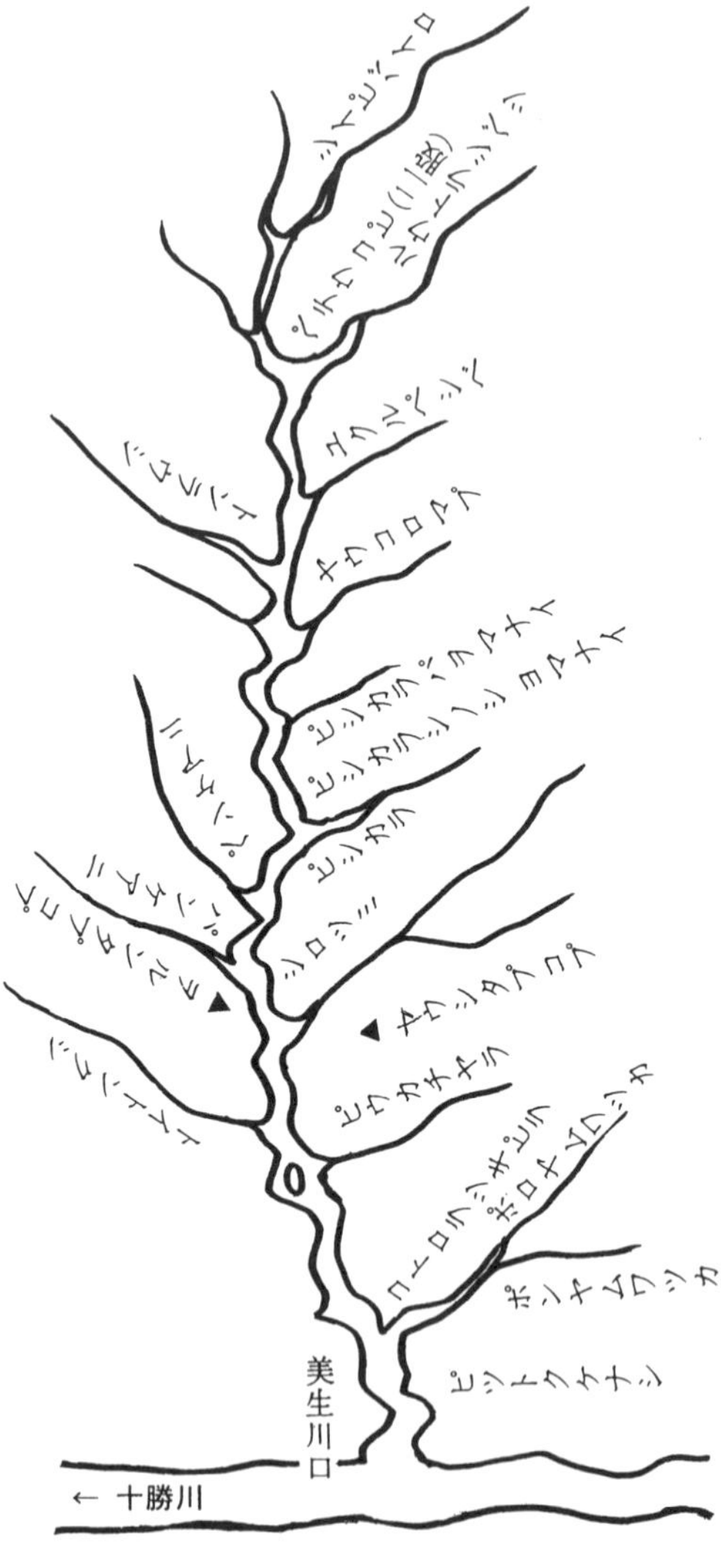

図版14　河川『美生川（ピパイロ）川筋の図』

少し上ると、右の方に小川、ポロヤムワッカ（この川の側に、現在の松久ニジマス園がある）川があり、この川の上に、「冷水の湧き水の出るところ」がある。
ポロヤムワッカ河口に、アイノの家が三軒あった。家主はチウラクル六十三歳、妻イテレケレ五十七歳、長男アタシヤウヌ十三歳、次男ヤエアフイ九歳、娘ウナルベマツ七歳の家族五人で住んでいた。

その近くの一軒には、チウラクルの息子エエクル二十一歳、妻ベトンナ十八歳が住んでいるが、ここのエエクルも浜で雇われて働きに行っている。去年から一度帰って来ただけである。その妻はまだ若いが、三十歳ぐらいに見えた。背丈が高く一メートル八十センチぐらいあった。また、その隣の家主はイシチヤリ四十一歳、妻シユンクアン二十四歳の二人で暮らして居た。
ピパイロ川を上り、しばらく行くと、コトロラツキピラ（谷の崖）があり、右は平らである。また、しばらく上ると、ピウカチヤラ（川跡の口・松浦武四郎は、ここで七月十七日に野宿している）があり、この上は平野である。また、少し行くと右に小山があり、ヤウシタプコプ（雨山・現在の新嵐山・三四〇メートル）という。

この向こう岸の左に、ヲルンタプコプ（丸山のことか・二三四メートル）という低い山がある。また、その少し上にタンネピウカという小川がある。この辺は両岸が山になっている。また、山の間を行くと、右の方にシロツミという小川がある。左に小川、パンケアニ（川下にあるところ）があり、同じく左に小川、ペンケアニ（川上にあるところ）がある。

この辺からトドマツの林になる。右に小山のピシカラがある。少し行くとピシカラシノショマナイという小川がある。並んで右に小川があり、ピシカラパヲマナイという。

この辺、両岸は岩の崖で雪が凍ったとき、アイノたちは猟に行くという。トドマツ、マツ、カバの林がある。また、行くと右に小川がありヤウコロマプという。また、並んでトンラウシ川、左より相応の川で滝になっているという。

また、向かいの少し上にユクルペシベ、右に中川がある。ともに高い山から流れている。これより屈曲した岸であるとのこと。それから、しばらく上ると、二股になり左がペテウコピで、右の方がルウトラシベツという。

ここを四キロほど上ると、源にルイカウシがある。川の中に大きな石が並び、飛び石になっているという。

左の美生川川筋、これをシイピバイロという。川筋はニセイケ（川岸の断崖・函）が多く、上るのには難しい場所であるという。

トンラウシから上ると、おおよそ、河口から一キロで左の方にホロナイがある。その辺は大ササが繁り、背丈よりも高いという。

右のことは、チユイラクルアイノから聞いたことを記録した。

写真九　コロポックル伝説の丸山

写真の奥に見えるのが、ヲルンタプコプ（丸山）と思われる。

美生川川筋右側のヤウシイタツコプ（雨山・現在の新嵐山）について記載されている。次に、向こう岸の左に、「ヲルシタプコプ」という低い山があると記載されている。これが現在の「丸山」のことであろうか。

この地域を説明したチュイラクルアイノが、「丸山のコロポックル伝説」について触れていないので、「丸山のコロポックル伝説」は、安政五年以降に作られた伝説なのかも知れない。

松浦武四郎は、この下流、ピウカチャラで野宿した（安政五年七月十七日）。

美生川河口から帯広川河口まで

ピパイロ川を越えると、アイノの小屋が三軒あった。そのうち一軒は、家主チソンコタブ二十七歳、妻アウリヌ二十八歳、母チコテケ五十七歳、の三人で暮らしていた。母チコテケはエエクルの母親である。

その隣の家主はノネトエ三十六歳、妻トナシモン二十八歳、母モンコアン五十一歳、息子チヤルウク九歳、次男チヤベカレ七歳、三男セカチ（男の子）五歳の六人家族である。家主ノネトエは浜で働き不在である。

また、その隣の家には、アンチヤロ二十一歳、妻フッテキマッ二十二歳、弟イカシアムケシ十四歳、三男トレプシユク十一歳の四人で暮らしている。この家は冬に帰って来て、春から秋まで幌泉で働いているという。

これより野道を約五百メートル行くとライベツ（十勝川・干し上がった川）という古川があった。このところは河口から二キロも上を通れば、十勝川が見えない。その向こう岸はポヌビトという川である。

また、カヤ原を二百メートル行くとチエカリトンナイ（十勝川・食料を取る沼川）があり、小川で谷地から流れている。この上はカヤ原である。谷地になっているところでシカの群れを見た。この辺からカシワ、ナラがなくなる。十勝川の北側、向こう岸はビバウシ、パンケビバウシなど（芽室の美蔓、西士狩方面）がある。

また、少し下るとシカリベツブト（然別太）がある。この岸のカヤ原を八百メートルほど下ると、チヨマトー（現在・帯広市西十五条北二丁目）という谷地の中に小沼がある。この水は赤い。十勝川に流れている。ここを過ぎると細い道があった。これは札内から音更、然別へ行く道とのことである。

その谷地を三百メートル過ぎ、カヤ原を四百メートルほど行くとヲベレベレフ（帯広川）の川端に出た。この川の流れは遅い。ハンノキを倒して渡った。川幅は十三メートルぐらいだった。この河口の向こうは、フレメム、サリケシ、ヲトフケなどであるという。

このヲベレベレフ（帯広川）は、このところでも川幅が広く水量が多いが、水源は近いという。河口より二百メートルほどでフシコベツがあり、左の方の川である。このところ、昔の川の切り口という。三、四百メートル上ると、左の方にウリベツがあり、流れが遅く深い。また、しばらく上ると、アンラコロタウシナイ、ここはクロユリが多いので、この名が付いたという。

左の方にユウチリという小川がある。右の方に小川、ポロニタ（大湿地帯）がある。この辺に札内から美生に通る道があった（松浦武四郎は七月十六日に、ここを通っている）。また、しばらく上ると右の方にシユプヌツナイという小川がある。また、上ると右の方にアプカシヤレトクシナイという小川がある。この辺から両岸は山になる。

少し上ると、左にヨウコウシナイという小川がある。そこを過ぎると、三股になり南の方をインカルシヲマベツという。これはトツタヘツと並び、中はパンケアノヲマベツ、ペンケアノ

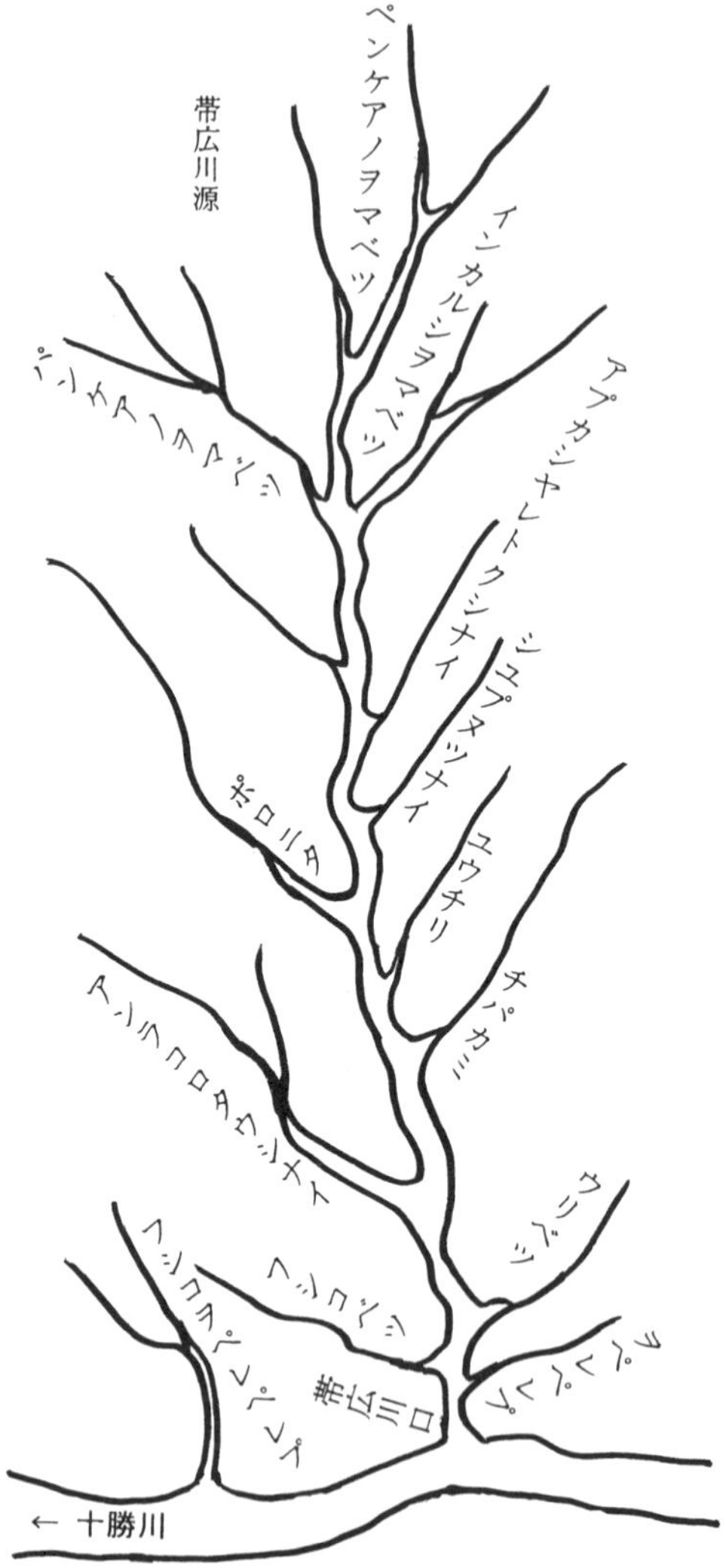

図版15　河川『帯広川（ヲペレペレプ）川筋の図』

ヲマベツという。その源は二つに分かれて、ピパイロの源の山に到る。北の方はパンケアノヲマベツから入って、ピパイロと並び山に入るという。

その源のことは、このヲベレベレフブト（帯広川の河口）のアイノたちは知らない。

これは札内のトツタベツに住むハウサナクルの話を、そのまま記録した。河口のことは、このアルランコエキの話したことを書いた。

帯広川河口で宿泊

この帯広川は、サケが少なく、マス、イトウ、ウグイなどの魚が多いそうだ。川を越えて下ること二百メートル、ここにはハンノキが多かった。ヲツベツを過ぎて三百メートルほど下るとヲベレベレフブト（帯広川河口）に着いた。ここはヤナギ、ハンノキが多い。その後ろはカヤ原だった。

ここにアイノの家が三軒あったので、宿泊することにした。この川の向かいには総乙名シラリサの家があった。ここで宿泊するようにと、大勢の子供たちを連れて出迎えてくれた。

家主はアルラムコエキ七十六歳、妻イムシマツ六十三歳、息子パウチヤ二十八歳、嫁エケロフ二十二歳、家の中は相当広く綺麗だった。

前はカヤ原で広々として見晴らしが良かった。息子パウチヤは私たちが来ると聞いて、先ほど、シカを獲りに出かけたという。また、嫁エケロフは銛（もり）を持ってイトウを獲りに行った。私たちが宿泊するのを大変喜んでいる様子だった。

その隣の家主は、カイシテ五十歳、妻ホンヌミ四十六歳、息子ハノヲ十四歳、次男エトク八歳の四人家族である。

そのまた隣の家主は、ウクテアイノ二十八歳、妻クレンケアシ三十三歳、母ウセモレ六十二歳、叔母チヤモレ四十歳位、姪サエレ十五歳、同じく妹ホネアイノ十三歳、同じく子供一人三歳が住んでいた。

この親は、ここの乙名トリフッパといい、今年の春、八十九歳で亡くなったという。老いても少しも衰えることなく、常に野山に入り狩猟をしていたそうだ。詳しくは近世人物志にあるので省略する。

明日はこれから舟で行くので、惣乙名シラリサに頼むと、『承知した。これから、ヤムワッカビラ（冷水が崖の下に出すところ・止若村）まで送る。それより先は、別の舟でヤムワッカビラから、また、浜（大津）まで送り届ける』と話した。

アイノたちに話して、舟二隻を向こうから来させ、これに屋根を作り、大津まで行く準備をした。このため、明朝、石狩から来た案内人のアイノたちに帰るように伝えたが、一同は、是非とも大津まで行き、和人を見てから帰りたいというので、九人のアイノたちと惣乙名シラリサの次男イルシヤコロ、ピパイロのノネトイ（浜に働きに行っているので、間違いか）を水先案内に決めた。

〈参〉『十勝日誌』では、三月十六日《新暦・四月二十九日》のこととして記述。要約して紹介する。

芽室川河口から歩いて帯広川河口に着く

朝霧。メムロブト（芽室川河口）から歩いて約六キロ、川幅約十三メートルの美生川に着いた。人家が八軒あった。

ヲツタクスの家七人、チウラクルの家六人、エエクルの家二人、ハウコホエの家四人、ノネトエの家六人、イシチヤリの家二人、チソンコタフの家三人、アシチヤコの家四人である。

ここから札内まで山道がある。十勝川沿いに行くとアシ原が続く。いくつかの小川を渡りライベツ川などを渡る。これらの川の上流方面は広い原野である。美生川河口より川筋に約十キロ、向こう岸に然別川がある。その付近に人家が十六軒あった。音更川河口近くには人家が二十一軒あった。

チョマトウに着く

川に沿って西の崖から見るとアシ原が広々として、芽室岳、ピパイロ岳の山裾まで続いて見えた。音更川を過ぎチョマトウ小川に着く。この辺一帯は谷地であり、アシやハギ原を通る。ピパイロから約二十四キロある。

ヲベレベレフ（帯広川河口）に宿泊

川幅約十三メートルの帯広川に着いた。ここに人家二軒あった。アルランコエキの家四人、アイシテの家四人。ここで十勝山中の惣乙名シラリサ七十一歳が出迎えてくれた。

桶《シントコ》、柾桶、自在、杓子《しやくし》、膳、碗、曲物の器《カモカモ》(カモカモ)、ラッチヤフ(不明)、海馬《トド》の腸油入、ケリ《靴》、橇《かんじき》、荷縄、タシロ《なた》、木皮くつ、小刀《マキリ》、階子《はしご》、鍋

絵図四　アイヌ家屋《チセ》の内部（『十勝日誌』松浦武四郎記念館蔵）

太刀、短刀、行器《ほかい》、唐櫃《からびつ》、手筥《てばこ》を飾り、諸道具配置の図。

干鮭、食物、宝物入れ、漁道具、やり《ヲフ》、やす《マレフ》、矢筒、毒、矢、弓、エナヲ、火神幣、ヘラ、木鉢、箸《ハシユイ》、切盤（まな板の類）、炉端《アヘシヤム》、薪、水、文席、などが描かれている（丸山道子現代語訳『十勝日誌』）。

そのため、ヲベレベレフに宿泊した。明日から、川舟で十勝川を下る予定なので、舟の手配を頼んだ。

三月十九日（新暦・五月二日）
帯広川河口から舟で出発

未明から起きて出発の支度をした。まず、シラリサにお土産を皮針十本、木綿針五十本を贈った。アルランコエキに手拭いと糸、針を贈り、外の者には、後から浜（大津）から運んで贈ると話した。シリコンナ、イソラム、ヤエサラマなどにもそのことを話して舟を出した。

十勝川に出ると、向こう岸から老人二人が小舟に乗ってやって来た。私たちの、今度の苦労を心配し、シラリサ、シリコンナ、アルランコエキも小舟で送るため出て来た。

十勝川の中心に出ると、急流で矢を射るよりも早く、サツナイブト（札内川河口）に着いた。ここまで約八キロだった。この辺の川筋は、洪水のたびに川の流れが変わる。流れが縦横、網の目のようになり、中州ができ様々になる。そのため、シロトウ（チロット・幕別の白人）に舟を着け、水先老人を頼み案内人とした。ここには五軒のアイノの人家があった。

シロトウメム、トウベツ、ホロノコツチヤ、イナウシベツ、ホロナイ、イイカンベツ、サルブツ（幕別・猿別川）、カムイヲツナイなどの河口を超えて、十時前にヤムワツカピラ（幕別・止若）に着いた。

止若の西岸は崩れた赤い崖があり、川端に少し砂浜があった。近くにはヤナギが多かった。その上の坂を少し上ると、人家が四軒あった。

止若の乙名はイキリカン五十九歳、妻ヤンケマツ四十三歳、先妻の息子シテキトム三十一歳、妻アウツネ二十三歳、次男アフネカアイノ二十四歳、嫁モレトンコロ十九歳、三男ハウラリ十九歳、四男イタクベトン十二歳、娘テケロク十一歳、妹モニコヲク九歳など十人で暮らしていた。その他、使用人も多くいた。

〈参〉『十勝日誌』では、三月十七日《新暦・四月三十日》のこととして記述。要約して紹介する。

十勝石を拾う

早朝、朝霧の中、丸木舟二隻で出発。案内人は総乙名シラリサの息子、イルシカコロとノエトエの二人である。

急流で川筋は複雑、大木が倒れ、膨大な倒木、朽木が流れを阻んだ。大雨が降るたびに川筋の様子が変わるという。

この辺に十勝石があるというので、川の中州で舟から下りた。十個余りを拾うことができた。黒一色、虎斑模様、白筋が二種類も交わる珍しい貴重な十勝石を採取した。

札内川河口に着く

ヲベレベレフから一時間半で川幅約三十六メートルの札内川河口に着いた。途中、人家が四軒あった。札内川河口から十勝川本流を下る。

途別川・猿別川

ヘッチヤラに人家があり、ジロトウに人家が五軒あった。ここを過ぎると、右側に川幅の広い途別川があり、ホロノコッチャに人家が二軒あった。このあたりから流れがゆるくなり、川幅も広くなった。

両岸には、ヤナギ、ハンノキ、アカダモ、コクワ、ブドウなどが見えた。イイカンベツの岸に人家が十軒あった。札内川河口から約十キロで、川幅約十三メートルの十勝川支流の猿別川を過ぎた。人家が四軒あった。

止若で昼食、舟で出発

私が着くと乗り替え舟を出した。一緒に来た案内人たちに、玄米に少しアワを入れてお粥を振る舞ってくれた。お礼に糸、針などを贈った。昼ご飯をご馳走になってから出発した。ここで札内川河口から案内してきたアイノたちを帰した。

水先案内は別に頼んだ。この辺は流れが遅い。トウウロロ、マクンベツ、マクンベツブト、ライベツ、チヨダ（千代田堰堤）、フルケシ、セヲロシヤム、トシベツブト（利別川河口）を通った。トシベツブトは大川で、十勝川筋で一番大きい。この川筋にアイノの人家が二十七軒あった。この辺に来るといよいよ川の水が増したため、舟足が速くなった。山を越えてくる山瀬風（松前の方言で東風）で波が立った。

チシネライ（池田）、トフチ（十弗川）、ヲンネムイ（昭栄）などを過ぎた。ここに来ると岸に二軒の人家があった。この家からアイノ一人が出てきた。これから下は南風がますます強くなり、今夜はここに泊まったらいいという。私は、明日朝早く、ヲホッナイ（大津）まで行きたいと話した。

ニウシベツ、ヤシコタン、テレケフ、ハンケテレケフ（コタノロ川）、ウツナイブト（打内太）、キムントウ（喜門沼）、エイコツトウ（ペカンペトウ）、クーシヨツキ、ニヲヒウカ（右原）、ラシヨシケ、ヲヌクリケ（右川）、リフンライ（礼文内）、ユウクシブト、マクンヘツ、カツテレ、トブヨカヲロ（トフヨカ・豊頃）、チウヌベツチヤラ（豊頃）、ノヤウシ（農野牛）、チキシヤニタイボ、ウシシベツ（牛首別川）、ワサル、セヨイ（背負）、ニクルウトル（下幌岡）、マサロフ、チヤシコツ（安骨）、ヌッパなど通った。

（注）晩成社幹事、鈴木銃太郎

明治十五（一八八二）年七月二十七日、晩成社幹事、鈴木銃太郎が下帯広に単独入植した。アイヌの人たちを雇い、大津から丸木舟で十勝川を遡上して下帯広に向かったとき、長臼《オサウス》の鍛冶屋で唐鍬を受け取っている。

また、二十八日には、旅来の上流ヌッパで、ニワトリ、大根、茄子苗、玉蜀黍苗、唐辛子を買った。この頃、大津から帯広まで行くのに、丸木舟で三日間かかった。

マクンベツチャロで宿泊

ここで夜になった。岸に上って宿をお願いした。乙名サネハカアイノ六十一歳の家である。妻はフツヘク五十三歳、息子ユウカレ三十八歳、嫁コノア二十八歳、二男ヨタクシ、嫁エチヤヌマツ二十七歳、三男エベヲカエ八歳、孫二歳と八人で暮らしていた。乙名は病気で宿泊することができなかった。

二男ヨタクシに案内させて、ここから少し上のヌッパ、マクンベツブト、マクンベツチヤロというところに行き、ここに上り宿泊した。

家主はカモエヌンカ五十二歳。妻はフリカンナ四十六歳、息子コエビラサ二十三歳、二男チヤリアラ十二歳、娘カリンネ九歳、妹五歳と六人で住んでいた。

近くに小屋があり、カモエヌンカが所有していた。去年の冬、イサリクマ八十四歳、その妻ヤリケ八十一歳、二人とも亡くなってしまった。

この辺に来ると、コシヤク（ハマゼリ・浜芹）が多くあったので、これを摘んで汁にした。夜、十時過ぎになると、どこからか音が聞こえてきた。不思議に思って、何の音かと聞くと波の音だという。大津の近くに来たことが分かったので、一同安心して眠った。

ここのアイノたちは山のアイノたちと環境が異なるので、和人に慣れていた。私たちの米を少し出し、お粥を煮て作ってもらった。その後、彼等の方もお粥を煮て、これにトレフ（ウバユリ）を入れ、私たちの案内人に食べさせてくれた。

三月二十日（新暦・五月三日）
マクンベツチャロを出発

まだ、月も昇り始めて間もないのに、サタが起きて朝食の支度を始めた。『あまりにも早い』と言うと、彼等も久しぶりなので、『早く浜に行きたい』と言う。四時頃、舟に乗り出発した。両岸には、少し芽がふくらんできたヤナギが多かった。タンネヲタ、フシコベツ、ホロノタ、ハラウツカ、タツコライ（旅来）を過ぎた。この間、距離約四キロと思う。この辺は川幅が広く、流れが遅い。また、両側の山々も遠くになった。

少し明るくなった頃、ベツチャロというところに着いた。ここから十勝川は二つに分かれていた。左の方は十勝へ流れ（十勝川）、右の方は大津の方（大津川）に流れている。十勝の方に流れている川は大川であるが、近頃、だんだんと十勝の方が細くなり、大津の方の川幅が広くなっているという。

私は急いでいるため、大津川を通った。約二百メートル行くと、右のフンレヲニコロに出た。広いカヤ原である。これより二百メートル上ると小高い丘があった。また、南に三百メートル右の方に小川があった。岸は崩れ、上はカヤ原で谷地だった。

カンカンという小川があった。このカンカンの意味は、昔、飢饉の時に、魚のはらわたまで食べた。魚の五臓六腑の意味であるという。

下にカンカン平、低い山があり、崩れて崖になっていた。その下にアイノの小屋が二軒あった。一軒は、現在、大津に引っ越した。もう一軒の家主は、アメカラ五十五歳、妻フッランパ四十九歳、息子カリニ六歳、娘サナトル十歳、妹三歳、母シケチミ五十七歳の六人の家族で暮らしていた。

これより南の方に三百メートル行くと、左の方にカヤ原があり、右にトンナイという小川があった。その上に小山が一つあった。トンナイは「胸をたたく沢」という意味である。小沢で胸をたたくと、その音が山に応えて鳴るので、その名が付いたという。

南に三百メートル下がるとヲシヤリニがあり、右の方はカヤ原で湿地帯である。この上は平山で樹林となっていた。

また、二百メートル下ると小川がある。そこをヲサウシ（長臼村・現在、豊頃町）という。左はカヤ原。右の方は川端に丘がある。ここにアイノの家が数軒あった。

長臼村に人家十四軒

家主イノフル四十七歳、妻セトルエ三十一歳、息子ハウテカ十一歳、娘ウナサン八歳、妹二歳の五人で暮らす。

また、その隣、家主アツカリ六十歳、妻イサンヌカル五十四歳、息子ハナハツ、嫁シネマツと四人で暮らす。

その隣、サヘヌンカ三十六歳、妻コエヌンカ二十八歳、爺エミナカ六十四歳、弟イタキシユクフ十八歳、三男サンケシアイノ十四歳、娘カフウシマツ五歳、息子一人二歳の七人で暮らす。

その隣、イラキル五十三歳、妻モンリタ四十九歳、甥タサアイノ二十四歳、妻テクンカ二十一歳など四人で暮らしていた。その隣、チキリアン五十九歳、妻トフラ六十九歳など二人で暮らす。

その隣、シクフランケ七十一歳、妻トレアン六十一歳、孫女レシユマツ九歳など三人で暮らしていた。

その隣は家主イバシテヲク五十三歳、妻ハルコラン四十三歳、爺エマカクル八十一歳、息子ヤツトキ二十五、六歳、嫁ヌマツコラン三十二、三歳、甥三吉十七、八歳、家族六人で暮らす。

また、その隣、家主イヌチレ五十歳、妻フツレシユ三十二、三歳、息子一人、二歳ぐらい。三人で暮らす。

その隣、ルカヌアイノ四十八歳、妻シキンカ三十四、五歳、娘レサクマツ八歳、妹一人など四人で暮らしていた。

また、その隣、家主バウエサン二十三、四歳、妻フレタリヤ十九歳ぐらい、母アバトルマツ七十三歳、伯父シエク五十歳、妻イレサク二十八、九歳、家族五人で暮らす。

その隣、リベア四十六歳、妻ベラモン三十三、四歳、娘チヤラレマツ七歳の家族の三人で暮らす。

その隣、アノトシ四十八歳、妻ハルコノ四十三歳、娘ウトレモン四歳、次男ヘエキツ二十六歳、妻チヤルシマツ二十歳、三男チヤエンカ二十四歳、嫁ウナヌシ二十歳など家族七人で暮らす。

その隣、家主イサケサン五十一歳、妻フチア四十六歳、父イタヤサマ八十七歳、母タネトル八十四歳、息子トフカアイノ五歳、娘シケレ十一歳、弟イカシランクル三十歳、妻ウホンマト二十二歳など家族八人で暮らしていた。

その隣、家主イチユフヌラン七十二歳、弟イフリコロ六十一歳、妻イカヌケム五十三歳、弟シメト五十三歳、嫁マウトルシ三十六歳、甥一人三歳、姪トウウス五歳など七人で暮らしていた。この十四軒の家、小川の左右にあった。

〈参〉『十勝日誌』では、三月十七日《新暦・四月三十日》のこととして記述。要約して紹介する。

アワで作った団子

幕別、止若ヒラの乙名イキリカンのところで、舟を替えた。荷物を積み直し、新たに案内人を雇った。ここから下流は、流れがゆるく危険がないようだった。

少しであるがアワの畑があった。あらかじめ私たちが来るのを知っていたので、アワ団子を食べさせてくれた。

アワ団子の造り方は、アワを突いて粉にしたものをウバユリの根のデンプンと混ぜ、杵で突いた物を皮にして、サケの卵を包んで丸めて団子にして、茹でた物である。アイノたちは別の魚油で揚げた物を食べていたので、私も試食させてもらったが、なかなかの珍味だった。

三十余りの穴居跡

そこを出発した。猿別川河口（右）、ライベツ（左）、フルケシ（右）。この辺に、人家が八軒あり、地名はチヨダ（千代田）という。やがて、川幅約三十六メートルの利別川河口に着いた。流れは穏やかである。この川筋には人家が二十七軒点在していた。

しばらく進むと、十勝川は竜か蛇のように蛇行していた。左に入志別川、このあたりから両側に少し山並みが続いている。

礼文内の左山の上に穴居跡が三十余りある。土地の者は小人の住居跡だというが、小人ではなく、大昔の人々が住んでいたところで、このような遺構を本州の各地で見た。

石器類の採取

この山から、石斧、土器の破片などが出土するので、私も二個拾った。完全な土器はめったにないそうである。砥石も三、四個見つけたので、その中の一個を舟に積んだ。ここでは十勝石で作られたヤジリが結構あったので拾った。

リフンライから下った。トヒオカに人家が二軒あった。止若からここまでは川舟で下るよりほかないが、ここから先、渡場までは陸に道がある。背負川に人家が四軒あった。

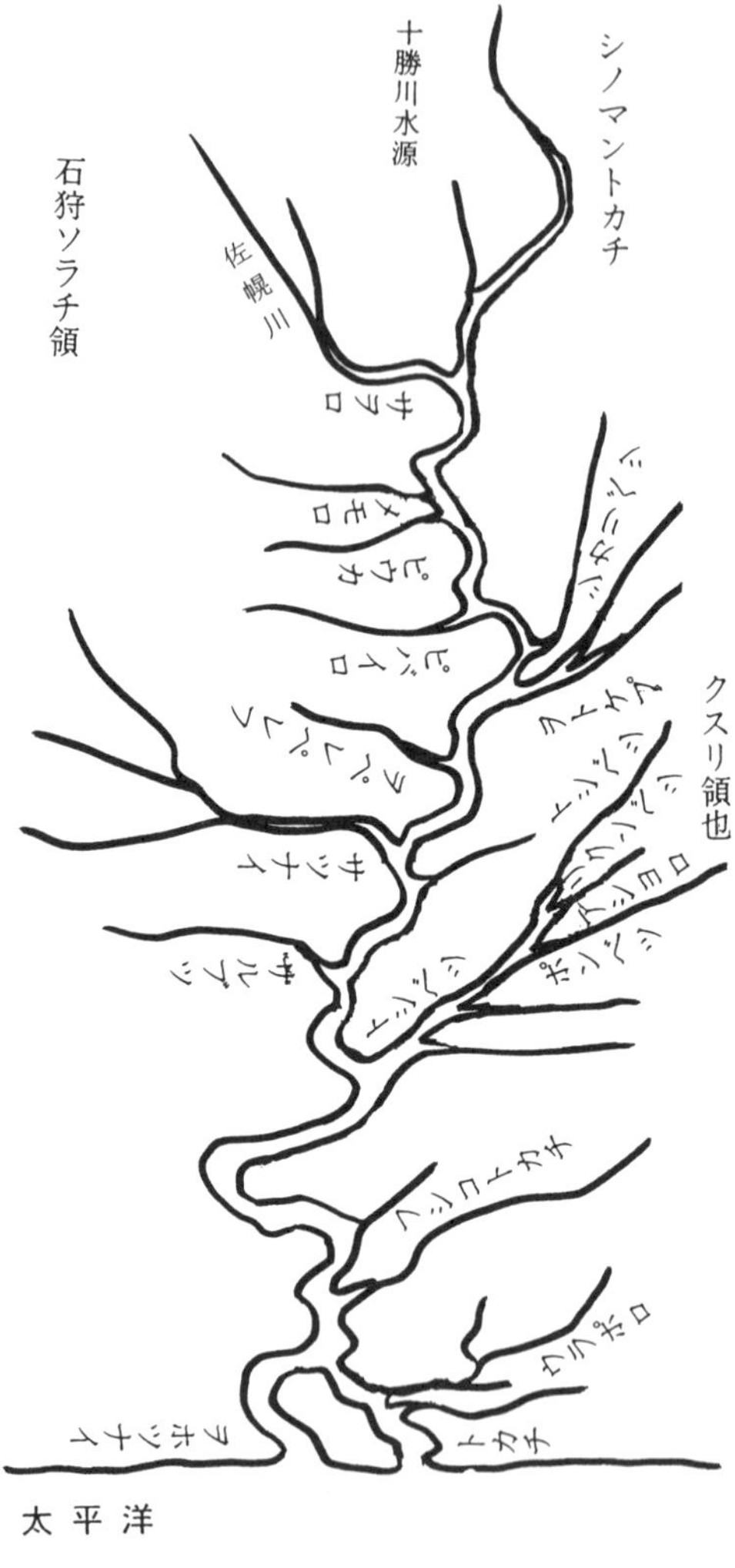

図版16　河川『佐幌川上流から大津までの図』

背負川を過ぎ、ニクルウトル川を過ぎると、マサロフ川がある。この川の上流にチャシコツ（砦址）があり、石斧やヤジリがよくでるという。

一輪草、アザミの和え物食べる

ヌッパは十勝川の湾曲した外側にある。広々と開けていた。ここを過ぎると、利別川河口から約三十二キロの地点でタンネヲタがある。両岸に人家が六軒あった。

十勝川の川幅は約三百六十メートルある。その川岸で野宿した。一輪草、アザミなどたくさん生えていたので、それを採って茹でて和え物にして食べた。

網引場に和人の番屋

これより南東の方向に三百メートル行くと、網引場があり、ここに和人の番屋があった。左岸は川幅が広い。蛇行して右はヤナギ原で左はカヤ原だった。また、二百メートル行くとヲシリケシヤウシ（アシ・ハギのある網引場）があり、この辺の川の流れは遅い。また、南の方に三百メートル行くとトシラエイがあり、ヤナギ原で平地である。

また、川を五百メートル南に行くとウツナイチヤロ（脇川の別れ口）が左の方にあり、川幅は十メートルぐらいである。流れが遅く深い。この川は蛇行して下の河口は大津の向かいへ通り抜けている。また、三百メートル過ぎるとペンケアニ、右が平地でヤナギ原、左はカヤ原である。約四百メートル行くとマクンベツチャロ（枝川の別れ口）が左の方にあった。

三、四百メートル行くと南の方に向かいタンネヤウシというところがあり、有名な網引場だという。タンネは「長い」、ヤは「網」、ウシは「ある」の意味である。昔、多くの家があったそうだ。また、五、六百メートル下るとマクンペップト（枝川の河口）がある。この辺の川幅は百八十メートルぐらいある。

大津の番屋

大津番屋の屋根が見えた。右の方にアイノの家が一軒あった。家主はウサキウシ五十九歳、妻ヲルベマツ五十七歳、息子エボンヌカル二十三歳、娘ウホンシュ十七歳の家族四人で暮らしていた。この家の近くはカヤ原で谷地だった。

また、三百メートル下り左に、川幅十三、四メートルで流れが遅く深いウツナイプトがある。両岸はヤナギ、ハンノキが多い。右の方は、ヲホツナイ（大津）で、「深い沢」という意味である。

番屋が一軒あった。縦幅約十メートル、横幅約三十二メートルの番屋が一軒。板蔵は縦幅約四メートル、横幅約六メートル。茅蔵は縦幅約七メートル、横幅約十一メートル。その他、人足小屋一軒、稲荷神社などがあった。その後ろにアイノの家が五、六軒あった。山奥から出稼ぎに来たアイノたちの家とのことだった。

家主シアレ五十二歳、妻イトベツカ四十四歳の二人家族。また、その隣は家主カシユクフテ四十四歳、妻ウサケ三十八歳、息子シエトエ十四、五歳、二男コマキツ十一歳、三男シトンラウシ八歳、四男二歳、娘ナヌマツ五歳の七人家族である。

朝、八時過ぎに着いた。浜にいる者は私たちを見て驚き、家に逃げ込む者があった。番人の紋造が出てきて迎えてくれた。

家に入ると根室詰調役下役元締、橋本悌蔵が根室に行くため、番屋に宿泊し、まだ、出発していなかった。橋本悌蔵に様子を聞くと、「まだ、源氏の世かと思う」と冗談を言ったので、笑った。


〈参〉『十勝日誌』では、三月十八日《新暦・五月一日》のこととして記述。要約して紹介する。

大津の河口に出る

朝は川霧が濃かった。月が、まだ、中天にかかっている頃、支度を調え川に出た。旅来を下り、右が大津川、左が十勝川である。大津川を下って大津の河口に出た。

弁天社神前に一同参拝

大津番屋に着いて、酒一樽で安着祝いをしょうとしていたところへ、根室に出張途中の橋本某が滞留しているのに出会った。

それで、橋本氏からも酒一樽、贈られてきたので、それも一緒に運んで弁天社の神前に一同が参拝した。

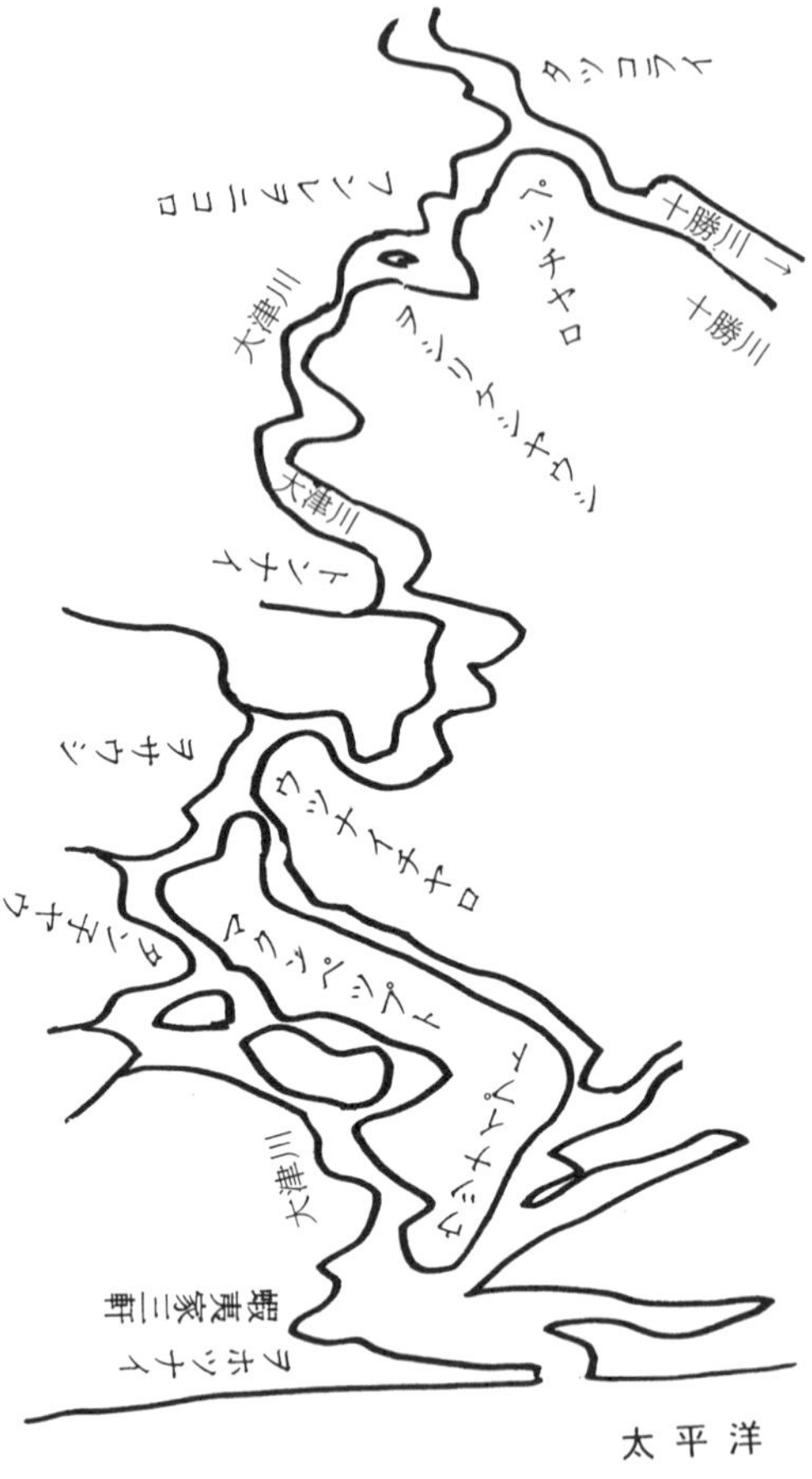

図版17　河川『十勝川から大津川を下る図』

（注）大津市街

安政五（一八五八）年三月二十日《新暦・五月三日》、松浦武四郎が大津に訪れた頃は、番屋の建物が整備され、神社もあり、周辺にアイヌ民族が住み働いていた。

十勝内陸の開拓は、明治十年代から始まり、本州方面からの一般移民は、明治二十九（一八九六）年から一挙に増加した。大津港まで船でやって来て、そこからほとんどが歩いて十勝川を上った。帯広まで三日かかった。

伊豆の依田勉三（後の晩成社副社長）は、北海道に開拓適地を求めて、根室、釧路方面を視察し、白糠を出発して、明治十四（一八八一）年十月二日、大津の貸座敷で同宿者と雑魚寝をした。この頃、大津には九十戸ぐらいあり、ソバ屋もあったと記録している。

現在（平成二十九年）、二百五十三人が住み、小学校（児童数七名）、漁協組合、警察駐在所、郵便局、診療所、食堂がある。秋になると海岸に、鮭釣りの人々が多くやってくる。

案内のアイノたちにお礼の品々を贈る

この番屋で酒を求めると、置いていないという。案内人のアイノたちの慰労には濁酒が一番必要である。乙名クウチンコロ、セツカウシ、小使アイランケ、ニボウンテ、イワンバカル、五人に、米二俵四升、煙草十把を与え、ビバウシのシリコンナの家に持って行くように話した。イソテクに米四升、煙草二把を与えた。各六人には手拭い一本ずつ与えた。アエコヤン、ヤトラクル、サケコヤンケ、サダクロの四人には手拭い、煙草一把づつ与えた。この四人は、大津から飯田氏と日高の海岸を通って一緒に帰る。

盗人イナヲクシには、山中で吸う煙草一把与え、食料の玄米四升を夫婦の者に与えた。ビバウシから札内まで同行した乙名シリコンナに玄米一俵、煙草二把、右はイナヲクシをここまで介抱したので手当として贈った。

サツナイブトの乙名シラリサは、舟を手配してくれたので、玄米一俵、煙草一把を贈った。ヤムワッカピラの乙名イキリカンには、玄米一俵、同人名代シネントイアイノに、玄米二升、煙草一把を贈る。

ニトマフ（人舞）の乙名アラユクに玄米三升、煙草一把、同人の息子シルンケアイノに煙草一把。ヤエサラマ、イソラム、ノネトエ、カムイコバシ、アルランコエキの五人へ煙草一把、玄米二升ずつ贈った。

今日、安着の喜びとして、濁酒一斗五升（一升が六十文）を贈ってから宿泊した。山でお世話になったアイノ民族への届け物は二人の乙名にお願いした。

三月二十一日（新暦・五月四日）

尺別で昼食、白糠で石炭の採掘

飯田豊之助は、四人の案内人と一緒に、当縁、広尾の方へ向かって出発した。

私（武四郎）は、馬一頭を借りて、馬扱いのコヤマと共に、尺別、白糠、庶路、釧路に向かって出発した。

尺別で昼食にした。白糠まで行き宿泊。白糠では、昨年から、奉行手付（実務の責任者）、栗原善八が石炭を掘っていた（安政四年五月から採炭）。去年と異なり、順調に石炭を掘ることができるので喜んでいた。

〈参〉『十勝日誌』では、三月十九日《新暦・五月二日》のこととして記述。要約して紹介する。

役割を果たし、それぞれ出発

石狩から一緒だった、石狩詰調役下役、飯田豊之助は、広尾に向かい、アイノ民族はそれぞれ応分のお土産物、報酬を持参して、再び、元の山道を戻って故郷へ帰って行った。

私は、釧路の方へと、それぞれ三方向に分かれて出発した。

三月二十二日（新暦・五月五日）

白糠から釧路へ

早朝起きて白糠を出発した。庶路に着くと畑があった。これは誰が開墾したのかと聞くと、川の番人のニシハホウ（旦那の子の意味・同心、市松の息子）の畑とのことであった。

この者は、昔、公儀（役人）がアイノ民族の娘を妾にして生ませた者であるという。才能があり、乗馬が得意で、今では立ち乗りができるという。また、手習いを好み片仮名を書くことができた。仕事を休んで片仮名を書いて見せて欲しいと言うと、片仮名とは何かと尋ねる。イロハのことというと、「ああ、アイノイロハ」かといって、片仮名を書いた。

その後、シャモ（和人）イロハを書いて見せるというので、紙を与えると、平仮名も書き面白いと思った。私は、手拭い一本と針五本を与えて、庶路を出発した。

大楽毛に着くと同心、小田井蔵太がいたので、一緒に釧路まで行った。

第二章

戊午辺留府祢日誌・戊午報登加智日誌（巻之一～四）

松浦竹四郎著

戊午辺留府祢日誌　安政五（一八五八）年

広尾から歴舟川までの概要

ヘルフネ（歴舟）は広尾に属している。広尾の十勝会所から二十キロ北北東の方向の位置にある。ここは釧路から襟裳にかけて第一の湾の奥にある。海岸には小石が多く、崖が連なり崩れている。その上は平地になっている。

浜の南の向こうは波が荒い。最近までイワシ漁などを行っていたが、今は不漁となっている。そのヘルフネの川端は石が多く、川幅約三百六十メートルある。中州が多く、ヤナギ、ドロノキ、ハンノキなどが多く生えている。また、低木はグミ（落葉低木・実は赤く食用になる）が多い。野草はフキ、イタドリなどが繁茂している。

洪水の後は、必ず、川の流れがどこも一変するため、渡場も一カ所に定まらない。川番は一軒ある。ヘルフネというのは、「水が深い」という意味だそうである。

昔から、アイノはここのことをベロチナイといっていた。その意味は、石が多く、向こう岸に渡りづらいので、この名称になっているという。

しかし、帳面などには、皆、ヘルフネと記録している。また、一説にはヘルウナイの「ヘ」は「水のこと」、「ルフウ」とは「押されて下る」ということ。「ナイ」は「沢」のこと。

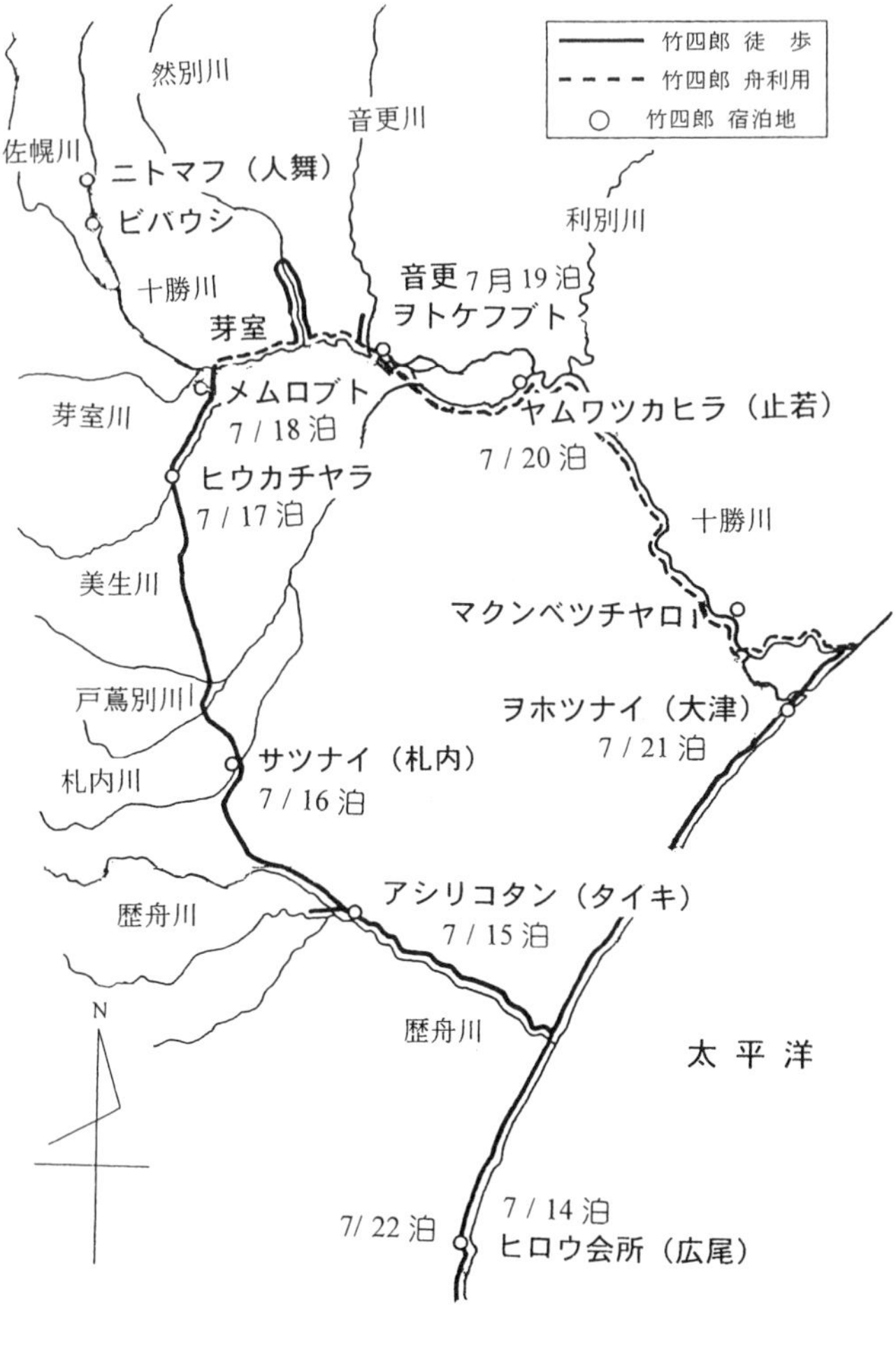

図版18　松浦武四郎の足跡図『安政５年７月14日～７月22日』

このヘルフネは、晴れ、雨にかかわらず、西南の風が吹けば急に水が出るのでこの名があるという。

この川は、西南の風の日は必ず増水するという。この川の水源には、大きな湖水のため洪水が出るという。しかし、そのようなことはなく、よく考えてみると、この川を一日半、およそ四十キロ上ると川筋が三つに分かれ、その奥は山々が険しく、川の水が早く押し寄せる。すべて、水源の遠いところは、水の出るのが遅く、水源が近いと増水するのが早い。

この「戊午辺留府祢日誌」は、七月十四日《新暦・八月二十二日》に広尾会所に着き、案内人のアイノたちを決め、十五日、未明、夜中に出発して、夜、ヘルフネの川筋を上り、タイキ（現在の大樹市街よりも川上の「大全」付近）に宿泊した。十六日、三股を見物して、札内を越えた。その道中の記録に、ヘルフネ日誌（辺留府祢日誌）の名を付けた。

七月十四日（新暦・八月二十二日）
サルル会所から十勝会所

サルル会所から十勝詰下役、秋山透と一緒に出発した。十二時頃、広尾会所に着いた。支配人、元吉に会う。明日から歴舟川を上り歩いてメムロブトまで行き、そこから十勝川川筋を下ることを話した。

案内人は先年より懇意にし、約束をしていたサツナイの乙名の弟イソラムを頼んだ。その他の案内人も頼みお願いした。すぐ、イソラムを呼んでくれた。馬で行けるところまで馬で行くことにした。三、四日分の食料を準備した。米、味噌、酒、煙草などである。

なお、大津番屋からは、止若の乙名と札内太の乙名の家まで、白米一斗（十六キロ）、玄米二升（三・二キロ）、酒二升、煙草十把を持って行って欲しいと頼んだ。

夕方、五時頃、イソラムは芽室のポロヤムワッカ河口から来たアイノのエエクル、十勝会所のサルマツアイノ、大津の馬主イサケサンなどを漁場から呼び戻して連れてきた。

今年の春、イソラムはビバウシから札内太まで案内してくれたので、刀の鐔一枚、布に模様を染め出す型紙二・四メートル、糀（こうじ）二升、玄米四升、煙草三把、糸、針を与えた。

十勝内陸の案内人、イソラム、エエクル、サルマツ、イサケサンの四人一同は、道中の安全祈願のため木幣を削り、御神酒を供えた。四人には酒二升を贈り、十勝会所の惣乙名には、別に酒一升を贈った。

明日は、朝三時頃、出発すると伝えた。

（注）イギリス人、ランドーが見た広尾・十勝内陸
松浦武四郎が十勝を探査旅行してから、約三十二年後の明治二十三（一八九〇）年、イギリス人、ランドーが広尾、十勝内陸を旅行した。この頃の十勝は松浦武四郎が歩いた頃と、それほど変化がないと思われ、多くのアイヌの人たちに出会ったランドーの旅行記録は興味深い。

A・ヘンリー・サーヴィジ・ランドーは、フランスのパリで絵を学んだ画家であり、冒険家。イギリスのフレンチェで生まれた（一八六五〜一九二四年）。戸田祐子訳の『エゾ地一周ひとり旅』がある。

明治二十三年六月、函館を出発して十月までに、松浦武四郎と同じようなコースをたどり、北海道を一周して、絵と記録を残した。十勝では十勝川上流を上り帯広、人舞まで足を延ばした。利別川、音更川、然別川なども観察している。

八月中旬、ランドーが見た広尾は、小さな湾の中に巨大な石柱がそそり立っていた。湾の周辺や湾を囲む高台に四十戸ぐらいの漁師の家を見た。昆布や海草、鰯《いわし》が豊富で、ここの海草は丈が長く幅が狭いと記録している。

猿留から広尾に来る途中、多くのアイヌや混血のアイヌの人たちを見たことや悪い病気に罹っていることを記述している。悪い病気とは、和人がもたらした梅毒のことのようである。

止若（幕別）では、目も見えず、耳も聞こえず、歩くこともできないリュウマチに冒されていると思われるアイヌ民族の老婆に出会っている。ランドーはその老婆の絵を描いた（『エゾ地一周ひとり旅』・八十二頁）。

アイヌの家々を観察しながら帯広に着いた。帯広では、八月十五日から十七日まで滞在した。明治十六（一八八三）年、伊豆からの晩成社の一員として入植した一軒の家に入ると、ランドーはすっかり驚いてしまった。

老人と美しい婦人は、その容貌といい立ち振る舞いといい、日本内地の上流家庭の人々と同じく洗練されていたからである。

老人はカネの父で、元、信州上田藩士、鈴木親長。美しい婦人は渡辺勝の妻、カネである。カネは横浜の共立女学校を卒業し、英語が堪能だった。ランドーは渡辺カネの家を描いた。その油絵は、現在、帯広百年記念館に所蔵されている。

七月十五日（新暦・八月二十三日）
熊三頭見る。シカ一頭獲る

満月。まだ、二時頃であろうか、イソラムが座敷の戸をたたくので、起きて支度をした。元吉は一人で朝飯の支度をしていた。もうはや、外のアイノたちも、皆、馬の支度をしていた。米、味噌など持ち、月を仰ぎながら、気ままに蝦夷歌など歌いながら馬に乗り進んだ。私は着物の上に半天を着ていたが、それでも、寒かった。それで、さらに、上からアッシを着た。楽古、野塚、豊似、アイボシマまで行くと、だんだんと東の空も白んできたので、一休みした。紋別川を渡り、カシワ、ナラの樹林に入ったところ、朝の餌を求めて下ってくる熊、三頭を見た。また、子ジカが一頭いたので獲った。

歴舟川まで一キロぐらいのところに、細い道があった。カシワ、ナラ林を行くと野原に出た。そこを二キロほど行くと歴舟川河口に出た。

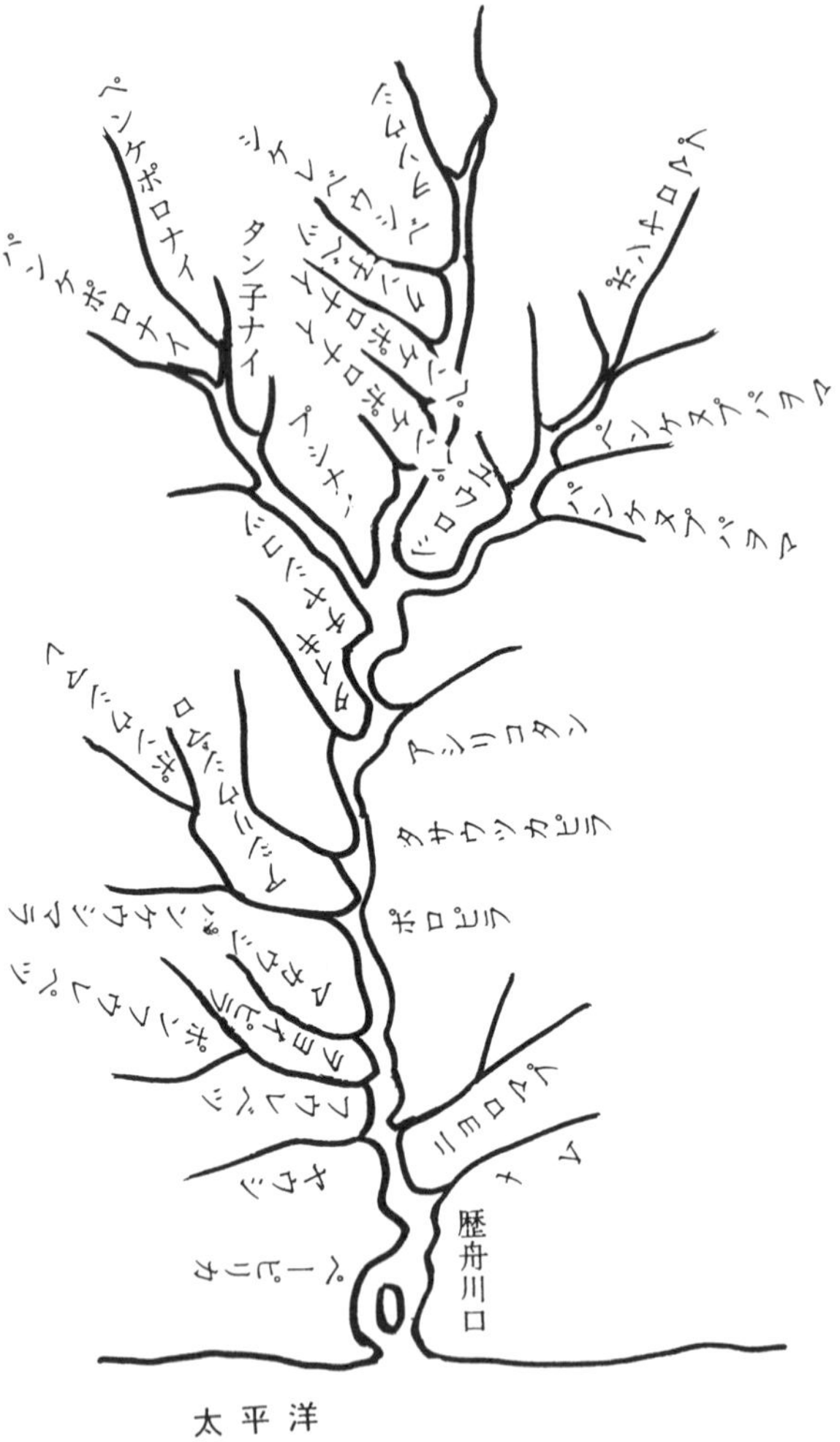

図版19　河川『歴舟川川筋の図』

ここの海岸の河口から、およそ三、四百メートル上流は、川の瀬が三つ、四つに分かれ、急流になっていた。そのところに丸木舟があり、旅人を渡し、馬で通行の者は馬で渡らせた。安全に渡れるように、その瀬の状況を教えるアイノ小屋が一軒あった。

家主レウンケウイ五十五歳、妻シクハクテ四十八歳、この者に子供が一人あったが、十年前に死んでしまったという。今は二人だけで暮らしている。

私たちは、野原の左側の道を二キロほど進んだ。すると、川端に出た。パンケマクンベツという。左の方に広々とした野原があり、川づたいに八百メートルほど行くと、ペンケマクンベツというところに出た。その水は冷たく綺麗なのでその名が付けられたという。

この辺まで来るとあまりにも寒いので火を燃やし、先ほどの子ジカを鍋で煮て食べ、暖まったので出発した。ここから下に行くと道があった。聞くと向こうの岸にメム（芽武）という一つの水溜まりがあり、その上は小川になり、人家が一軒あるという。メム（芽武）は「水溜まり」の意味である。

家主シコマカ四十四歳、息子トシユアイノ十二歳、老婆トクテマツ八十一歳が住んでいた。サルマツに煙草一把と糸、針を持たせて届けた。

また、一軒別にあった。家主はレクタマ五十二、三歳、妻イシユラテキ四十二歳である。今は、トウフイ川の川番に行っているという。

その辺の川の東側は平山で、西岸は平野となっていた。その平野の七、八百メートル上に平山があり、樹木が多い。そこを二キロほど行くと、向こうの方にニョロマフがある。「樹木が多いところにある川」という意味である。ここにも人家が二軒あった。

家主はイサラアイノ四十六歳、妻イモンサカ三十八歳、娘二人の四人家族であるが、全員、昆布取りに浜に行っているという。

また、その隣は、家主イヌラヲコッ四十九歳、母カウトルケ八十三歳、伯母エンネベ七十七、八歳、甥ヤエセエ二十七、八歳、甥フラク二十一歳、息子ウエンクシアイノ九歳、甥コエカアイノ七歳の七人家族で暮らしている。

老婆の母カウトルケ八十三歳に九歳と七歳の子供を預け、家主と甥二人は浜へ働きに行っているという。それらの住んでいるところをヘルフネ村という。ここへも、煙草、糸、針などを届けさせた。

蚤《のみ》の意味のタイキ

しばらく上って行くと、この辺の野原の中の西岸にヤウシという小川があった。「網場」という意味である。昔、この川で網を入れ魚を獲ったようだ。また、しばらく行くと、西岸に少し高い山があり、そこにフウレベツという小川があった。崖が崩れていたので、馬に乗って通りづらかった。

ここで昼食にした。フウレは「赤い」、ヘツは「川」の意味である。ここまで平坦だった。ところどころにカシワ、ナラの林があった。

ここから、山になる。川筋の左にポンフウレペッという小川があった。その上は高い山々で樹林となっていた。ポンフウレペッを越えて向こう岸に上ると、また、川端に出た。向こう岸はルウサンヒラ、東岸崖である。ここの川の東河口からタイキへ行く道があるという。ルウサンは「道より下る」という意味である。

また、西岸をしばらく行くと、西岸の崖が崩れたヲヨイピラがある。その意味は不明。また、同じく平地をしばらく行くと、左の方にマカヨウシという小川があった。フキノトウが多くあるので、その名が付けられた。

その上は小山になっていた。その麓を通っていくと、また、向こう東岸に高さ十五、六メートル位の崖があった。その上はカシワ、ナラの林があった。これを見ながら行くと、西岸の山の間にパンケウシマラ川がある。その意味は不明。川幅は広い。両岸は樹林である。

また、しばらく上ると、小山の間にパンケチエブンナイ、ペンケチエフンナイの二つの川が左側にあった。その源はモンベツの水源という。

また、山岸を行くと同じ樹林を過ぎ、また、野原を過ぎ、およそ一・五キロ行くと、左の方の山の間にヘンケウシマラがあった。この川は少し小さく、川底が平盤で両岸から清水が湧いていた。

しばらく上ると、右岸にタサウツカピラがあり、その下流は瀬になっていた。タサウツカとは、「切れ切れになっている瀬」という意味である。川筋は広く、浅く、幾瀬にも分かれていた。

ここを過ぎて東岸を越えると、西岸にタイキ村（大樹・現在の「大全」付近）があった。タイキは、「蚤・ノミ」のことである。最近まで人家があったという。おそらく、魚などが捕れず不便であったため引っ越したのであろう。

カジカを焼いて食べる

東岸の川原を三、四百メートル上ると、アシリコタンに着いた。東岸は少し平地になっていた。このところに枝川があり、魚が獲れるので引っ越して来たというアイノの人家が二軒あった。アシリは「新しい」、コタンは「村」という意味である。

家主はテルカアイノ四十一歳、妻シユトカリ三十三歳、母ウエンチヤロ七十一歳、息子ロクテアイノ八歳、二男ヲヘヤンケ六歳。家主弟エカサウ二十五歳、三男エヲツ十八歳、妹ユアンテ十六歳など家族八人で暮らしているが、そのうち、家主と二男、三男、妹は浜で雇われて働きに行っている。家で老母と妻と子供二人で暮らしているという。

また、その上に、家主カンヒニセ五十八歳、妻エトレ五十四歳、息子イカリヲツ二十二歳、妻ウコレシユ二十一歳、二男ヲレナシ十九歳、娘シカヌモン十五歳、妹ヘテエトレ九歳など、家族七人で暮らしている。そのうち、息子夫婦と二男は浜で雇われて働きに行っているので、家には家主夫婦と娘二人の四人で住んでいた。

私たちはこの家で宿泊することにした。すると、私たちを宿泊させるため、娘はカジカを獲りに、鈎《かぎ》を持って川に行った。しばらくすると、カジカ五、六十匹を捕って戻って来た。それを私たちに焼いて食べさせてくれた。

また、妻はトレフ（ウバユリ）を水に戻して私たちに食べさせてくれた。下の家から老母も手伝いに来た。家主は家の前、ウラエのあるところに行き、これもマスとアメマスを七、八匹ほど獲って来て、私たちにご馳走してくれた。その親切が嬉しかった。

『カジカは、たくさんいるのか』と聞くと、『外のことは知らないが、ここは、多く獲れて、ここの名物』といった。その外の名はウツカコロ、また、イソカバというが、ここでは何というのかと聞くと、『ここではコタンコロともいう。また、シユマフクニともいう』と答えた。コタンコロというのは、「いつもかつも、この村の川にいる」という意味であるという。また、シユマフクニというのは、「石の下にいる」という意味である。いずれも理にかなっている名称と思った。

老母ウエンチヤロへ米五合、糸、針などを贈った。今夜は、ここの家主に酒一升を贈った。酒を呑みながら、盆の月をこの蝦夷の山の中で見るのも、また、風情があり、良いものだと思った。

〈参〉『十勝日誌』（「東蝦夷日誌」七編）では、七月十一日《新暦・八月十九日》のこととして記述。要約して紹介する。

熊の姿

まだ、月が空にある頃、イソラム、サルマツ、エクシアイノたちを案内人として、馬に乗り出発した。歴舟川の西岸沿いにススキの原を分けて進むと、朝もやの中に、時々、熊の姿を見た。

歴舟川の支流を過ぎると芽武に人家が二軒あった。シコマカの家三人、レクタマの家二人であった。乗馬の上手なサルマツに煙草数把を届けさせた。

メム（芽武）の近くに並行して人家が二軒あった。イラサアイノの家四人。イヌラヲコツの家六人である。そこを過ぎると浅瀬にアイノの鮭（サケ）の網引場があった。

振別までは、ほとんどススキの原が続き、そこから先はカシワの林だった。この道を馬で通るのは、私が初めてであるという。

タイキ、蚤の意味

しばらく行くと、タイキというところがあり、そこに最近まで、人家があったというが、今はない。それにしても「タイキ」とは、「蚤《ノミ》」のことであるが、どうしてこの名が付いたのであろうか。

中流の西岸まで来てから、これより東側に渡った。川は浅瀬の急流で、川幅は九十メートルぐらいであろうか。これを渡るとアシリコタンである。「新村」という意味で、タイキ（大樹）から最近になって移ってきたので、この名があるという。人家が二軒、テルカアイノの家二人。カンヒニセの家七人である。

カジカの味噌焼き

川にカジカがたくさんいた。アイノはカジカのことを「石の下にいる」という意味の「シユマクフニ」と呼んでいる。夕方、カジカを二升（一升は一・八リットル、または一・五キロ）ほど獲ったので、田楽（味噌焼き）にして食べた。

（注）砂金産出地

歴舟川流域は、現在でも砂金の産出地として有名である。寛永十二（一六三五）年には、松前藩が戸賀知（トカチ）で採金を始めた（『広尾の文化財』・『広尾町年表』）。

十勝の金山の記録があり、当縁郡アイボシマ（相保島・浜大樹周辺）付近には、寛政（一七八九～一八〇〇）の頃まで砂金（浜砂金）採掘の跡があったと記録されている（『大樹町史』）。

松前藩時代、砂金は鷲の羽や塩鶴などとともに重要な交易品であった。歴舟川やその他の河川でも砂金の採取が行われたと想像でき、重要な労働力としてアイヌの人たちも関わっていたと思われる。

松浦武四郎の歴舟川流域探査の記述の中に、砂金についての記述がなかった。武四郎はアイヌの人たちから砂金産出の話題を聞くことがなかったのであろうか。

七月十六日（新暦・八月二十四日）
神居古潭上流の三股まで行く

朝早く起きた。先に、このところに馬をつなぎ、家主のカンヒニセに案内を頼んだ。イソラム、エエコレの三人を案内人として、三股まで行って見物するため、東岸を出発した。露が多く全身が濡れた。イソラムはシナノキで編んだ腰蓑《こしみの》を貸してくれた。腰蓑は腰と腹の辺りの露をしのいだが、草の丈が高く頭と肩は全部濡れてしまった。

四、五百メートル行くと西岸にヒシカラという名の小山があり、その上と下に小川があった。樹林で暗い。少し上にチャシコツがあり、左の方に小川があった。その上は平山である。そのところに、昔、砦があったという。その跡である。

三、四百メートル上ると三股（尾田・神居古潭の上流付近）があり、川幅は広い。右の川はヤロマフ（歴舟川）という。アイノの人家が一軒あった。

家主はシンカフニ五十一歳、妻トルハト三十三歳、息子タアレ二十一歳、二男アハチヤルシ十一歳、三男ウサウク九歳、四男三歳の六人家族である。その内、家主と息子は雇われて浜で働き、妻と子供三人で暮らしていた。ここで休憩し、糸と針を贈り出発した。

この先の川筋を聞いた。しばらく行くとユウケヒラがある。また、しばらく行くとホロケナシノがある。ホロは「大きい」、ケナシノは「木立原」の意味で樹林である。

また、少し上に行くと、小川のユウロシがある。その上に丸い小山がある。ユウロシとはそ

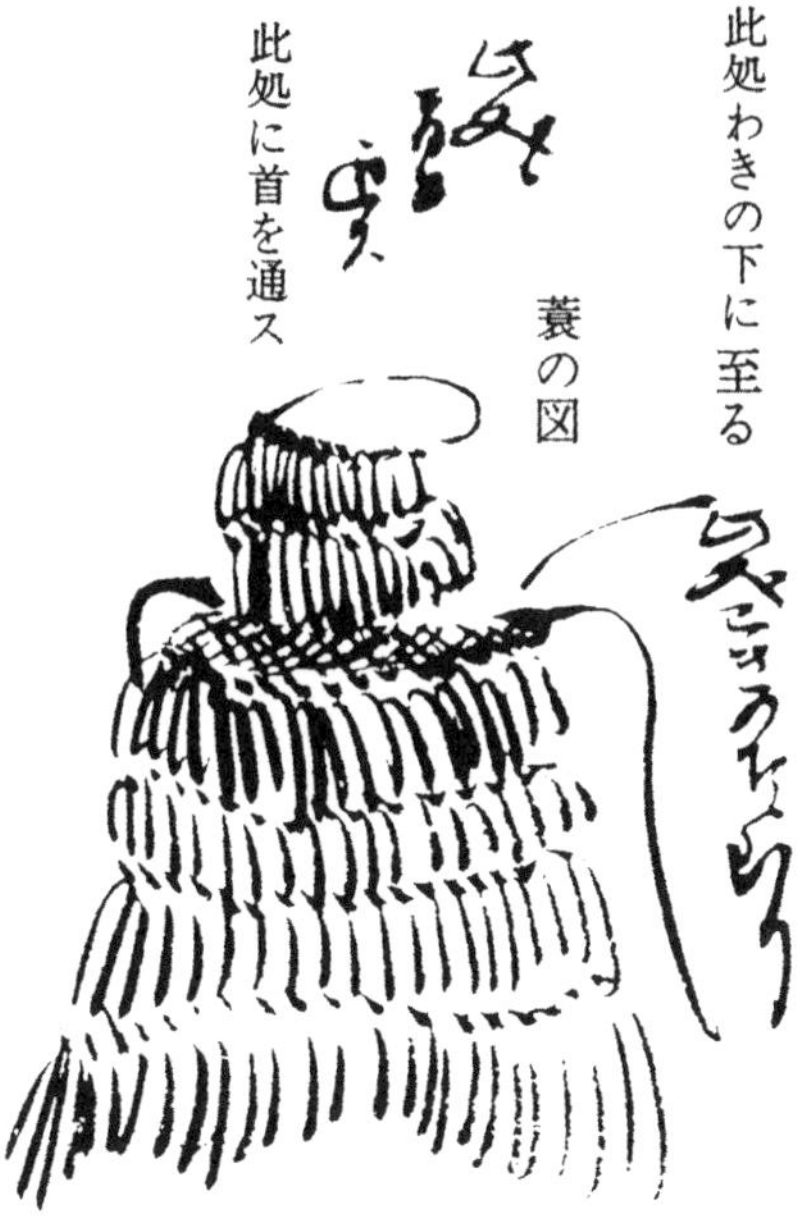

絵図五　シナノキの皮で作った腰蓑《こしみの》（『戊午日誌』松浦武四郎記念館蔵）

乙名カンヒニセの案内で歴舟川上流の三股まで行くことにした。朝露で濡れるので、シナノキの皮で作られた腰蓑を貸してくれた。それでも六百メートルほど歩くと、全身がびっしょりと濡れた。

もうはや季節は秋なので、一面にハギの花が咲いている様子は、他では見られない風景である。その中をフキの葉を利用して、それぞれ腰に巻いて歩くアイノたちの姿も、なかなか風情がある。

の丸い小山のことをいう。しばらく歩くとパンケヌプパヲマがある。ヌプとは「野」、ヲマとは「野原にある小沢」の意味である。

また、しばらく行くとペンケヌプパヲマ、上の野原の前にある沢という意味の小川である。また、しばらく上ると、両岸は山々となり、その後ろは十勝川サルフツの川筋と並んで上るという。また、その山々の間をポンヤロマフ、左の方の小川である。これより本川は右の方に流れ、その高い山の後ろはシビチヤリの枝川と合流して岳に到るという。

三股の中の川川筋を上るとパンケホロナイがあり、左の方の小川である。この川筋を三股から上流では一番大きい枝川である。また、しばらく上ると、ペンケホロナイという小川がある。この上の「大川」という意味である。また、しばらく行くとクンネベツ、同じく左の方の小川である。両岸は山々で樹林である。

キハダが多い

また、しばらく行くと左の方に、シケレベウシベナイという小川がある。この辺はキハダが多くあるのでこの名が付けられている。シケレベは「キハダ」、ウシとは「多い」という意味である。この辺は高い山となっている。

また、しばらく行くと、左にヲソウシという小川がある。この辺も高い山々が連なっている。ここまで、硬雪の時期にはタイキからおよそ一日半の距離である。それより、また、山の頂上

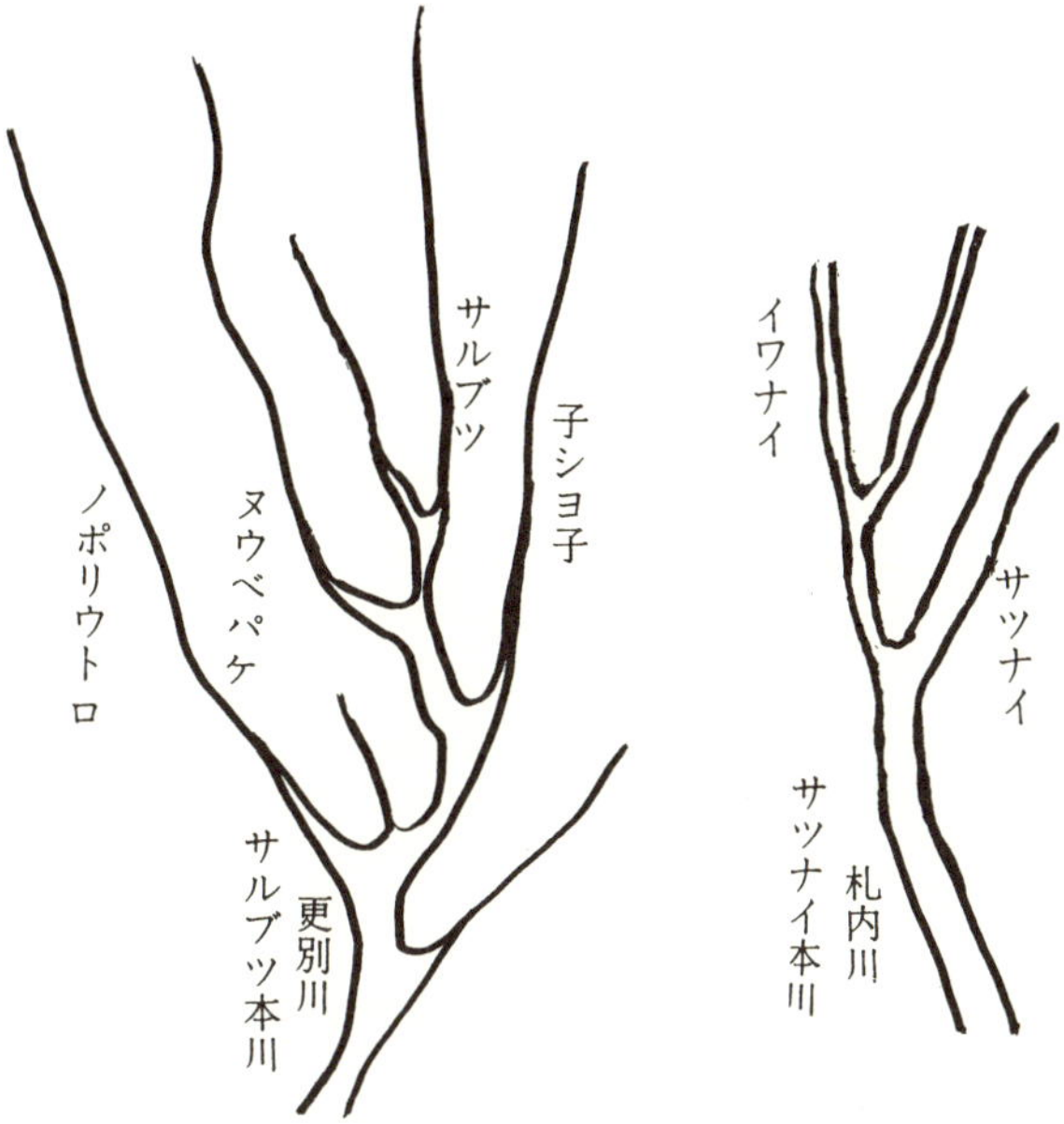

図版20　河川『更別川上流から札内川に行く図』

までは二日かかる。頂上の向こう側は、浦河領のホロベツの水源、カモイノホリ（岳）である。西に向かって左の川は、歴舟川と同じぐらいの川幅のヌビナイ川がある。少し上って、右にチテーメイがある。また、少し行くと両側が山になる間にタンネナイという小川がある。長い沢という意味とのこと。また、しばらく行くと、パンケホロナイ、ペンケホロナイなどが共に右側にある。本流は左の方である。これよりいよいよ上は、高い山々であり、その間に川が多くあるが、名称は分からない。

その三本の川筋とも、水源にはマツ、トドマツ、カバノキが多く、三股から一日ぐらい歩いても雑木林が続く。また、三股から下はカシワ、ナラが多い。雑木は川端に多い。

河原の石は大きく白い石が多い。穴が開き、窪んでいる石が多く見られる。魚はサケ、マス、ヤマベ、イトウ、ウグイ、カジカなどが多い。

三股の上流を四キロほど見物してから、また、タイキのアシリコタンまで下った。十時過ぎに昼飯にした。

キハダの皮を敷く

今夜は、元札内の乙名マウカアイノの家まで行き、宿泊するため、一同、早速、出発した。アシリコタンの家主カンヒニセ五十八歳も送ってくれるという。

また、サツナイから先は、馬が行かないので、荷物を背負う人手がいる。そのため、娘シカヌモン十五歳も、一緒に行ってくれることになった。

その家の前から野道に上り、雑木林を行くこと約七、八百メートルで小高い山に登った。この山の上はカシワ、ナラの林である。この辺で露に濡れたのも乾いた。

いろいろな草の花が咲いていた。黄色の花のオミナヘシ、ゼンマイ、ハギ、リンドウ、バラ科のワレモコウ、ススキに似ているカリヤス、豨薟草（チゲキソウ・葛の異称）、乳羊根（ツルニンジンか）など咲き乱れ、スズムシ、クツワムシ、キリギリスなどの虫の声が、私たちが行くところ行くところ、心おきなく鳴き、また、聞き慣れない鳥も鳴いていた。

その岸、約四キロ行き、七、八百メートルほど下ると、低いところに出た。ここは十勝領でサルブツ（更別川）の水脈だという。

ここから下るとノポリウトロという小川があった。水が冷たく川幅広いところを馬で越えた。その名の意味は「山と山の間」という。ノホリは「山」、ウトロは「間」の意味。これ末流はサルフツに流れている。

また、上り、七、八百メートル行くとハンノキの林があり、ここを越えて小川、ヌウベパケがあった。その両岸は谷地であった。この川は狭くて深いので、馬で渡るのが難しく、そのため、岸をマサカリで崩し、ようやく渡った。ヌウは「谷地のようなところ」、バケは「端」の意味。

また、越えて野原を七、八百メートルほど下りるとカシワの林があり、無名の小川があった。ここを越えて五、六百メートル行くと谷地の多いサルブツ（更別川上流）に着いた。川幅は約五メートルで深い。岸を崩して渡った。七、八メートル下り、五、六百メートルの丘を越えネシコボ、これもサルフツの小川である。「クルミが多い川筋」という意味とのことである。

ここで、また、平山を一つ超えて下る。約七、八百メートル行くと札内川の川端に出た。イソラムの兄、元札内の乙名マウカアイノが子供をひとり連れてやって来た。

私たちが来ることを、今朝、イサケサンが知らせていたので、陣羽織を着て出迎えてくれた。川の南岸に来ると私の乗っている馬を引いてくれた。

今日、タイキからおよそ二十キロの道程で元札内の乙名マウカアイノの家に着いた。早速、メムロ、サツナイブトに知らせを送ったという。

家の中はキハダの皮を多く敷きつめ、清潔にして暮らしていた。今日の川の名、地名などはタイキ村アシリコタンの乙名カンヒニセが教えてくれたことを記録した。

〈参〉『十勝日誌』（「東蝦夷日誌」七編）には、七月十二日《新暦・八月二十日》のこととして記述。要約して紹介する。

チャシコツ

五百メートルほど行くと、チャシコツ（砦址・土塁）があった。これは百メートルから二百メートルぐらいの方形の土盛りで、昔は、この地方の酋長の住居があったところと伝えられている。

そこから四百メートルほどで三股に着いた（三股は現在のカムイコタンの上流、歴舟川、中の川、ヌビナイ川の合流付近）。人家が一軒あった。シンカラニの家六人が住んでいた。この川岸の家で休んだ。ここから上流にも小さな村落が散在しているという。

馬で上札内に向かう

昼頃、タイキに戻り、あらためて本道筋に出た。ここから奥は、馬を通行させたことがないという。ぜひ、馬に乗って行って見たいと希望すると、土地のアイノたちが大勢やって来て、重い酒樽などの荷物を運んでくれた。

少し行くと、カシワの林の中に細い道があった。その道端にはススキ、ハギ、リンドウなどの秋の草花が美しく咲き乱れていた。また、虫の音も聞き慣れないものが多かった。

タイキから約二十四キロで、川幅約三十メートルのサッテナイ（札内川）の川端に出た。サッテナイは「乾いた川・水のよく涸れる川」の意味である。

陣羽織の正装

私たちの話し声を聞きつけて、乙名マウカアイノ（家族五人）が、陣羽織の正装で出迎えてくれた。札内川を渡り、乙名の家に行き、今夜はここで宿泊した。

キハダの屋根と床

この辺の家々の屋根は、キハダ（胃の薬・染料）の木の皮で葺《ふ》いてあった。床は、特に敷物がなく、キハダの皮を幅一メートル、長さ二メートルくらいに剥ぎ取ったものを地面に敷き並べてあった。そのお陰で、久しぶりに蚤《ノミ》に攻められることなく、安眠できた。

ここには人家が四軒あった。ウエント、ロク、ヲカケクル、シカケタの家々である。夜になっ

写真十　札内川上流

上札内と西札内の中間に札内川がある。奥に見える山々は日高山脈の山々に連なっている。

写真十一　西札内の松浦武四郎の歌碑

平成九年八月九日、国際先住民の日、西札内地区先住民族を語る百人委員会の設置による説明版には、次のように説明されているので紹介する。

幕末の探検家、松浦武四郎、一八五八年旧暦七月十二日、タイキより現西札内、札内川左岸のサツナイコタンの乙名マウカアイノの家に一泊し、鹿肉のご馳走を受けたときに詠めるうたなり。

此のあたり　一夜かりても　鹿の音を
今宵は近く　聞かましものを

て、川端で、大シカを一頭獲ってきた。

札内川は川幅が広く水量も多い。場所によって、浅瀬が急流になっているところもあるので、舟を使うことは難しいようだ。

戊午報登加智日誌　巻之一　安政五（一八五八）年

十勝の概要

トカチ（十勝）のことを説明する。アイノたちはトカプチという。なぜ、トカプチというのかは知らないそうだ。

現在、サルルの境、ヒタタヌンケ（鐚田貫）から、釧路境の直別まで、沿岸約九十九キロをトカチという。

そこにある会所の名称は、広尾の地名であったが、文化六（一八〇九）年からトカチ会所というように改めた。元々のトカチの地名は、十勝川の川端のことである。

アイノたちがいうのには、トカチとは川上に大きな沼があるために、「すべてが枯れる」という意味だという。その辺の樹木が、早く枯れるので付けられたそうだ（流域には、湿地が多く根腐れで枯れるのであろうか）。

また、いろいろなところで聞くと、トカチはトカフといい、それに「チ」を添えたという。トカフは「乳房」のこと。

昔、この河口に小人たちが住んでいた。何処からアイノが来て、何も食べ物がなかった。小人は可哀想に思って、穴居の穴から出てきて、マスを一匹、出して与えたところ、その蝦夷（アイノ）はマスを受け取るとき、小人の手をつかんで引っ張った。すると、小人の腕がぬけてとれてしまった。

そのことがあり、小人たちは大いに恐れて、トカチトカチと言って逃げてしまった。この後、魚は少なくなってしまったという。カチとは「枯れる」という意味であるという。

入れ墨の起源

また、一つの説として、広尾の惣乙名ハエベクが話すのには、この川端に、昔、蝦夷の老婆が一人で来て、何も食べ物がなかった。小人たちは可哀想に思った。その老婆は硬い物が食べることができないので、乳を飲まして世話をした。

その老婆の顔には入れ墨がしてあった。小人は、鍋の底の炭で、顔に入れ墨をする方法を教えてもらって見習ったという。

また、一説には、このところへ、日本から女官が一人、船に乗って流れ着いた。何も食べずにいたので、小人たちは哀れんで乳を飲ませて養った。その女官は、手を洗う時に使う取っ手の付いたタライ、手箱、首玉など、様々な蝦夷人の宝物を持っていた。

その官女は、蝦夷の昔のことやこの国の開け初めのことなど聞かせてくれた。それを聞いて、アイノの女たちもその女官の真似をして入れ墨をすることを始めたという。

よって、トカチという名称は、乳の里といえるという。何が正しいかは分からないとのことである。

七月十六日（新暦・八月二十四日）

札内に宿泊。それより、陸路、戸蔦別に出て、上美生、芽室と下がり、そこから、舟で川を下り、然別、音更などを少し見物した。

七月二十一日（新暦・八月二十九日）

ヲホツナイ（大津）へ出るまでの紀行である。その全編を通して広大な土地を苦労して旅した。札内川で宿泊した乙名マウカアイノの家は、歴舟川河口からおよそ四十キロ、一日半の距離である。ここから、記録を始めたのは、それより下と上と道順がよくないので、札内川河口から記録した。

アワ、ヒエの栽培

札内川河口、ここは十勝川筋で最も繁盛しているところで、川の瀬は数条に分かれて網曳場が多い。土地は平坦で、川には小石があり急流。陸にはカシワ、ナラの木が多い。

そのサツナイの意味は、サッテナイといい、ところどころ乾いたところがあるので、その名が付けられている。河口から約二キロも上ると、この辺はヲベレベレフ（帯広）村の南にあたるという。左右は谷地が多い。右の方にウレカリ（売買川）という小川がある。川端にヤナギ、ハンノキが多い。

また、一キロほど上ると左の方にヲケネがあり、ハンノキが多いという意味である。正式の名はヲケネウシという。その昔、アイノの人家があったそうだ。

また、しばらく上ると、右の方に平山があり、其の下に崖がある。アツネピラという。正式の名はアンネピラといい、その崖、細長いため、付けられたそうだ。

その山の上に小川がある。このところのフトからサツナイへ行く道があった。この辺の土地は肥えているという。右の方にヌイネウンケという小川があり、ここにアイノの人家が一軒あった。昔は、七、八軒の人家があったそうだ（大正村・愛国・鵜抜村）。

家主はイカサカアイノ七十二歳、妻テシマカ六十七歳、息子イラムカ二十余歳、二男モエヤンカ十三歳、三男八歳の五人で暮らしているが、息子は浜で雇われて働きに行ったので、家には老人二人と子供二人が残っていた。

ここでは、昔、アワとヒエを蒔いていたが、請負人から厳しく栽培するのを禁止させられた。今はそのようなことはなく、栽培してもいいそうだ。

ここから北の方の谷地を約四キロ行くと、サツナイ（札内）からシカリヘツ（然別）へ行く道があるという。北岸の川筋を行くとすべてカヤ原で、平らだという。右の方の平地を数キロ、カヤ原を行くと、ヌツポコマプナイという川がある。ヌツポは「野原」で、コマプとはヲマプのことで、「中に在る」という意味である（大正村）。

この向こう岸はポンピラがあり、南岸になる。この辺に来ると平山で上にはカシワ、ナラの林となっている。その岸には、小さな崖があるので、その名が付けられたという。ポンピラとは「小さな崖」という意味である。

その後ろの山を一つ越えるとサルヘツ川の川筋になる。また、七、八百メートルほど上ると、タンネピラがある。同じく南岸の山の下は、長く平らであるから、その名が付いたという。タンネとは「長い」という意味である。

そのところに細い流れの小川が二筋あり、ヒラハヲマナイ、ヒラハクシナイという。少し上に行くと左にペトエカリという小川がある。このところに、昔、三軒の人家があったが、今は一軒だけになった。

家主はニナルカウシ八十四歳、妻モンテキル同じ歳、この者たちは夫婦共に元気で、川にも行って働くという。息子はウレセ四十歳、二男イメキレキ三十四歳の家族四人で暮らしているが、息子も二男もまだ妻がいない。

その老母、八十四歳になるが、アッシを織って着せ、いろいろと世話をするという。そのことを聞いて、この老人たちの長寿の祝いに煙草一把を乙名マウカアイノに託した。実に哀れむことは、今年、この二人の息子たちは、浜で雇われ働きに行ってしまったという。

乙名マウカアイノの話

これより、また、四キロほど行くと、右にトッタベッ（戸蔦別）がある。ここは二股である。少しトッタベッ川の方の川幅が広い。トッタベッ川が広いのは、イワナイ（岩内）川の水が合流して流れるので、このところのトッタベッ川は広くなるという。

この川筋はサッナイ川を本流としている。サッナイ川の支流トッタベッ川とイワナイ川を記録した。トッタベッ川筋にハンノキ、ヤナギが多かった。河口は六十一メートルぐらいある。しばらく上ると小川、ユウチリ（戸蔦別川筋）があった。

また、しばらく行くとシユモベッという小川があった。その辺は平山でカバの木が多くカヤ原である。また、しばらく行くと、ヲシヨシユケナイという小川がある。ヲシヨシユケとは「川上に滝がある」という意味である。

また、しばらく行くと、イワナイ（岩内川）がある。左の方の川である。トッタベッ（戸蔦別川）と同じぐらいの川である。その意味は、「岩、石が多い水原から来る」であるという。

その二股より先のイワナイ川筋を、しばらく上ると、右のほうにホンノホリがある。その山に霊があるため、アイノたちは春秋二回、木幣を削り奉るという。

しばらく過ぎると、左の方にソウヤウシベッという小川がある。この水原に滝があるので、名付けられたという。ソウヤは「滝」のことで、ウシは「在る」という意味である。

また、しばらく上ると、右の方にソウヤヲマフという小川がある。これも水源に滝がある。

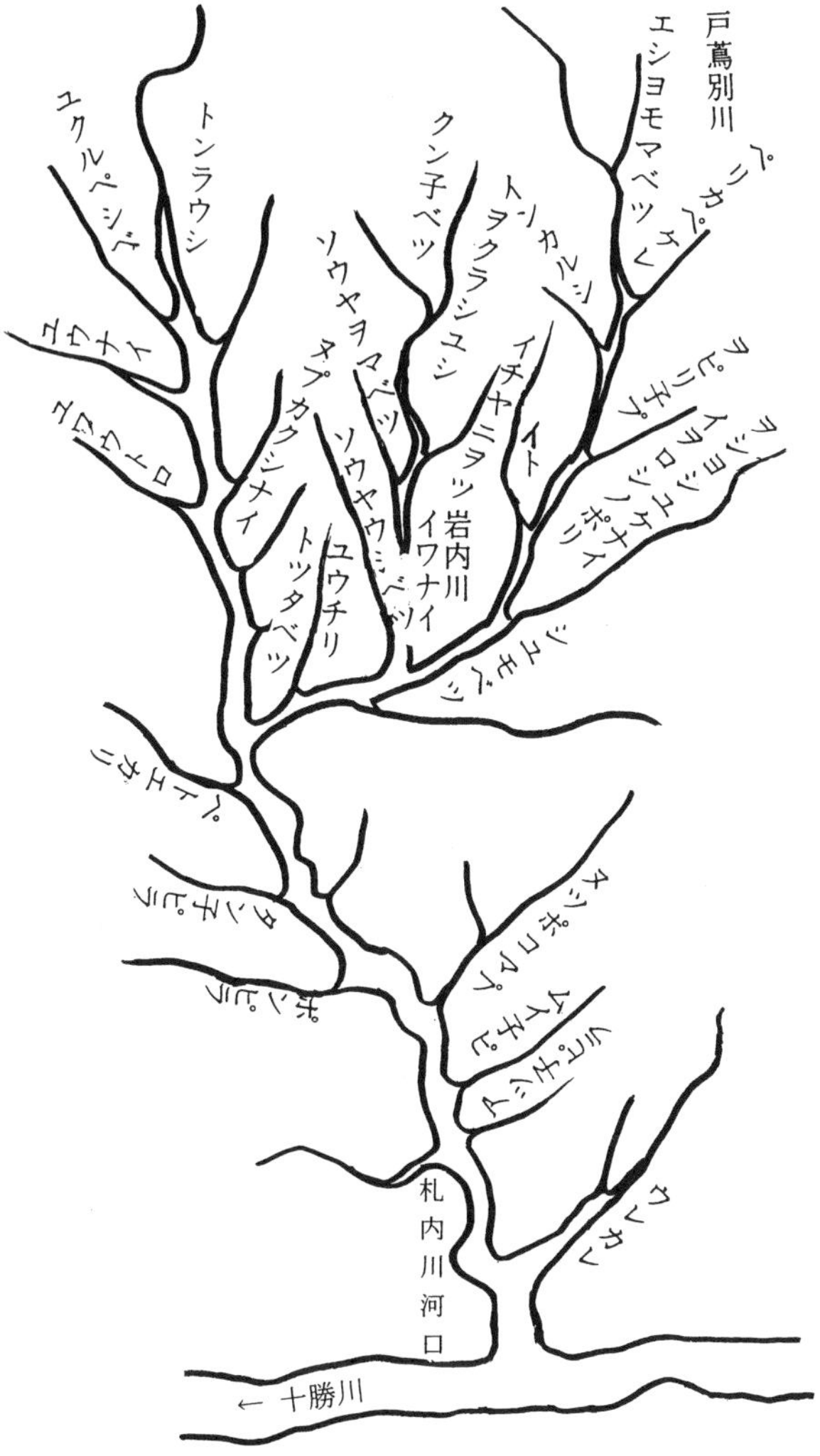

図版21　河川『札内川・岩内川・戸蔦別川川筋の図』

その川筋の両岸は山々となり雑木が多い。

また、上ると、石が多くなる。イチヤニヌッナイという小川が右の方にある。川にはマスが多く棲むという。また、しばらく行くと、右の方にヌクラシユシという小川がある。この辺はすべて高い山である。

また、しばらく行くと、高い山の間の石がある川という意味のクンネベッがある。エシヨモマベッは右の方の小川である。これより上は、両岸が絶壁になっている。行くことが出来ないが、ただ、硬雪の時は岸伝いに登って行くと、無名の小川が多いそうだ。樹木の多くはマツ、カバである。後ろはホロシリとシヒチヤリの間の山になるという。

右のこと、すなわち「ヒエ、アワの栽培」から、ここまでの記述は、元札内の乙名マウカアイノが話してくれたことである。

イワナイフトより川筋を七、八百メートル上ると、右の方に無名の小川がある。また、これより、上ると野原で、札内からピパイロに行く道がある。そこにアイノの家があった。そこをトッタベッ村という。私は十七日、昼前にここに来て休んだ。

家主はハウサナクル八十七歳、この老人は当川筋の最高齢である。娘シモヌコレ三十五歳、孫娘チエケキキ九歳、同じく孫娘ルエサン六歳、同じく孫娘三歳と家族五人で暮らしていた。

その隣は、家主センビシ三十五歳、妻ユウクテ二十五歳、弟チハアイノ三十一歳、妻テレケアン二十七歳、この家には二組の夫婦が住んでいた。その男たちは二人とも浜で働いているという。

この家主のハウサナクルは、昔のことをよく覚えていた。話が面白いので、この家に宿泊することにした。

このところより両岸はハンノキ、ヤナギが多く、川には大きな白い石が多い。しばらく行くとイヲロシノポリ、右の方の丸い小山である。樹木が繁っていた。このところに神霊があるという。しばらく上ると、右の方にヲピリネプ（河口に渦巻くところあり）という小川がある。この辺から高い山々になっていた。

また、しばらく上ると、インカルウシ（エンカルシ）、左の方の小山。この山、石狩のサツホロなどに同じ名称がある。

さらに行くと、ペリカペケレがあり、右の方に滝がある。水が美しく綺麗である。ペリカは「美しい」、ペケレは「明るい」という意味である。

また、上ると、右の方にエシヨモマベツという小川がある。左の方は本川である。この辺から上は、硬雪の時でなければ行くことは難しいという。両岸は絶壁が多く、山はカバ、マツ、トドマツなどが多い。その絶壁の左右から名も知れない小川が数条流れ落ちて合流している。

その山から左に行けばウエンヒホクというところに至る。この山は非常に険しく、登るのが難しい。また、右の道を行けば日高の沙流領ヌカヒラの川筋、ユクルペシベの方へ下る。その川筋の山は穏やかである。トツタヘツより日高のヌカヒラの山まで三日ぐらいで行けるという。

これらは、元札内の乙名マウカアイノから聞いたことである。

新鮮なシカ肉とマスのご馳走

また、トツタベツのハウサナクル八十七歳は、当村から硬雪の時、五日間でサル、ヌカビラなるシュクシヘツの河口まで下ったという。これらは両人（乙名マウカアイノとハウサナクル）の話で分かったことである。

トツタヘツフトから左の方に行くと札内川筋がある。川幅約三十六メートル、水はトツタヘツ川よりも少ないように思われる。しばし過ぎると、ヌプカクシナイがあり、右の方の小川である。これは野原の中にある小沢である。ここまでおよそ河口から約三十キロと思われる。

これより、乙名の家まで四キロほどで人家が二軒ある。家主ヲトクヒツ二十四歳、妻アヘテシ二十六歳、息子五歳、娘四歳、の四人家族である。

また、その隣の家主はハウエカンナ三十一歳、妻ウシケンテ二十三歳、息子二歳、娘四歳の四人家族である。二軒とも家主は浜で雇われ働いている。このため、家には妻と子供だけが残っていた。

これより、川筋を約四キロ行くとサツナイ村がある。ここは、サツナイの本村である。川の北岸にある。その地形は平坦で野原である。土地が肥えているため、少し畑があった。後ろの方は五、六百メートルぐらいで山になる。このところに人家が五軒あった。

家主は札内の乙名マウカアイノ四十六歳、この家に宿泊（十六日の夜）した。妻エタヌレ三十六歳、息子モッチヤロフ十四歳、二男トレッイ八歳、娘ヲコヌノッ六歳の五人家族である。

この家は広く、行器（ホカイ・シントコ・食料を入れる円形の容器）、太刀、短刀など多く置いてあった。この家主は、今度の案内人イソラムの兄である。

今年の春、イソラムがビバウシからサツナイブトまで案内してくれたとき、今年の秋に私は来るので、その時、宿泊すると話しておいた。家の中は綺麗に掃除してあり、よく世話をしてくれた。

その隣の家主は、ウエントロク四十二歳、息子チヤロロコトク八歳、娘ハチ五歳の三人家族である。この者はビバウシの乙名シリコンナの妾である。

また、その隣は家主ヲカケクル二十六歳、妻ロロワマツ二十八歳、息子エトメサン七歳、二男二歳、娘四歳の五人家族である。

また、その隣の家主はシカヌク二十四歳、母ソマウス四十八歳の二人家族であるが、家主のシカヌクは浜で雇われ働いている。

また、その隣の家主はハシユヲク三十五歳、妻トレチヤリ三十二歳、弟ヤヲコタッ二十三歳、妻コエマッ二十二歳の四人家族であるが、家は空き家で全員浜で雇われ働いている。

私は、乙名マウカアイノの家で宿泊した。シカの新鮮な肉とマスを多くご馳走してくれた。村の一同を集め、地酒を呑み、また、会所から酒二升をお土産として持ってきた。大勢の宴会で夜も更けていった。

この村のところの川幅は十八メートルぐらいあり、石が多く急流で流木が多かった。これより上、およそ、二百メートルにユワウトロ、左の方の小川がある。その両岸は山になっている。ユワとは「山」をさしていい、ウトロは「間・あいだ」のことをいう。

また、しばらく四キロほど行くと、ユウナイ、左の方の小川である。この川の上に、一つの水溜まりがあり、そのところから、水が湧き出すことから名付けられたという。

また、しばらく行くとトンラウシ、右の方の小川。この辺に来ると両岸は山々で樹木が多い。しばらく上ると、ユクルペシベ、左の方の小川である。シカが多く通るので、その名が付けられたという。

山の湖水にトド、アザラシが生息

これより上は、滝の川で両岸は険しい山々である。そこまではサツナイ村から硬雪のときで一日かかるという。無名の小川が左右に多い。川幅が広いが、昔からこの上に行った者はいないという。

乙名マウカアイノも、このユクルペシベからおよそ四キロ上ったところで、大雨が降って四方を見ることができず、帰って来たという。

トツタベツに住んでいるハウサナクル八十七歳は、昔、ここまで行ったとき、靄（もや）が

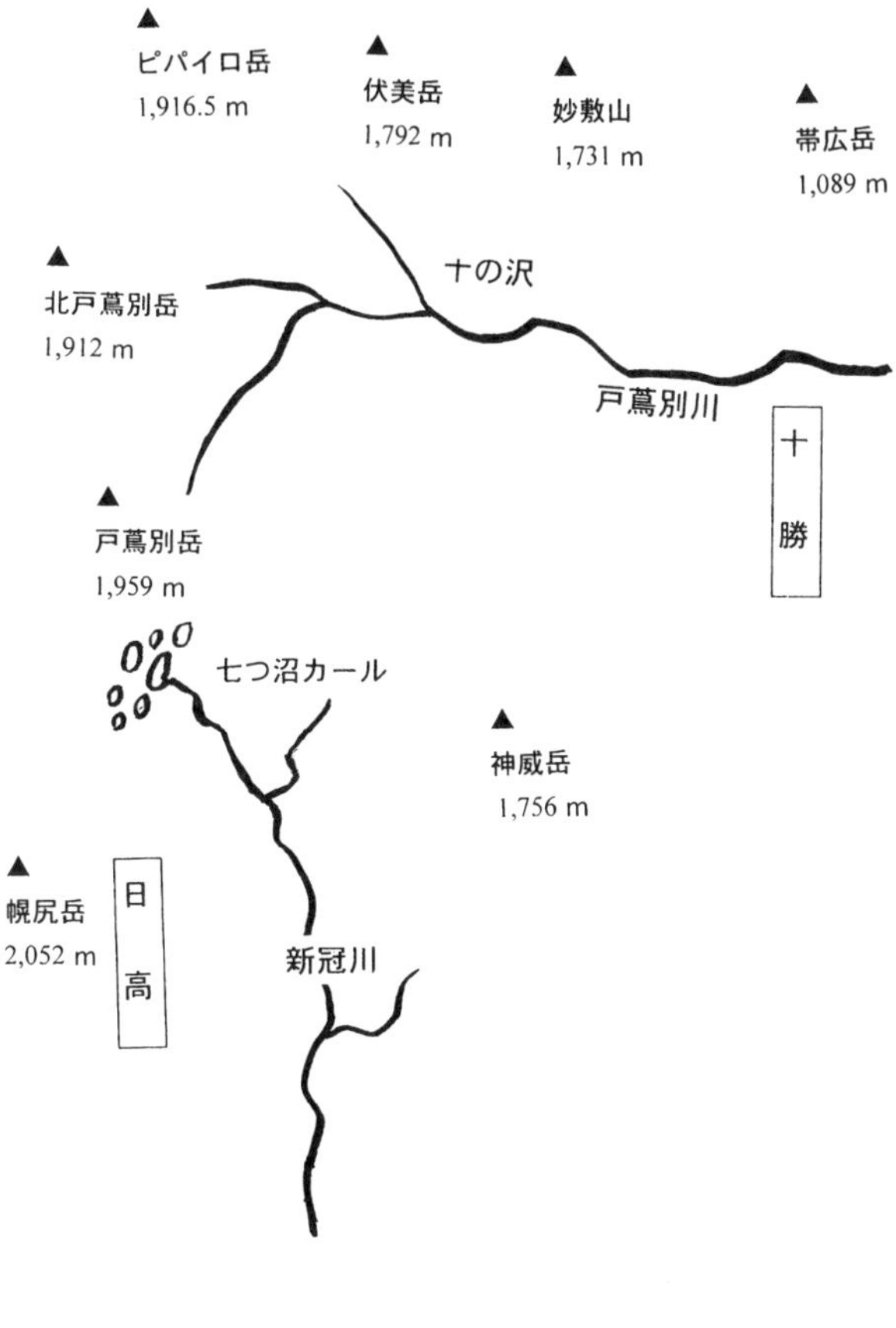

図版22　河川『七つ沼カールの図』

深くなり足下が見えなくなったので戻ってきたという。

昔からの言い伝えでは、この上に周囲は分からないが一つの湖があり、その山をホロシリ（幌尻岳・二〇五二㍍）という。高い山でその山、浦河、シヒチャリなどの山に連なり、上に大きい湖水があるそうだ。その湖水にはカモメが多く、トド、アザラシが多く棲み、また、ワカメが多く生えているという。

しかし、これらを近年、見た者はいないそうだ。ただ、伝えられている話だけであるが、アザラシは時々この川筋を下ることがある。また、ワカメも流れてくることがあるという。山で天気のことを心配する話を口にすると、山の神が怒り悪天候になるという。このユワウトロより川上では、和語を忌み嫌い、また、浜のことを話すことを禁止しているという。

これらのことは、ハウサナクルと乙名マウカアイノの二人から聞いた話である。

（注）七つ沼カール
日高山脈・戸蔦別岳（一九五九㍍）から幌尻岳（二〇五二㍍）稜線の東側眼下に、氷河期の氷で削られた凹地、カールがある。そこには数カ所の沼があり、「七つ沼カール」という。トド、アザラシが棲むというのは、その「七つ沼カール」を題材にした伝説と思われる。

余談であるが、昭和四十一年八月、編者が二十歳の時、六人のメンバーで戸蔦別川上流を上り、戸蔦別岳頂上から南眼下の「七つ沼カール」を遠望した体験がある。

七月十七日（新暦・八月二十五日）

戸蔦別村から帯広川へ

早朝、露が立ちこめていた。ぜひとも、今日はピパイロの川筋まで行きたかったので支度を調えた。ここからは馬を使わず、サルマツとイサケサンの二人は、ここから、元の道へ馬を引いて帰ることにした。

ここから、ハシユウアイノ、シイカヌアイノ、アンクシレ十四、五歳、タイキ村の女の子シカヌモン十五歳、独り身のレイシヤン三十歳、女ウエントロク四十余歳など雇って、少しずつ荷物を持たせせた。女ウエントロクはピパイロに行きたいと希望した。案内人などが揃ったので出発した。

この家の前から左の山岸に行くと、イタドリが群生しているところに入った。二キロほど行くと、小山があった。この上に上ってから下って進んだ。ヌツハクシナイへ下り、ここを越えて平山に上った。この辺はカヤ、黄色い花のオミナエシなどが多かった。樹木が多くカシワ、ナラ原である。ここを越えると、ヲサツヘナイがあり、この川の水はトツタヘツへ流れている。また、しばらく行くと野原があり、五、六百メートルの山に登ってから下った。イワナイがあり、サツナイからここまで約八キロと思われる。ここを過ぎると、また、カヤ原となった。

しばらく歩くと二百メートルのところにトツタベツ村があった。川を越えると人家があった。ハウサナクルの家に着いた。シカ肉を出して丁寧にご馳走してくれた。昔話を聞いた。お土産を贈って出発した。

また、これより、山麓まで道がなくカヤ原を歩くこと二キロほどでショモフツに着く、ここはトッタベツの支流である。小川であるが深い。ここを越えて、また、無名の小川を過ぎ、平地を四キロほど歩いて下った。ウレカリ川があり、この川はサッナイブトの近くの川である。この川は細いが深い。

また、二百メートル行くと無名の小川があった。ここを過ぎて二百メートルほど行くと小山があり、そこを超えると無名の小川がある。これらはウレカリの支流である。

これより山一つ越えるとヨウコシナイがあり、これはヲベレベレフ（帯広川）の支流で、川幅約四メートルあり、深い。両岸はハンノキが多い。また、七、八百メートルほど歩くと、ヲベレベル（帯広川・上伏古）があり、川幅は約九メートル、両岸はハンノキ、ヤナギが多い。

ここで野宿しようと思ったが、ピパイロ川筋まで行くことにした。トツタヘツから、ここまで、十六キロぐらいの距離を歩いたと思われる。

また、カヤ、ススキ、オミナエシの多い野原に分け入り歩いた。アプカシヤレトクシナイがあった。これはヲベレベレフの支流である。小川を超えて、また、野原をしばらく歩いた。シユプヌツナイ川があり、同じくヲベレベレフの支流である。この小川は深い。ウグイが多いので名が付けられたという。

〈参〉『十勝日誌』（「東蝦夷日誌」七編）では、七月十三日《新暦・八月二十一日》のこととして記述。要約して紹介する。

岩内川・戸蔦別川

乗って来た馬を返した。草むらに分け入り、露に濡れながら旅を続けた。中札内村を過ぎると川幅約四メートルの岩内川の急流に出た。

岩内川を渡ってススキの原をしばらく行くと、およそ、四キロで川幅約三十六メートル、急流の戸蔦別川を渡った。そこに、ハウサナクルの家とセンヒンの家が二軒あった。

人別帳の年齢を誤魔化す

ハウサナクルは最年長者で、人別帳では、八十七歳になっていたが、「寛政の乱」の話から計算すると、百歳余りの老人のようである。

この土地で、人別帳の年齢を誤魔化すのは、請負人が老人に養老年金を支払いたくないからである（本当の年齢よりも少なく記載する）。

ハウサナクルは、この蝦夷地の様々な古いことをよく知っていたので、少し早い昼ご飯にして、話を聞いた。

一国の広さ

このハウサナクルの家のある付近から見渡すと、六十四キロ四方、一面、ススキの原である。

この平野の西の山ぎわから開拓し、十勝川支流の札内川、音更川、然別川、美生川、芽室川、佐幌川などへ縦横に川舟の運航が可能になると、その流域を含めたすべての地域は、一国の広さに

絵図六　草原の露に濡れながら行く
（『東蝦夷日誌』松浦武四郎記念館蔵）

臨武四郎先生逆旅之図画　杉陰山樵

世人の耳目に轟たる松浦大人の日誌を閲して

東風吹けば　千島も花の　蝦夷がしま　七十翁香城

（丸山道子現代語訳『十勝日誌』）

なるであろう。

シカの群れ

出発して、しばらく歩いた。帯広川上流の支流で、おびただしい数のシカの群れを見た。

美生川中流（ピウカチャラ）で野宿

ここを越えて、また、カヤ原を過ぎると、トイトンクシがあり、これはピパイロの支流である。野原をしばらく歩き、山を二百メートル行って下るとピパイロ（美生川）川筋に出た。川幅は約二十三メートル、急流なため、一同手をつなぎ渡った。したがって、ヲベレベレフまでは八キロぐらいと思われる。

このところは、川の北側にハンノキ、ヤナギが多い。下草はトクサが多い。三、四百メートル歩いて上ると、野原に出た。ここから、東北に十五キロほど平野が続いている。雑木林、カヤ、ススキの原である。また、六、七百メートル下るとピウカチヤラ（ヒウチヤラセ・浅瀬）というところがある。ここに着いて野宿をした（十七日・美生川中流付近）。

この辺の川は、幾瀬にも分かれていた。中州にはハンノキ、ヤナギが多い。ここに着いてから、フキの葉で小屋を造った。夕方から、少し雨になった。今夜は雨が降ると思いながら横になると、夜中になって雨が強くなり、風も吹いた。そのため、夜がまだ明けないうちから起きて、飯を炊き、フキの葉をかぶって一同、飯を食べた。

これより、ハシユウアイノとシイカヌアイノの二人がピパイロまで下らず、帰るというので煙草、米など与えて帰した。

〈参〉『十勝日誌』（「東蝦夷日誌」七編）では、七月十三日《新暦・八月二十一日》のこととして記述。要約して紹介する。

美生川中流、フキの小屋

小川を渡り、低い丘を下って、美生川の支流を渡った。広い原野を行くと、川幅三十六メートルほどの美生川の川岸に出た。札内川上流から約二十八キロの距離である。川筋を下りピウカチヤラ（浅瀬）付近で流木を集め、小屋を造り、フキの葉で屋根を葺いて、その中で野宿した。夜中に雨が降り雨漏りがしたので、フキの葉を刈り集め、屋根にのせた。その内に、風も強くなり眠ることが出来なくなった。

シカの肉に塩を付けて食べる

朝になっても暴風雨が止まず、朝食の準備も出来ないので、昨夜、食べ残したシカの肉を切って塩を付け、それぞれ一切れずつ食べた。

この辺は、春に通った美生川河口から、二十キロばかり上流であると聞いた。

七月十八日（新暦・八月二十六日）
美生川中流を出発、芽室太に着く

雨の中、ピウカチャラを出発した。川の北岸のカヤ原を下り、五、六百メートル行くと雨に濡れ、袖をしぼると、まるで水の中に入ったように水が落ちた。

ピウカチャラから八キロぐらいのところまで飲み水がなかった。八キロぐらい歩いてフウレヤムワッカという小川に着いた。これはピパイロの支流の小川である。幅四メートルで深い。その縁にハンノキが少しあった。この辺は樹木が少なかった。

雨が強くなってきた。四方八方、少しも見ることができなかった。また、カヤ原を四キロ歩くとピパイロ村に着いた。私が春にこの辺を歩いた時には、このピパイロ村を通っていなかった。この村から五、六百メートル下の方を通って歩いたためである。

道の傍の人家に入った。家主はチウラクス六十三歳、妻、息子、二男、娘と五人で暮らしていた。今年の春、ここのアイノの人家、三軒の家族のことを記録したので、今回は省略した。

今度、一緒に来たエエクルの妻や、その他、ヲソンコタフと老婆モンコアン五十一歳なども来て、マスを煮てご馳走してくれた。そのため、この人たちに煙草を贈った。

また、雨の中を出発した。野原をしばらく歩いた。カシワ、ナラ林があり、また、一キロほど下ると本川端の二百メートル上に出た。ここに来ると道があった。また、三百メートル行くとリユカがあった。この前、春、ここを通ったとき記録したので省略する。

ピウカ川は歩いて渡りづらいので、木が一本倒れていたのでそこを渡った。樹林を三百メートル行くとカヤ野があり、また、平野を二キロ行くとメムロブト（芽室太）に出た。ここは、今年の春、宿泊したところである。家主のカモイコバシに、また、昔の話を聞くことが出来るので、ここに宿泊することにした。

カムイコバシは、今年の春に逢った時と、少しも変化がなかった。『数百里隔てた国の人に、また、会えたのは嬉しい』といって喜んでくれた。息子の二男たちにマスを獲りに行かせ、丁寧に持て成してくれた。

カムイコバシは、その辺の者に、今度、私（武四郎）が芽室太に来たので、佐幌にあるイソラムの家の妻シトンレと子供のウカリアイノ十二歳に来るよう話した。

この子供ウカリアイノは、石狩場所のシリコツネの子供で、シリコツネが石狩に帰るとき、子供を置いて帰ったので、その後は、イソラムの妻シトンレが親代わりとなり、息子の世話をして育てた。

そのため、夜、八時頃、その妻シトンレも息子ウカリアイノもやって来た。この二人に、私（武四郎）は、石狩場所にいるシリコツネの伝言などを伝え、紅木綿八尺、糸十、針二十本を与えた。また、エエクルの妻ベトンナも夫が来ると聞いてやって来た。そのため、エエルクの妻ベトンナに、染形五尺、煙草二把を与えた。また、カムイコバシに煙草三把、下帯一筋、残りの米二升を贈った。

また、乙名シリコンナ、アラユクの二人に米一升、煙草一把、糸十、針五本ずつ贈り、今年の春、世話になったお礼をした。

明朝、芽室太から舟で下ることにした。このところまで来たウエントロク、レイシャン、シユウト、アンクシレの四人に米七合五勺ずつ、木綿四尺、糸十、針五本、煙草三把ずつ渡した。

夕方は小豆粥などを炊いて食べた。


〈参〉『十勝日誌』(「東蝦夷日誌」七編)では、七月十四日《新暦・八月二十二日》のこととして記述。要約して紹介する。

フキの葉を巻いて歩く

出発してわずかの間に、衣服がすっかり濡れて、いいようのない寒さに、震えが止まらなかった。その間、アイノたちはフキの葉を巻いて歩いていた。

しばらくして(九時頃か)、八キロほど歩くと小川のフウレヤムワッカナイに着いた。それから、また、六キロほど歩くとピパイロ村に着いた。ここのヲウケクルの家で休ませてもらい、飯を炊いて食べた。ようやく落ち着いた。

芽室太・カモイコバシの家に着く

ピパイロ村を出発して、橋の架かっているピウカ川を通り、芽室川河口の芽室太に到着し、春にお世話になった長老カモイコバシの家に着いた。

ここで、人舞の乙名アラユク、アラユクの次男、シルンケ、ビバウシの乙名シリコンナなどへ

絵図七　石器を発掘する
（『東蝦夷日誌』松浦武四郎記念館蔵）

静座林園　福有基原　攀巖桂　最高枝南
船北馬曽　遊地余事　誰寒頗好　奇　二梅凝
応需　住吉廣賢写

訳・現在、松浦武四郎先生は、林の中で、静かに自適の生活を送っている。それには、かつて、岩の桂の最高の枝にのぼる、すなわち、官吏の試験に合格し、南に北に旅行したことによる。先生は、また、余技として、やや、奇を好むということを、誰が知っていようか（丸山道子現代語訳『十勝日誌』）。

お土産物を届ける準備をした。

ヤジリ三個と石斧一個拾う

そうこうしているところへ、一緒に来たイソラムがヤジリ三個持ってきた。『これが、昨夜の雨で、空から降ってきた』といって、私にくれた。『どこで見つけたのか』と聞くと、『この上のチャシコツ（砦址）にあった』と、教えてくれた。それで、私も行って探してみると、三個のヤジリと小さな石斧を一個拾うことができた。

石が降る

石器類の発見について聞いてみると、蝦夷地では雨が降ると、このような物が、一緒に降ってくることがあるのだという。

この「石が降る」という言い伝えは、内地にもあることで、古くは続日本紀にも書かれている。平安時代の前期、元慶八（八八四）年、出羽の国司からの報告に、「秋田城に二十二個のヤジリが降った」という記録がある。

これは、石が降ったのではなく、もともと、地中にあったヤジリが、大雨の後に土が水に流され、雨に洗い出されて出てきた物で、考え違いをして伝えられたのであろう。

戊午報登加智日誌　巻之二　安政五（一八五八）年

概要・芽室から止若まで

芽室太から十勝川河口まで下ったことは、今年の春の日誌にも書いた。その時は、ただ、山越えの一条を書き、佐幌からこの辺までは人家も少なく、人別（戸籍）も調べた。また、この辺から大津の河口まで、人家も多く多人数でもあるので、あまり調べなかった。春には、芽室太から帯広まで陸を歩いて行ったので、十勝川筋の北岸をほとんど調べることなく、記録もしなかった。

そのため、この巻は、芽室太から舟で十勝川を下り、両岸の概要と集落の人家のあらましを主に記録する。春の日誌の芽室太から下流のことは、この編を参考にして欲しい。また、この編は十勝川の川筋に限り記録したので、読む人はそのへんのことを理解していただければ嬉しい。

七月十九日（新暦・八月二十七日）
芽室川から十勝川へ

昨日の雨に似合わない快晴であるが、まだ、雨模様でスッキリしない。野山には靄《もや》が立ちこめ、太陽も靄のため赤く大きく見えた。薄い絹に包み込まれたようで、さすがに都を離れて数万里の外の趣がある。また、シダレヤナギ、ススキ、ハギなどに、まだ、乾ききらない雨露が付き、寒いので白く見え霜かと思うぐらいである。

これより、十勝川には流木が多く、川の瀬も様々であり、エエクルとイソラムでは危険なので、水先案内人としてエエクルの妻ベトンナとカモイコバシの孫ヲレイヒコロの二人を雇って、舟でカモイコバシの家の近くから、芽室川に乗り出した。私とカモイコバシは、お互いにサラバと別れた。

〈参〉『十勝日誌』（「東蝦夷日誌」七編）では、七月十五日《新暦・八月二十三日》のこととして記述。要約して紹介する。

カモイコバシからヤジリの餞別

快晴。春に来たときには、このあたりをほぼ西岸沿いに歩いたので、川筋を良く見なかった。そのため、今度は、舟を頼み、エエクルの妻のベトンナとカモイコバシの子供のヲシイコロを雇って出発した。

出発するときに、カモイコバシがヤジリを十数個持ってきて餞別として私にくれた。

十勝川を下る

芽室川を二百メートルほど下ると十勝川筋に出た。この辺の川幅は百八十メートルほどあった。そのため舟があるところは、岸から九十メートルぐらいのところである。急流で両岸には石があり、流木がところどころにあって危険だった。

北の方の岸は、平地で五、六百メートルの上は平山（河岸段丘）で、南の方の西岸、三百メートルの上は、平地でカシワ、ナラの林である。

五、六百メートルほど行くと、ピウカ川の河口で右の方の中川である。ピウカは「橋」のことで、この川に、昔、橋があったので、その名が付けられた。ピウカ川の河口は約十八メートル、河口は平らである。

また、向こう岸、三、四百メートル下ると、左の方に小川、ヲンネビバウシがある。この川にはカラス貝が多いので、この名が付けられた。また、一キロも下ると右の方にピパイロブト（美生川河口・カラス貝がいるの意）、河口はおよそ二十八メートル。ここを下るとき、舟の横を叩いた。これは神にここを通ることを知らせるためのようだ。

また、これより、川筋は蛇行している。しばらく行くと、左岸にホンビバウシという川がある。ハンノキ、ヤナギの原の間に流れ、カラス貝が多い。

東の方向に、七、八百メートルほど、しばらく行くと、左の方にホヌンピットという小川がある。その水源はシカリベツの奥の方になるという。

また、一・七キロ下ると、左の岸にイコハツケシナイがある。川の流れは南東に向かい急流である。右の平らなところに小川ライベツがある。このライベツは昔、十勝川の本流であったのが、流れが移動して、今は死川になり古川になっている。
また、其の下には崖が崩れ、上にはカシワ、ナラが少しあり、カヤ原になっていた。そこを過ぎると、右に小川があり、食料を取る沼のあるところという意味のチエカリトンナイがある。河口の下は平らである。

これより東の方向に、一・七キロほど行くと、左の方にハギ、アシ原の中にカラス貝が多いところという意味のシュブシャリビバウシという小川がある。この河口の両岸は平らな山（河岸段丘）である。

また、しばらく行くと、湿原にアシ、ハギのあるところという意味のシュブシャリ（西士狩）があり、左の方に小山（オツルシ・国見山）があり、ナラ、カシワの大木がある。その下は、カヤ原が広がっている。

（注）晩成社幹事、鈴木銃太郎

明治十九年六月二十三日、晩成社幹事、鈴木銃太郎は、十勝川支流、西士狩のライベツ川近くで、開墾作業に着手した。帯広から通ってジャガイモを栽培した。

明治二十二年三月頃、晩成社幹事を辞任し、西士狩地域のライベツ川流域に入植した。

〈参〉『十勝日誌』（「東蝦夷日誌」七編）では、七月十五日（新暦・八月二十三日）の記述となっている。要約して紹介する。

芽室川から十勝川に出る

芽室川を舟に乗って下ると、二百メートルほどで十勝川の本流に出た。両岸は雑木林で森の中に日が差し込まない程の樹林である。

十勝川に出ると、流木があたかも人の手で組んだように積み重なっていた。この流木に川の流れが阻まれるので、川の水は白い水しぶきを上げ、渦巻いて流れていた。棹の操作を間違えると舟は非常に危険なことになる。

芽室川河口から六百メートルほど下ると、右にピウカ川河口がある。右側に川幅約三十六メートルの美生川河口がある。

左側にポンビバウシ、また、左側にホヌンピット、再び、左側にイコハツケシナイ、右側にライベツ、右側にチユカリトンナイ、左側にシュプシャリビバウシ、左にシユプシャリを見て十勝川を下った。

メムロブトからここまでは、陸路で約十二キロ、川筋を舟で行くと約二十キロにもなる。十勝川の西岸は、おおよそ、低い崖（河岸段丘）であり、東岸は広い雑木林の原野である。

〈参〉松浦武四郎、歌を詠む

ひと本の　棹に十勝の　早瀬をば
落ちきし跡ぞ　夢ごこちする

十勝川を舟で下るとき、芽室町西士狩の国見山の見える付近で詠んだと思われる。

（注）シカリベツのオチルシ（然別の国見山）

明治二十三年八月、イギリス人、ランドーが晩成社社員、渡辺勝、カネ夫妻宅を訪れたとき、現在の西士狩（シブサラ）の国見山（オチルシ・断崖の意）周辺を探索している。そのときの記述があるので、要約して紹介する。

然別川に沿って垂直にそそり立った崖がある。地滑りが起こったらしく崖の一方が、完全に露出している。崖は薄黄色で、オチルシはアイヌ語で「川の曲がり目の白い崖」という意味である。この崖はかなり高いので、はるか遠くからでも見える。色が明るいので、この崖は夜でも見える。アイヌ民族は、熊狩りのときの目印にした、と書かれている。

また、国見山にはチャシコツ（砦址）がある。砦の上から叫ぶと、その声はタビコライ（豊頃町旅来・シブサラから約六十キロの距離）のチャシ（砦）に達したといわれている（『北海道史』大正七年発行）。

シカリベツブト村に人家四軒

シユブシヤリから七、八百メートルほど行くと、左の方に大川の河口が見えた。シカリベツブト（然別川河口）である。この川は、今日、舟に乗ってから一番目の大川である。

ここに舟を着けて上陸した。ここから川の北岸に上って見ると、一キロほど平地になっていた。然別川の川筋にシカリブト村があり、そこに人家が四軒あった。

家主エヲリタク二十六歳、妻イコリマツ十六歳ぐらい、母イキンテキ六十五歳、弟コキラアイノ二十三歳、妻ムントム十六、七歳、妹コウナマツ十四歳、末女フツトトル十三歳の七人家族で暮らしていたが、その家に老母と娘二人を残し、兄弟夫婦共に雇われて浜で働いている。

また、隣には、家主ヲツカエシ四十歳、妻カラシ三十九歳、母シユケリレ八十三歳の三人が住んでいた。煙草一把を贈った。この家も妻と母を残して、浜で雇われて働きに行っている。

また、隣の家主はエレンカクシ三十五歳、妻サンコラマツ二十五歳、息子ウタレツハケ六、七歳、母ウラカシユ六十二歳の四人家族である。ここも母と息子を残して、夫婦は浜で雇われて働きに行っている。

また、その隣は、家主イメケウセ六十五歳、妻コエモシマ五十一歳、娘サンケカル十七、八歳の三人で暮らしていたが、娘が浜で雇われ働きに行っている。これら四軒がシカリブト村に住んでいた。

然別川上流に六軒

また、これより、一・七キロほど上に行くと人家が散居して五軒あった。

家主イタキワシユ三十四歳位、妻サンケキテ二十六歳、父フツコヲク六十四歳、弟チヨカトバ三十歳位、妻トノンカレ三十六歳など五人で暮らし、そのうち、家には妻と親を残し、皆、浜で雇われて働きに行っている。

また、その隣には、家主イサリカタ四十歳、妻モントナシ二十七歳、老母シュッコハは九十九歳になるが、まだ、目もよく見え耳もよく聞けるという。煙草一把を贈った。息子シノッフニ六歳、姉ソカトン八歳、二男二歳、娘四歳の七人家族である。

また、その隣の家主はアンツラム四十四歳、妻レエマツ五十四歳、息子カリヘタアイノ十四、五歳、二男エコモノウク十歳位、兄イニシチヤンカ四十九歳など、家族五人で暮らしているが、家主と兄が浜で雇われ働いている。

また、その隣は、家主イコエラム八十三歳、息子チヒエサン二十歳位、二男リキクトン十六歳など、男だけで生活していた。その息子は浜で雇われて働きに行っている。

また、その隣、家主はクチヤントルシ三十三歳、妻ヤエテツカ二十三歳、母マタマ六十三歳、弟コエウンケ十八歳、娘六歳の五人家族である。家主と弟は浜で雇われて働きに行っている。

それより、また、平原のところを二キロほど上ると、西岸にルウセ（道がそこから曲がる）、左岸に小川がある。また、しばらく上って行くと、向こうの岸、右の方に小川、チンレリコマベツ（獣の皮を乾かすところの山陰のところ）がある。

また、しばらく上ると、右の方に小川、パンケチ（東士狩）川がある。ここから向こう岸に人家一軒あった。河口から四キロぐらいである。

家主はラサブンカ六十四歳位、妻ハレコフ六十一歳、息子ウセシュ二十七歳、妻サントク二十六歳、二男ノテアイノ十六歳、娘ヒランケマツ十三、四歳など六人家族で暮らしているが、息子と弟の二人は、浜で雇われ働きに行っている。家には家主と嫁と娘だけである。私はこの家で休んだ。今夜は、ぜひとも、イナウタカアイノの家で宿泊して、今年の春のお礼をしようとしたところ、昨日、イナウタカアイノは、ニトマフ（人舞）へ行ったと聞いた。

ここから上流のことを聞いてから、南岸を下った。

〈参〉『十勝日誌』（「東蝦夷日誌」七編）では、七月十五日《新暦・八月二十三日》のこととして記述。要約して紹介する。

九十九歳のシュツコハお婆さん

上陸してしばらく歩くと、そこに、今年、九十九歳になるシュツコハお婆さんが居るというので、いろいろ古い話を聞くため、その家に行った。

古い話では、文化年間の乱、文化四（一八〇七）年四月、択捉島の内保、沙那で、また、同年五月に礼文島沖に、ロシア船が襲来した事件の話などを聞いた。

木で作った煙管のお土産

その後、帰り際に、木で作った煙管（キセル）を一本くれた。そして、お婆さんは、『私たちの若い頃は、木で作った煙管で煙草を吸ったが、近頃は、アイノも金属の煙管を使い、米で造った酒を呑み、木綿の着物を着る。こんな有様ではアイノの風俗がなくなってしまう』と笑った。

ここを過ぎて、左側にルウセ、チンレリコマベツ、右側にパンケチ川があり、そこに人家が一軒あった。ラサマンカの家である。そこに独りで住んでいた。私はそこで昼食を済ませた。

この川の上流の状況を尋ねると、そこには肥沃な土地があるとのことだった。開拓すれば一国になろうかという広さである。

然別村の聞き取り調査

ここからは、私が聞いて補って記録したことである。

しばらく、平地を行くと二キロほどで、右の方に小川、ペンケチがある。同じような川があり、パンケチという。

また、しばらく七、八百メートル行くと、パンケウレトイ、ペンケウレトイがある。パンケ、ペンケとは、「上、下」二つの小川のことである。ウレはフウレのことで、このところの「赤土が崩れた岸」という意味で、名が付けられている。

また、しばらく行くと、右の方にウリマケ（瓜幕川）という小川がある。このところに人家が一軒あるという。

家主はイリツトム八十三歳、妻ソシトマ六十二歳、息子ウカツヒ二十四歳、妻ヘラヌ二十歳、二男ホントモアイノ二十四歳、妻シュウレシュ二十二歳、三男コハナンクロ十八歳など家族七人で暮らしているが、そのうち、息子、二男、三男とも雇われて浜に働きに行っているという。

また、同じような平地のカヤ、ヨシ原を上ること一キロで、右の方にパンケピバウシとペンケピバウシなどの小川がある。この川、カラス貝が多いので、その名が付けられたという。また、同じようなところを行くと、左の方に相応な川、ポロナイ（幌内）がある。そこからしばらく上に行くと、二つに分かれたポンポロナイという川がある。この辺も一面平地で、人家が一軒ある。

家主はシヲク三十八歳、妻シユケヌカル二十二歳、母シンナエマツ六十九歳、弟アシンヌカル二十四歳など四人で暮らしている。その家主と弟は浜で雇われて働きに行っている。

また、同じ平地があり、カシワ、ナラの林をしばらく行くと、平地の低いところの左の方に、シカを獲るところという意味のクテクウシ（鹿追町）という小川があった。そこに、人家が二軒ある。

家主はイソントロン二十歳、この河口のイタキワシユの弟である。今年初めて、家に住んだと聞く。

また、隣の家の家主はイナウタカアイノ五十六歳、妻イカシサンノ三十一歳、息子ララヲク十二歳、二男リテンコロウク二歳、姉サケハル五十九歳、娘五歳の六人で住んでいる。今年の春、このアイノと、ニトマフの乙名アラユクの家で会っていた。シカリヘツ山中のことなどの話を聞いた。

ここから五、六百メートル上ると、左の方にニヤンケ（木を陸揚げするところ）という小川

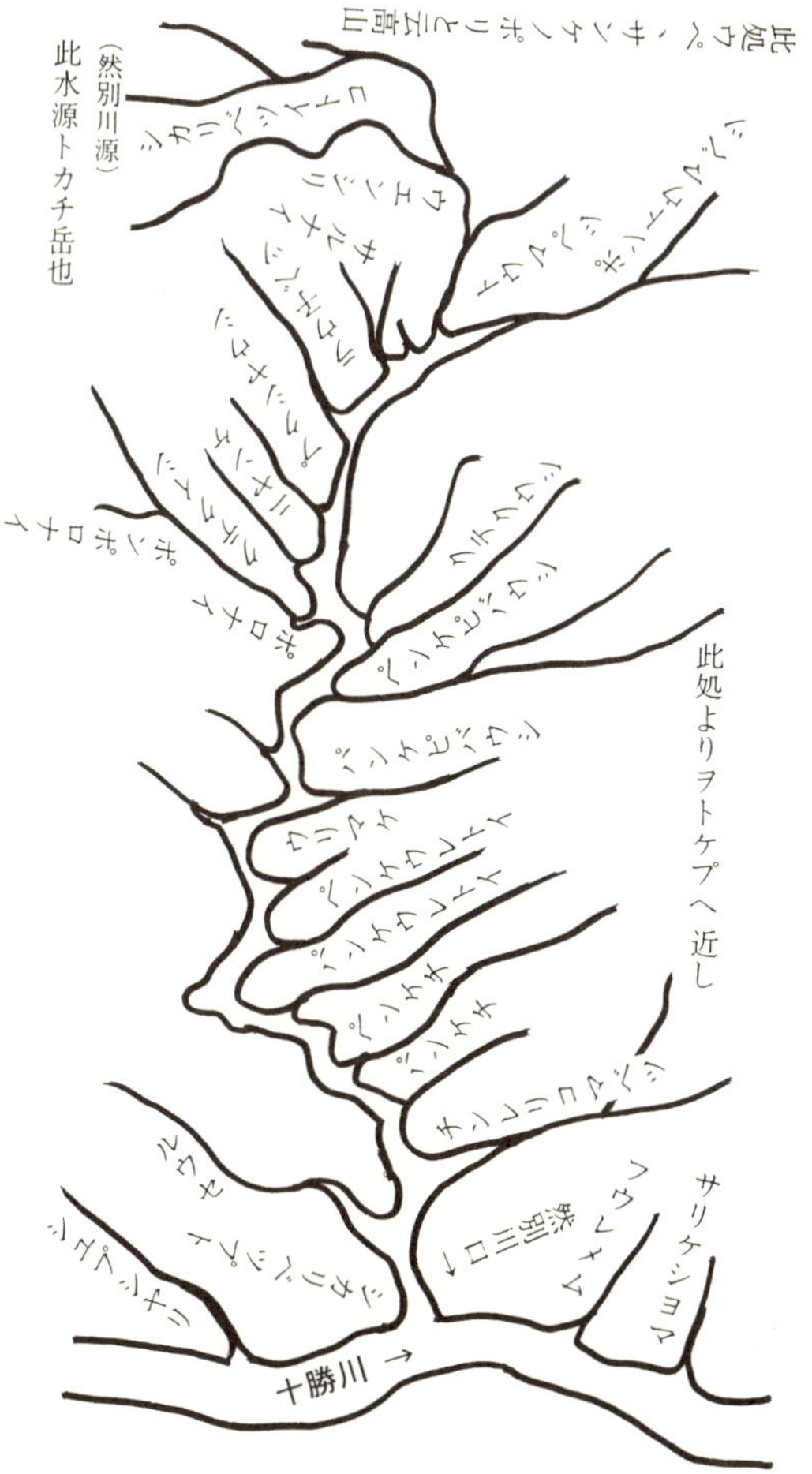

図版23　河川『然別川（シカリベツ）川筋の図』

がある。また、ここにも、人家が一軒あった。

家主はイラムカラアイノ四十二歳、妻イセンレ三十五歳の二人で暮らしていた。

その両岸は樹林である。そこをしばらく行くと、左にブクシヤウシという小川がある。この川端にアイノの食料となるフクシヤキナ（ギョウジャニンニク・アイヌネギ）が、多くあるので、この名が付けられたという。フクシヤは一輪草の一種。

ここにも人家が二軒あった。

家主シケムヌ三十二歳、妻カヌムラン三十三歳、甥三歳の三人で暮らしている。家主はイラムカラアイノの弟である。

また、その隣、家主ニウエンロ六十八歳、妻タマヌベキ六十三歳、息子クヌクル二十四歳、二男イヘカカム十五歳の四人家族で暮らしている。

ここをシカリヘツ村という。その乙名はビバウシのシリコンナであるそうだ。

然別湖の奥にウペペサンケ山

また、しばらく行くとラウネヘツがあり、この辺は両岸が高い山々で、その間は深い沢で大石がある。

また、しばらく行くと、左の方にサルナイという小川がある。アシ、ハギが生え湿地の沢のため、この名が付けられている。この辺は、本川筋のニトマフの東岸、およそ八キロである。

そのあたりは平坦である。

また、しばらく行くと、左の方にウエンシリという小山がある。この山を越えると、十勝岳に続くという。その名は「悪い山」という意味だそうだ。この辺は小沢が多い。トウマペツは右の方の小川である。これより上は小川が左右に多い。この辺をシイシカリベツ（然別湖）という。その辺は左右に小滝が多い。

その水源の山は、ウペペサンケノホリ（ウペペサンケ山・一八四八メートル）という。この山はエゾマツ、トドマツ、カバの木が多い。

また、左の方から流れて来る川があり、水源は十勝岳の続きのオプタテシケ山（ヲヒラテシケノホリ）から来るという。この山にはエゾマツ、トドマツ、カバの木が多い。

これらのことは、ニトマフの乙名アラユク、同人の息子シルンケアイノ、シカリヘツ村のイナウタカアイノたちから聞いて記録した。


〈参〉『十勝日誌』（「東蝦夷日誌」七編）では、七月十五日《新暦・八月二十三日》のこととして記述。要約して紹介する。

然別川上流

イナウタカアイノから話を聞くと、ペンケチには人家が六軒あると教えてくれた。シケムニの家、イヲムカアイノの家、シオクの家、ニウエンセの家、イナウタカアイノの家、メリツトムの家である。

然別川の水源はウペペサンケ山、この他にもいくつもの小川がある。山々から急流で落ちる小川は然別川に合流する。この川筋に多い魚は、サケ、マス、アメマスで、その他の雑魚も多い。

十勝川を舟で下る

パンケチから下り、また、十勝川の船場から私たちは陸路を音更まで行きたかったが、その岸は谷地が多く歩きづらいので、舟に乗って下った。

この辺は急流で流木が多く、水の勢いが強かった。ただ、櫂（カイ・舟をこぐ棒状のもの）で、この方あの方と操り下ると、二キロほどで、左の方の小川、フウレメムに着いた。その上に一つの水溜まりがあり、その水は鉄分が含まれ赤いため、その名が付けられたという。

また、しばらく行くと、左の方にサリケシヨマがある。ここはヨシ原の端にある川のため、この名がつけられているという。サリは「アシ、ハギ」、ケシは「端」、ヲマは「在る」という意味だそうだ。

この辺の右の方は平地でヤナギ、ハンノキが多い。両岸は小石の原である。少し下ると左の方にフムセピラがある。

さらに、十勝川を七、八百メートル行くと左の方に大川があった。ヲトケフプト（音更川河口）である。ここは十勝川の二番目に大きい支流である。水の勢いはそれほど強くなかったが、上流は流れが速い。ここから二、三百メートル下に、総乙名シラリサの家がある。今夜はこの総乙名の家に宿泊するため、そこまで舟で下った。
私は三人の者を案内人として連れて、この音更川の川筋を少し見聞した。

〈参〉『十勝日誌』(「東蝦夷日誌」七編)では、七月十五日《新暦・八月二十三日》のこととして記述。要約して紹介する。

音更川河口に着く

左側にフウレメム、サリケシヨマ、フムセピラなどを下って、然別から約四キロ、十勝川第二の支流、川幅約三十六メートルの音更川河口に出た。

音更川の川筋、人家十三戸

音更川の川筋を五、六百メートル行くと、両岸に人家があった。左のところは今年の春、シラリサの家からヤムワツカまで三人一緒に下った。乙名の息子メトクルが追いかけて来て、案内してくれた。人家が十三軒あった。

家主シトンフ十四、五歳、母シネレ四十六歳、弟六歳、姉フンケマツ十六歳、妹シルキ十一歳、妹シモネアン八歳位の家族六人で暮らしていた。

また、その隣、家主シヲヤン五十七歳、娘エエケシ十九歳の二人家族であるが、その娘は雇われて浜に働きに行った。

また、その隣、家主ウナケカル五十六、七歳、妻モンヌカル年齢不明、老母ヒリヘサン八十五歳、この老母は高齢であるが、まだ、家でアッシを縫ったり模様を入れたりしている。そのため、煙草一把、糸五、針五本を特別に贈った。息子エホブアイノ二十歳、二男セツコシユエ十六歳、三男ウムカウヌ十三歳、四男ユミカシユ十一歳位、娘メノコテケ八歳、娘五歳の九人家族である。その息子と二男の二人は、浜で雇われ働いている。

また、その隣、家主ヲトンヌレ三十七歳、妻トルサン二十五歳、息子アヌヌレ七歳、娘三歳の四人家族で住んでいるが、家主は浜に雇われて働きに行っている。

また、その隣、家主はセレンタク六十四歳、妻トサヌサン四十四歳、息子トヤシ三十四歳、妻シタマツ三十四歳、二男ニウエサン十四歳、娘チヤシケレ十六歳の六人家族で暮らしているが、そのうち、息子たち夫婦は雇われて浜で働いている。

また、その隣、家主サヌンカトフ六十四歳、妻ハンキタ五十五歳、息子アシケクロ三十二歳、妻ハテキウエンテク二十七歳、の四人家族で暮らし、そのうち、息子夫婦は雇われて浜で働いている。

また、その隣、家主女シユウクタ三十三歳、息子テツクヌアイノ七歳、この者は、帯広川河口の乙名トリフツバ（ヌフカ）の妾である。家で子供と二人で暮らしている。

また、その隣、家主ヤウラナ五十六歳、妻チヤリケ三十八歳、息子シンナエクシ十三歳、二男トモチ六歳、娘ラセセマツ十六歳、娘四歳の六人で暮らしている。そのうち、家主は雇われて浜で働いている。

また、その隣、家主コトラムコロ三十四歳、妻タネトル二十歳、母トンニコツ八十二歳、息子五歳、妹ホホエン十歳、娘三歳の六人家族で、家主は雇われて浜で働いている。妻一人で母と子供を養っている。そのため、この者に茜（あかね）色の木綿二尺五寸、母に煙草一把贈って出発した。

また、少し上ると、その隣には、家主ヨコアイノ三十五歳位、妻エトルマツ二十二歳、弟フメアツ十七歳、弟キキアシ十歳、妹イテレ十三歳、姉ヲハテレケ四十四歳の六人家族で暮らしているが、そのうち、家主、弟、姉の三人が雇われて浜で働いている。

また、その隣、家主ペンケタ五十二歳、妻トレフキル四十六歳、息子コモツヲツ十八歳、二男ウクトナシ十六歳、姉ヲアツテキ五十九歳、妹ソエラム二十九歳、姪四歳の七人家族で暮らしているが、そのうち、家主と息子、弟の三人は雇われて浜で働いている。これらに、老少にかかわらず針二本、糸三つずつ贈って出発した。

しばらく、北岸を上り、およそ五、六百メートル行くと、左の方にヨクベツという平地がある。このあたりは、シカが多いので、その名が付けられたという。また、しばらく上ると、川の両岸は一面平野である。ここをモケナシという。「小さな立木の野原」という意味であるという。また、五、六百メートル上ると、左の方にコツタメム（凹みにある水溜まり）という小川がある。また、およそ、二キロ以上、川を上ると左に小川、ニウシベツがある。ここは倒れた木が多く流れてくるので、その名が付けられたという。ニウシとは「木が多い」という意味である。そのところに人家が二軒あった。

家主アハウクロ二十四歳、妻アシリマツ二十五歳、弟イタキツキ二十一歳、妻ウレケシ十八歳、弟ウサエカラ十四歳の家族五人で暮らしているが、兄弟ともに、浜で雇われ働いている。また、その隣、家主ヒリカエキ五十歳、妻コヲクヌ三十四歳、息子ソカウス十七歳、二男イコイタク九歳、娘四歳の家族五人であるが、家主は浜で雇われ働いている。ここまでを音更村という。


〈参〉『十勝日誌』（「東蝦夷日誌」七編）では、七月十五日《新暦・八月二十三日》のこととして記述。要約して紹介する。

音更川流域の人家

音更川河口の両岸は雑木林である。その中に人家が十三軒あった。シトンフの家、シヲヤンの家、ウナケカルの家、ヲトンヌシの家、セレンタクの家、サスシカトクの家、シユウクタの家、セウラヌの家、ヨコアイノの家、ヘンケタの家、乙名コトンランコの家などである。

ここで乙名コトンランコのところに舟をつけたが、あいにく利別へ行って留守だった。そこで、音更川の北岸に上陸して川筋について見聞きした。

人家が二軒あった。アハウクロの家、ヒリカエキの家などを回って音更川上流の状況を聞いた。

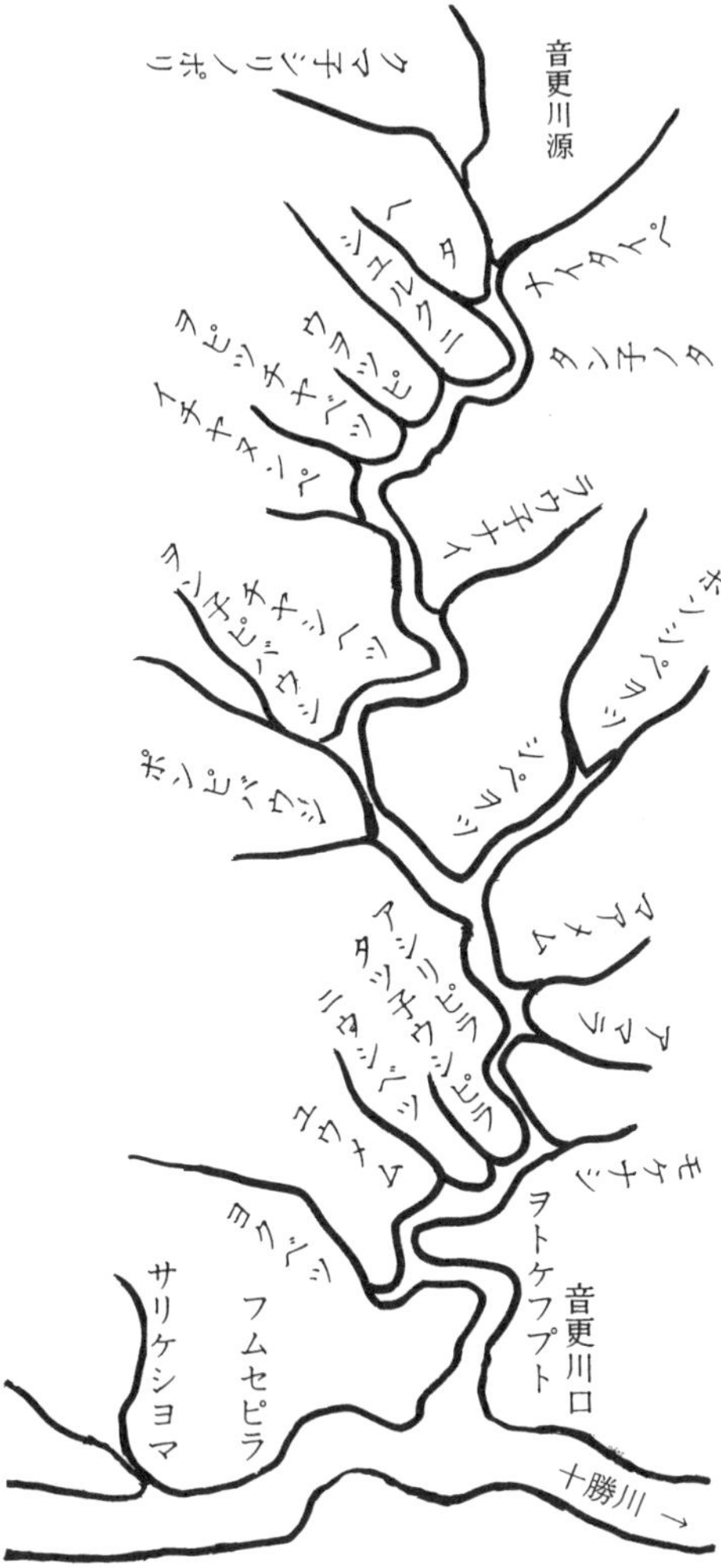

図版24　河川『音更川川筋の図』

音更川上流の話

これより音更川の上流のことを、惣乙名シラリサから聞き取った。これより上を少し見物しようと思ったが、今夜、乙名の家まで帰れなくなっても困るので、ここから引き返した。音更川の水源までの大略は、総乙名シラリサに聞いて記録した。

また、これより平地でカシワ、ナラの林を過ぎ、しばらくすると右の方にタツネウシピラ、西の方に崖がある。その上にカバの木が多いのでその名が付いているという。

また、しばらく二百メートルほど行くと、アシリピラが北側にある。ここは最近崩れてできた崖で、この名が付けられているという。アシリとは「新しい」という意味である。

また、しばらく行くと、右にアマラベツという小川がある。意味はわからない。また、しばらく行くと、小川メーメムがある。その上に水溜まりがあるという。

また、しばらく行くと、シペヲツがある。右の方のそれなりの大きな川である。「サケが多くいる」という意味である。シベは「サケ」、ヲツは「いる」の意味とのことである。この川をしばらく上ると、ポンシペヲツ（シベヲツの枝川）という小川がある。その後ろはトシベツになるという。

また、しばらく行くと、山々が高くなる。小川のポンピバウシがある。カラス貝が多い川の意味である。

十勝アイノと釧路アイノ戦う

また、しばらく上ると、ヲンネピバウシが左の方にある。それなりの川である。ここを過ぎるとチャシコツが左の方のビバウシの上の山にある。

昔、このところへトカチアイノが砦を築いて、クスリアイノと戦った場所であるという。また、行くと、両岸が山になり、雑木林である。

左の方にラウネトルコツという小川がある。高山の間の深い沢という意味の名である。ここをしばらく過ぎるとイチャヤヌンペ（士幌町）という小川がある。この川は、サケが多く卵を産むので、この名が付けられたという。

また、しばらく行くと、ヲピツチャヤベツという小川がある。また、高い山の間をしばらく行くと、左にウヲツピという小川がある。

また、過ぎると、左の方にシュルクニという小川がある。このところに烏頭（ウズ・トリカブトの根・有毒）が多く生えているので付けられた名という。

また、しばらく行くと、左にセタという小川がある。「イヌ」の意味であるが、その意味の理由は分からない。また、少し上ると、タンネヌツパがあり、ここはカヤ原が四キロほども広がっている。よって、その名が付けられている。タンネは「長い」、ヌツパは「野原」の意味である。

また、過ぎると、左の方にナイタイペという小川がある。意味は分からない。また、しばらく行くと、右の方にヌッハヲマナイという小川がある。ここは平野に一筋の小川があるので、この名が付けられているという。「野にある」という意味である。

これより、音更川川筋は左右に無名の小川が多い。両岸はエゾマツ、トドマツ、カバなどが多い。その源には、クマネシリノポリという高い山があるという。

その東はクスリ（釧路）領のリクンヘツ（陸別）岳に続き、北はトコロの水源にあたる。西はシカリベツなどに続く。なお、詳しくは留辺之辺志にある。

ここまでは、惣乙名シラサリが話したことである。

音更川河口に移り住む

十勝川の音更川河口に着いた。百メートルぐらい樹林を過ぎると、マクンベツ（本流の後ろを流れる）川に出た。この辺は、この前の洪水の時、家も水に浸かり大変だったという。

この先に総乙名シラリサ爺六十七、八歳、妻トンル五十歳、息子エレンカウエン二十一歳、二男メトクル十九歳、三男エキサカンケ十六歳、四男ウエンテコロ十歳の六人家族で暮らしているが、惣乙名シラリサ爺はこの前、トシベツの妾の家に行ったまま、まだ、帰って来ていない。

この家は、今年の春まで、ヲベレベレブト（帯広川河口）にあったが、春に私たちが来たときには、帯広川河口を引き払って、音更川河口に移り住むところだった。

このたびの家は、約十一メートル四方の相応の家であった。よって、茜の木綿五尺、煙草二把、糸、針をお土産に贈った。この間、広尾会所から川を上ってここまで酒、米を運ぶように話しておいたが、まだ、着いていなかった。よって、食料も少なくなり心配だったが、魚もたくさん獲れるので、あまり心配する必要がなかった。この辺の人家を見物した。

その隣には、家主ユルシカクル二十五歳、妻テツクルカ二十歳、これは乙名の子供で、別宅に住んでいた。

また、その隣、家主シサカアイノ二十六歳、これも惣乙名シラリサ爺の妾の子供である。妻レシユモン二十歳、家主の息子一人三歳、母シユモンコハ五十一歳、これも乙名の妾である。弟ラムカチウ十四歳、弟ウエントエ十歳、妹フトンケ十二歳、など七人家族で暮らしているが、その家主は雇われて浜で働いている。

この総乙名には妻と二人の妾に子供が十七、八人と言うが、今、存命の者は十人であるという。

その隣、家主サマヌカル五十一歳、妻トフツコロ三十六歳、息子ヤエレシユ九歳、二男ウナケエ六歳、三男三歳、妹ヲエラン四十歳の六人家族で住んでいるが、そのうち、家主と妹の二人、浜に雇われて働きに行っていた。

また、その隣、家主トクヌサン四十六歳、妻コモネア二十一歳、母コチヤサン六十歳位、息子イカヌトム十八歳の家族四人で住んでいるが、家主と息子は浜で働いている。

また、その隣、家主イカヤン五十歳位、妻シユフカラン四十七歳、息子ウエンクルト七歳の三人で暮らしているが、家主は雇われて浜で働いている。

また、その隣、女の家主イカリモン四十一歳、息子シタミアイノ十五、六歳、娘カツコレ十八歳、娘ヒカンケマツ八歳の四人で暮らしているが、そのうち、家主は末娘と二人で残り、息子も娘も雇われて浜で働いている。

また、その隣、家主ウラクンテ五十八歳、娘アワンテキ二十七歳、娘ウエラクアン十五歳、孫娘四歳の家族四人で住んでいた。この女はヌフカの去年の冬亡くなった乙名の妾だという。その娘、番人の妾となり、孫がいる。

また、その隣、女の家主シユアフレ、息子シヌムコロ七歳、娘キセトレ五歳の三人で暮らしていた。

これらを見物しながら総乙名の家に宿泊（音更川河口）したが、今夜も総乙名は帰って来なかった。

〈参〉『十勝日誌』（「東蝦夷日誌」七編）では、七月十五日《新暦・八月二十三日》のこととして記述。要約して紹介する。

一国にも相当する広い土地

総乙名シラリサの話によると、『このあたりから奥に、四十キロばかり原野があり、一国にもあたる広い土地がある。川にはサケ、マス、アメマス、ウグイ、イトウなどの魚が多い』という。

夜は、音更川河口の六人家族の惣乙名シラリサの家まで下って宿泊した。

ここには人家が九軒ある。ユルシカクルの家、レサカアイノの家、サマヌカルの家、トクヌサ

写真十二　音更町の鈴蘭公園にある松浦武四郎の歌碑

このあたり　馬の車の　みつぎもの
御蔵をたてて　積まほしけれ

平成二十四年十月、音更町教育委員会による立て看板「松浦武四郎歌碑」の説明文を要約して紹介すると、次のようになる。

「この歌は宿泊した音更川河口付近の惣乙名（そうおとな・総酋長）シラリサの家で、当地の将来の発展を予見して詠んだものです。詠んだ場所は「モケナシ」の高台（富丘）です。

大正八（一九一九）年、帯広・十勝開拓の由来を刻み、鈴蘭公園内に、この碑を帯広開町記念碑として建立されました」と、説明されている。『十勝日誌』には、「戯れに歌を詠み、この家の柱に書いておいた」と、書かれている。場所は音更川河口の惣乙名シラリサの家である。

帯広開町記念碑を建立した頃の音更高台（後の鈴蘭公園）は、帯広の行政範囲であったが、財政の立て直しのため、大正十四年月に売却許可指令が出た（『帯広市史』）。このため、現在、音更町となっている。

ンの家、イカヤンの家、ウラクシテの家、イカクモンの家、シユアツシの家である。

将来は、この地方第一の繁栄の地になるであろうと思われるところである。

海岸の十勝川河口から音更川河口まで、舟で上り下りすることは、それほど困難ではないが、それから上流は、流木が多く、川幅も水深もありながら、舟を通すことは難しい。舟を進めるためには、流木を整理するなど余程の手入れが必要であろう。

もしも、何時の日か、この川筋を舟で往来出来るようにするよりも、むしろ、歴舟川河口から札内川上流に出て、戸蔦辺川、美生川などへと、馬で往来出来るように道を開いた方が、良い結果を得るであろう。

ただ、土地の開拓には、その土地に豊かな産物があることが、第一条件である。道路だけつくれば、それで良いというものではない。

そのようなことを考えたりして、戯れに歌を詠み、この家の柱に書いておいた。

七月二十日（新暦・八月二十八日）
音更川河口で十勝石を拾う

朝早く起き、支度をしてから出発した。およそ五百メートル行くと、左の方にチエップマカンベツいう小川があった。両岸はハンノキ、ヤナギの原である。川の名の意味は「魚が多くいる」という。

これより左岸は樹林である。右は小石の川原で、ここは十勝石（黒曜石）が多かった。私もアイノたちも、昨日の夕方、七、八個拾った。その川原を三百メートルほど行くとヲベレベレブト（帯広川河口）であり、それは相応の川であった。

私は、今年の春、この河口のアリランコエキの家で宿泊した。ここに、人家三軒あった。その人別は前に記録したので省略する。乙名トリフツハ、カイシテアイノ。ここへアリランコエキを呼んで煙草一把、糸、針などを与えた。

また、下がると右にヌプカがある。これは野原の意味のようだ。ヲベレベレブトからこのところまで一面野原だった。ここに人家が四軒あった。

家主ハウトカ十七歳、妹エンテマツ十三歳、妹シユテアン九歳、妹カリテ七歳、母カンナリ四十四歳の五人で暮らしている。母カンナリは、去年、死亡した盲人の乙名トルホツハ（安政四年、八十八歳で死亡）の妾だったという。

また、その隣、家主シンナアイノ二十六歳、妻コリモン十七歳、母チエマカ五十九歳、弟シユウカレ十五歳、妹カフトカ十二歳の家族五人で住んでいるが、そのうち、家主夫婦は浜で雇われ働いている。家には母と弟と妹が残っている。

また、その隣、家主ハセコエキ五十四歳、妻アヌニタレ三十九歳、息子シカマ十九歳、二男トウヌンケ七歳、娘エクアン十一歳、妹シアムケ九歳の家族六人で暮らしている

また、その隣、女の家主コシリキラフ五十四歳、娘イヘラン十八歳、妹フツテムコロ十四歳、

妹ウヌカレ十二歳の家族四人で暮らしているが、そのうち、娘は二人とも雇われて浜で働いている。ここまでを総乙名の家から十六軒をヲベレベレフ村という。

この辺の川幅は五百四十メートルぐらいある。幾瀬にもなり、川の中央の流れは速い。このところに中州があり、ヤナギ、ハンノキなどが多い。

帯広川の古川、伏古

この右の方にフシコヲベレベレフ（伏古）という小川がある。これはヲベレベレフ（帯広川）の古川である。上はアシ、ハギの原でその谷地水が流れているという。

また、二百メートル下ると川の瀬が網の目のようになり、幾筋にも分かれていた。この前（旧暦六月十三日・新暦七月二十三日）の洪水で流れて来た大木など、ところどころ柵のようになっていた。

その左の方にヤウシという網曳場があった。和人がいるような漁屋一軒があった。ここから浜まで、およそ六十四キロあるという。秋彼岸（秋分の日を中心に前後三日、計七日間をいう）から、このところへ和人が一人で来て、漁業を行うという。

また、百メートル下ると、左の方にホンケベレベ（フクロウのこと）という小川がある。この辺の両岸とも平地でヤナギの原である。この辺はフクロウが多い。ここをコタンコロチカフという。下るとき、舟で追ってフクロウを一羽捕まえた。

流れが速いので舟は矢よりも早く下った。舟の横に波が打ち寄せ水が入るので、ワッカク（水を汲むひしゃく）で水を汲み出しながら五百メートルほど下ると、マクンベツウシに着いた。ここは枝川が幾筋となく網の目のようになっているので、この名が付けられているという。

札内川河口

また、下ると、右の方にサッナイブト（札内川河口）がある。石原で川幅三十六メートルぐらいある。その川筋は春に記録したので省略する。

十勝川の流れは極急流で、両岸はヤナギ、ハンノキが多い。昔は人家もこの辺に多かったというが、どうしたことか、近年、川の水が急に増して、漁業も難しくなったので、多くの人家が外に移動したという。この辺の川幅は百八十メートル以上ある。時々、キサラウシチカフ（耳のある鳥の意、ヤマセミ）を多く見た。

これより七、八百メートル下るとフシコベツがあり、このところ十勝川が二筋になっている。左の方が本川で右の方がライベツ（古川）である。この本川の方は急流なので、これより古川を下った。五百メートルほど行くと、方位を見る暇もなく実に滝の川のように流れが速かった。

幕別の別奴

岸にはハンノキ、ヤナギなどが多く、右の方に急流のヘッチャラ（幕別町・別奴）という小川があった。その名はフシコベツとアシリヘツの河口のため、その名が付けられているが、また、ヘツテヤラとは川が急流になって流れているところなので、その名が付けられているという。どれがその意味かは分からない。

向こう岸（北岸）に人家一軒あった。

家主はイタケブニ五十三歳、妻シユアヌ四十六歳、息子イカムケ二十九歳、妻キミノツホ十七歳、娘コアバマツ十二歳、娘フツトム九歳の六人家族で暮らしている。

ここへ上り、糸、針などを与えた。家主イタケブニをここからヤムワツカ（止若）まで、水先案内に頼んだ。この家も息子と嫁は、浜で雇われて働きに行っている。

ここから三百メートルほど十勝川を下ると、右の方にヘヨイ（水多きところ）という小川があった。この川をおよそ五十四メートル上ると、二つに分かれ、右の方はメム、水溜まりが一つあるという。その上は谷地になっている。

また、同じく急流を下ると、二百メートルほど流木が多かった。右の方に小川エモウントウがある。その上に一つの沼がある。また、三百メートルほど下ると、左の方にサツテクヲトケプという古川跡が一筋ある。これは昔のヲトケプの古跡でサツテクとは「乾いた」という意味である。この上は一面、アシ、ハギ原である。

幕別の白人村

また、三、四百メートルほど下ると左の方に小川、シロトウ（白人・鳥がそこにいる沼）がある。河口に人家五、六軒ある。ヤナギ、ハンノキが多い。

家主タハイ五十二歳、妻イムエカラ四十六歳、息子ウエニアン十四歳、二男ウンテクル九歳位、三男ウエンクツトム七歳、娘イカモン十二歳、の家族六人で暮らしている。そのうち、家主は浜に雇われて働きに行っている。

また、その隣、家主はハウトカン七歳、母モニシユンケ三十一歳、の家族二人で暮らしている。

また、その隣、家主イコテムコロ三十一歳、妻フツホ二十五歳、母ハルカヌ六十三歳、兄コモンレ三十七歳、娘三歳の家族五人で住んでいる。

また、その隣、家主チヤタクフ四十五歳、妻コヤンケノ三十五歳、息子テケラクル十三歳、二男カトアンクル七歳、娘サンテキモン十五歳の五人家族で暮らしているが、家主は浜で働いている。

また、その隣、家主ノエホロ三十二歳、妻タネヲクマツ二十四歳、母イナンカヲク五十九歳、弟ホツクレ二十四歳、妻ハルチヤレ二十二歳、姪二歳の家族六人で暮らしている。その家主と兄弟は浜で雇われて働きに行っている。

十勝川温泉付近

ここに来ると少し川瀬も穏やかになり、また、およそ二百メートル左の方に一つの水溜まりのシロトウメム（十勝川温泉付近）がある。これはシロトウの下にあるので付けられた名であるという。また、約二百メートル下り右の方にトウベツ（途別）川がある。平地に河口がある。水源は沼から流れているので、この名があるという。トウは「沼」のことである。周囲はアシ、ハギが多い。

川をしばらく過ぎて行くと、右の方に小川、チエフホコマフがある。小魚が多いので、この名が付けられたという。

また、少し上に行くと、右の方にモアンという小川がある。二股に分かれているという意味である。また、少し上ると右の方に小川ユクベツがある。シカが多いので付けられた名であるという。その本川は左の方に沼がある。その周囲はアシ、ハギが多い。

トウベツブトから五百メートルぐらい平地を下ると左の方に小川ホロノコッチヤ（大いなる野の入り口）がある。この河口に人家二軒ある。

家主ホンヒアイノ三十九歳、妻シウヌモン二十五歳、の二人でくらし、夫婦共に、この頃は浜で働いている。

その隣、女の家主ウサモヌシ四十四歳、娘カトカルモン十五歳、娘モンコサン十四歳の三人で暮らしている。

さて、この辺に来ると右の方に少しヤマが見えてきた。左は四キロも下ると山になる。ここは平地である。また、行くと右の方の小山の間に小さな流れのイナウシベツがある。イナウシベツは木幣を山に奉るところの意味であるという。

この川を三、四百メートルほど上ると二股になり、ホンイナウシヘツという小川がある。また、左の河原を百メートルほど下ると、右の方に小川、ホロナイがある。その上に小高い丘がある。カシワ、ナラの林である。

幕別の咾別村

しばらく下ると、八百メートルぐらいで左の方に相応の川、イイカンベツ（幕別・イカンベツ・咾別村・溢れている川）がある。ここに人家が十軒あった。ここで休んで昼食にした。

家主ウサメチウ四十歳、妻エエヘウ三十四歳、母レエラン七十歳、娘フトラ十五歳、娘カコラン七歳の五人で暮らしているが、家主は雇われて浜で働いている。

また、その隣、家主イミノツクル三十三歳、妻フトクヌ二十五歳位、妹コモツウヌ二十五歳、甥四歳、姪二歳の五人で暮らしている。そのうち、家主と妹は雇われて浜で働いている。

また、その隣、家主ラメヲク六十歳、妻モニウエン三十四歳、娘エウントレマツ十一歳、娘シトルフ八歳の四人家族で暮らし、その内、妻は浜で雇われ働いている。家には爺ラメヲクと子供だけである。

また、しばらく行くと、家主シフカレ三十三歳、妻モコロコヲク二十三歳、弟イノミウス二十一歳の家族三人で暮らし、そのうち、家主と弟は浜で雇われ働いている。妻だけが残っている。

また、しばらく行くとその下に、女の家主シャンバル五十七歳、娘ヒッテツカ十七歳、娘シユウタサ十五歳の女三人で暮らしている。

また、その隣、家主アヌンレヲク三十五歳、妻ラレマレ三十二歳、母トレアン六十八歳、妹イラエネ二十歳の四人家族で暮らしている。

また、その隣、家主インコラク四十九歳、妻エハワエキ四十一歳、息子シタウエ九歳、二男イテメトル五歳、娘カトシ十五歳、妹マトルシ十三歳の六人家族で住んでいる。そのうち、家主は浜で働いている。

また、その隣、家主シノチヤレ六十四歳、妻マクナンテ五十五歳、息子トマクシアイノ十六歳、娘アウエンキキ三十九歳、妹エアシアン八歳の五人で暮らしている。そのうち、息子と娘は雇われて浜に働きに行っている。

また、その隣、家主トラヤエケ五十四歳、妻テツクツ四十三歳、息子イコエトバ十二歳の三人家族で暮らしている。その家主は浜に働きに行っていない。

また、その隣、家主はシネナシ三十五歳、妻シユテケレ二十七歳、息子キラコタアイノ五歳、娘ヲカワトル八歳、甥アリタク二十五歳、妻エメトル二十歳の六人家族である。そのうち、家主と甥とその妻は浜で働いている。

士幌川川筋

途別川から五十四メートルほど上ると、シユホロ（士幌川筋）で大岩や石がある。シユホロとは「滝のような急流」のことをいう。

シユホロ川を一キロほど行くと、右の方に小川、ヲサウシ（オサルウシ・長流枝内川・カヤ川尻）がある。また、少し上ると二股がある。これも同じぐらいの大きさのオサルウシ支流のアネフ川である。

左に小川、イクルンアアネプ（アアネフ川筋）がある。この辺は平地である。また、しばらく行くと、右の方にチライヲツナイ（川魚・イトウの川）という小川がある。ここは「チライ（川魚のイトウ）」が多いので、その名が付けられている。

また、少し上ると、左の方にポンイコツップという小川がある。また、しばらく過ぎると、左にポロイコツプという小川がある。また、しばらく行くと、右の方に小川タウニがある。この辺は平地である。谷地があり、源はトシヘツのヲリベと合流するという。

二股から左の方に平地があり、しばらく左の方に行くとハトウシナイという小川がある。この川の上の方は、少し山になりカシワ、ナラの林である。

また、しばらく行くと、右の方にクンネヒラ（黒い崖）という崖がある。ここは黒土の崖であるので付けられた名である。また、しばらく行くと、右の方にパンケリペ（下の高いところ）、ペンケリペ（上の高いところ）がある。トシベツの間の山にある。その間、小川も数条集まっ

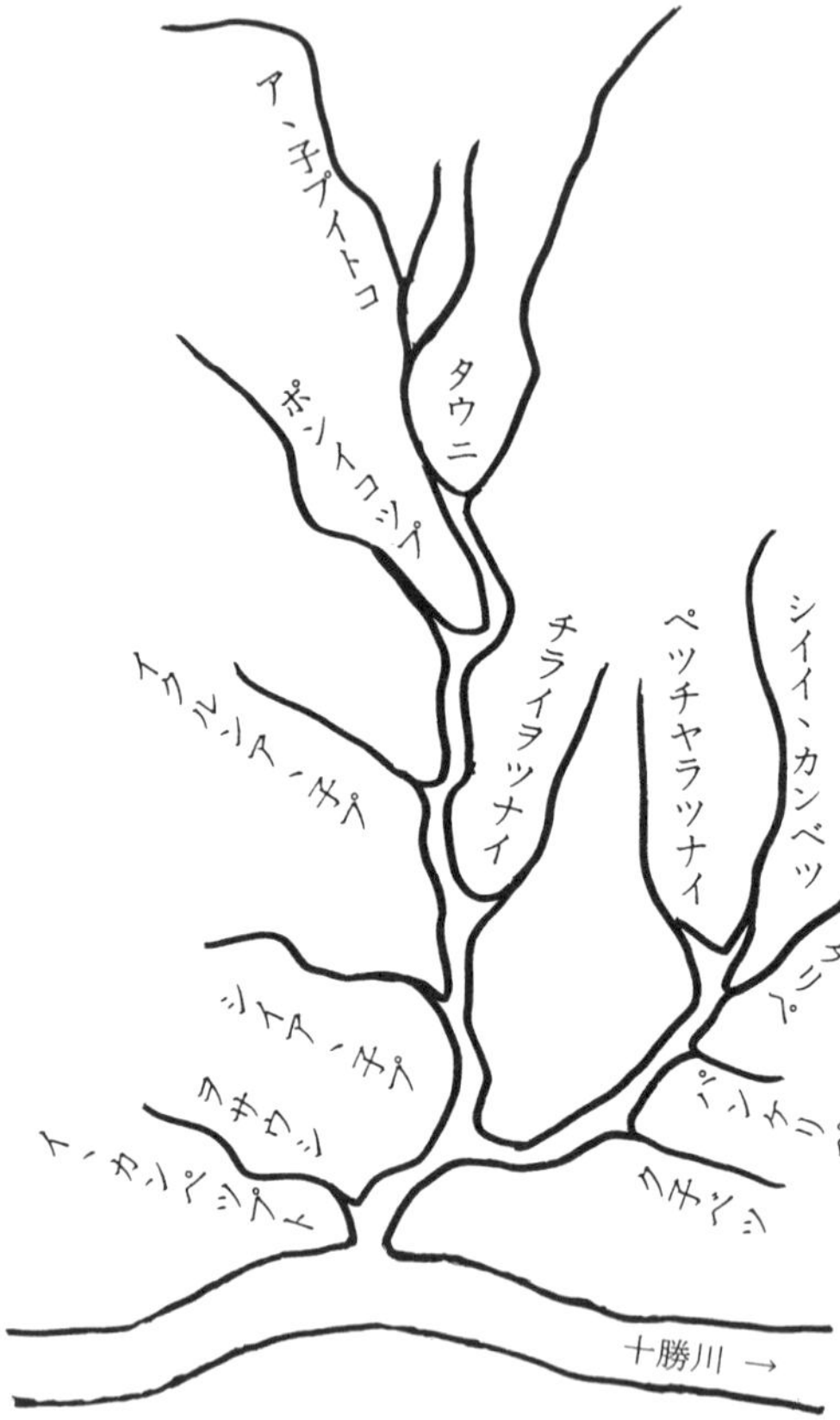

図版25　河川『士幌川川筋の図』

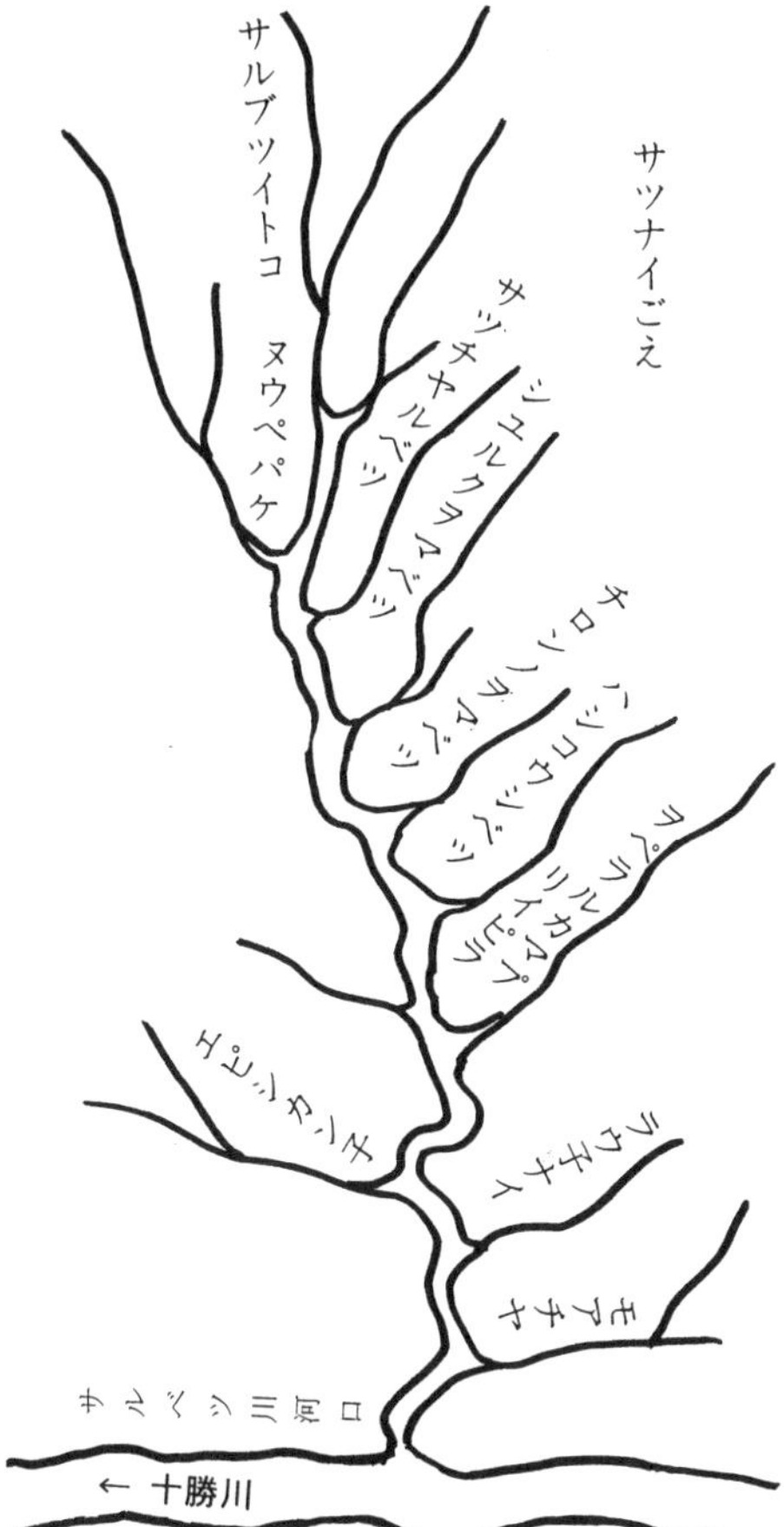

図版26　河川『猿別川川筋の図』

ている。上はカシワ、ナラの林である。

およそ八キロも上ると、左の方に小川があり、ペッチヤラツナイという。本川は右の方へ行き、ペンケリペの後ろ、トシベツの方へ行っている。すべて、ヲトフケブトから、ここまで一面平地、谷地が多いという。

これらは、乙名シラリサが教えてくれたので、記録した。

幕別の猿別川と糠内川

さて、本川筋を五百メートルほど下ると、だんだん川の流れも緩やかになってきた。右の方に本川筋の七番目の支流、サルベツ（猿別川・カヤ川）がある。川幅十八メートルぐらいある。その名は、シヤブツという。川の左右はカヤ、ハギが多く繁っているので、その名が付けられているという。この辺は、流れが遅く、深い。

この川をおよそ一キロも上ると、右の方にモアチヤ（太い蒲・ガマ）という小川がある。川幅は六メートルくらいで深い。その両岸はハンノキ、ヤナギが生えている。

また、このモアチヤを上るとヲフラシユイという小川が右の方にある。このモアチヤの辺りは、少し高い山もある。また、しばらく行くと、ヲンネナイ（支流の中の大川）という小川が右の方にある。

また、しばらく上ると、小川のエピシカンネが左の方にある。この辺は平山で上はカシワ、ナラの林である。また、しばらく行くと、小川のヲヒラルカマフが右の方にある。しばらく過ぎて、左に小川のヌカナイ（糠内川）がある。この辺は両岸にヨシ、ハギ原である。
また、しばらく行くと右の方にリイピラという高く平らなところがある。また、しばらく行くと右の方に小川ハシコウシベツがある。この辺は両岸が平山で樹木が少ない。右の方に小川、チロンノヲマヘツがある。この辺はキツネが多いので、その名が付けられたという。チロンノは「キツネ」、ヲマヘツは「居る川」という意味である。

トリカブトが多い

また、しばらく行くと、右の方にシユルクヲマベツという小川がある。この川筋に烏頭（ウズ・有毒・トリカブトの根）が多いので、その名が付けられている。シユルクは「毒」のこと。また、少し上ると、左の方にエタラツケナイがある。このところの右は、シイヲサルヘツといい、高い山である。その源はヘルフネとサツナイの間に在るという。

十勝川の本川は二筋に分かれて、本川は急流で急瀬が多い。その右のマクンヘツの方を通って下り、右の方に赤く平ら突き出たところを一キロほど下りると、右の方にカモチナイという小川がある。両方とも崖である。左は平地、ハンノキ、ヤナギ・トリネコ（秦皮・アオダモに似ている・解熱剤になる）の樹林である。

このところに人家が四軒ある。

家主サンナユク五十歳、妻エリミナ四十五歳、息子トコムリキン二十五歳、妻イサエケ二十一歳、二男ハウエトク十二歳、三男シタアイノ九歳、娘カトルシ十五歳の七人家族である。そのうち、息子夫婦は浜で雇われ働いている。

また、その隣、家主はチョツチャレ二十七歳、妻ウセレ二十三歳、弟ソンコトル十四歳、息子三歳、娘イレハル十二歳、伯父ニタンカレ四十四歳の六人家族で暮らしているが、そのうち、家主は雇われて浜で働いている。

また、その隣、家主ヌンレアイノ三十五歳、妻マツカマツ三十四歳、母シトカレ六十七歳、娘三歳の四人家族で住んでいるが、家主は浜で働いている。

また、その隣、家主チヤリンネカ三十七歳、妻エチヤナントカ二十七歳、母イコヌマツ五十七歳、娘カフコアン七歳の家族で暮らしているが、そのうち、家主は浜で働いている。

ヤムワツカヒラで宿泊

一回りして見物すると、下のトシベツの方から、乙名シラリサが子供二人に櫂を漕がせ、船で上ってきた。私を通り過ぎたので大きな声で呼んだ。乙名シラリサは気が付き、船を寄せて来て、『今日、昼頃、ヤムワツカヒラの乙名の家まで、会所から前に頼んだ酒が届いたので運んでくる。そのため、家で休んで待って欲しい』という。

今年の春のお礼を述べた。『これより、ヤムワツカヒラまで近いので、今夜は私と一緒にヤムワツカヒラまで行って一泊したらいい』とすすめてくれた。それで舟を並べて一キロほど下ると、ヤムワツカヒラに着いた。

このところは、右に崖がある。その崖が崩れて冷たい水が流れ落ちているので、その名が付けられているという。ヤムワッカは冷水の意味である。

三百メートルほど下ると、乙名イキリカンの家に着いた。このところは少し浜になっている。約百メートル上に十メートルほどの坂があった。上ると平地であり、ススキの原である。

家族十人で暮らし、今年の春は、まだ、古い方の家に住んでいたが、今度は新しい家もできて、綺麗だった。

私たちが着いたので喜んでくれた。まだ、一時半頃で、ぜひというので、宿泊することにした。そのため、染形四尺、煙草一把ずつ、酒一碗ずつを二人の乙名に贈った。人別帳では、十七、八人ということになっているので、糸を五つずつ、針を二本づつを贈った。

夜になると、私にアワで作った餅をご馳走してくれた。アイノたちは一同、その一碗の酒を傾けて、即興の歌を歌い夜が更けていった。

〈参〉『十勝日誌』（「東蝦夷日誌」七編）では七月十六日《新暦・八月二十四日》のこととして記載。要約して紹介する。

止若で一泊

今日は、内地ではお盆である。異境の旅先なので、ただ心ばかりの供物として、水辺のミソ萩

（お盆の花）を手折って川端に供え、先祖の霊に手向けをする。

松浦武四郎、歌を詠む

何事も　旅は足はぬ　ものなりと
なき魂も　心してませ

朝霧の深い十勝川を棹さして下る。舟主はメークルとエカイアイノである。ここから下流は、この年の三月に下ったので略する。

夜、幕別、止若の乙名イキリカンの家に宿泊した。

戊午報登加智日誌　巻之三　安政五（一八五八）年

止若から十勝太までの記録

この編、ヤムワッカヒラの乙名イキリカンの家を出発して、トカチフトへ下るまでを記録した。

七月二十一日（新暦・八月二十九日）

チヨタ村

快晴。ここでシラリサの息子とヘッチヤロのイタキフニの二人へ、手拭い一本、煙草一把、米一升、糸五、針五本を与え、お礼を述べ別れた。

ここから、ここのイカンニアイノ、トシベツ（利別）のヘトンラン、チヨタ村のフチサンレコの三人を案内人として、出発した。『また、御縁があれば』と、止若の乙名イキリカンと乙名シラリサの二人とも、今度は、別れを惜しんだ。

二百メートルほど行くと小川のトウイロロ（沼に続いているところ）があった。その上に小さな沼があるので、その名が付けられた。また、三、四百メートルほど下ると、左の方に切込みのあるマクンベツがある。この辺は東の方に入る。

一キロほど行くとマクンヘツフトがある。これはマクンヘツの河口である。右の小高いところの左側は一面平地である。そこに人家一軒あった。

家主シテムリコ五十六歳、妻ソエキリマツ四十四歳、息子エレルンコロ二十四歳、妻タネキシマ二十一歳、二男イコベカ二十一歳の五人家族で、息子、嫁、弟の三人が雇われて浜で働いている。家には乙名夫婦だけが残っていた。

この辺はチヨタ（千代田・我らが食べる砂場・食事をするところ）という。その下に二軒の人家がある。合わせて八軒、これらは乙名シテムビ（通称）が支配している。

また、しばらく行くと、右の方にカヤ原があり、約五百メートルのところを行くと、東の方の左に古川のライヘツがある。ここはチヨタといい、昔、川になっていたところである。また、百メートル下るとチヨタ村、ここを、今、チヨタと名付けた。右の方に人家三軒ある。

家主シンナエシ二十九歳、妻イコシユケ二十八歳、母ハルヲマ五十六歳、今、この母は別に一軒を建てた。娘二歳、弟イホレアン二十七歳、妻コエカラマツ十九歳、妹モントム十三歳の七人で暮らしている。このうち、弟は夫婦とも浜で雇われ働いている。

また、その隣、家主コムレク三十七歳位、妻サケアン三十三歳、息子三歳の三人で暮らしている。家主は浜に働きに行っている。

また、その隣、女の家主シネアン三十一歳、息子シコラン十四歳、弟アスヌカル十歳、妹ニケムニカ七歳の四人家族で生活し、兄弟二人は浜で雇われ働き、母と妹だけで生活している。

これより左の方に、平山が少し見えてきた。およそ、八キロも東南の方に行くと、右の方にフルケシという小川があった。その上に人家が三軒あった。フルケシのフルとは「坂」のことである。ケシは「端」という意味である。この辺、両岸とも、樹林となっている。

家主ホロチフカ四十歳、妻アシヌンケ三十四歳、母ソウチレ六十八歳、息子サエコトク十六歳、娘三歳、伯父エミナウス四十七歳の六人家族で暮らしている。

また、その隣、家主イナウク四十七歳、妻ハハテ四十三歳、娘シユサンケ十三歳、の三人家族で暮らし、家主は雇われて浜で働いている。

また、その隣、家主ハウコチヤレノ三十六歳、妻コアマレ三十八歳、息子イカソツクル十三歳、娘エヤンケ十歳、娘ニサチレ七歳、姉カテラフ四十七歳の六人で暮らしているが、家主と姉は浜で働いている。

池田の凋寒村、シジミが多い川

この辺の両岸は平地でハンノキ、ヤナギ、タモなどの木が生えている。磁石を見て南東の方向に六、七百メートル下ると、右の方にセヲロシヤム（池田町・シボサム村・凋寒村・貝殻のあるところ）という小川がある。シジミが多いことから名が付けられたという。シジミは淡水と汐の合流するところに生息するのが普通であるが、淡水だけなので不思議である。

人家が一軒あった。家主はユフケガ三十一歳、妻イモンシマツ十九歳、弟ケヲリサウカ二十三歳、妻ヌマツカレ十九歳、弟シニキ二十歳、弟クエチキ十六歳の六人家族で暮らしている。

利別川河口

ここから、北東に向かった。百メートルほど行くと左の方にトシベツフト（池田町・利別川河口）がある。この川、十勝川の川筋で第一の支流である。

この川上、約四十キロで釧路と境をなしている。釧路のアイノ、足寄、陸別の二つの川に住んでいる。よって、昔から、釧路のアイノと境界の口論になり、この川に縄を張って釧路のアイノの上り下りを禁じたので、この川をトシベツと名付けられた。トシとは「縄」のことである。大津からここまで、およそ二十キロ、舟で上るのに一日かかり、下るのには半日くらいと思われる。

利別川の大略を聞き取って記すと、河口から上ると両岸が平地であり、樹林となっている。北東に、およそ、一キロ向かうと左の方にシヤモマイ（池田町・様舞）という小川がある。ここより上に人家がある。昔、和人（シャモ）がこのところに住んでいたので、その名が付けられたという。

〈参〉『十勝日誌』（「東蝦夷日誌」七編）では、七月十七日《新暦・八月二十五日》のこととして記載。要約して紹介する。

十勝川第一の支流、利別川

土地の者、イカンニアイノ、ヘトンラン、フチサンレコを雇って川を下った。午前八時過ぎ、十勝川第一の支流、川幅約七十メートルある利別川河口に出た。

本流もこの辺から緩やかになり、両岸は広々とした平野で、うっそうとした雑木林である。

利別川川筋に二十五軒

この川筋に人家が二十五軒ある。釧路境まであるというが、何処にどれ程かは、聞き取りなので正確には難しい。

家主イラアン四十二歳、妻ヤエコモン三十一歳、息子アエコヌカル五歳、弟ヤエリキタ三十一歳、妻イタクチヤラ二十五歳、の家族五人で暮らしている。

また、その上に、家主イコモク五十四歳、妻イカンヌカル四十四歳、息子カリセカ二十五歳、妻シトナフ十八歳、二男シユウカアイノ二十歳、三男ハテキクル十三歳、妹サワヌ五十二歳、姪シカルマツ十歳の家族八人で暮らしている。そのうち、息子、二男、三男の三人は雇われて浜で働いている。

また、その隣、女の家主モニエムコ四十七歳、娘アンクリマツ二十二歳、孫三歳、妹ホツハトル四十四歳の四人家族で暮らしている。そのうち、アンクリマツは雇われて浜に行っている。

また、しばらく上ると、女の家主サケメミセ六十一歳、娘ニンカリサン三十四歳、孫女ヒリカマツ九歳、同妹チエミナ七歳、同ユカリ五歳の五人で暮らしている。この家主は総乙名の妾であるという。

また、しばらく上ると、家主クラマアイノ五十五歳、妻アハヌベキ五十一歳、息子トンヒモン十六歳、娘モントレシ九歳、の四人家族である。息子は今年から浜で雇われ働いている。

また、しばらく上ると、家主シノト四十八歳、妻シュフレコロ四十一歳、息子クイラカアイノ五歳、娘ヘトラン十四歳の四人家族で暮らしているが、家主は雇われて浜で働いている。

また、その隣、ヲクベレ三十六歳、妻ホフニモン二十七歳、母サタンケ七十七歳、娘ソマレ六歳の四人家族で暮らしている。

また、女の家主モニウエン三十四歳は、家族三人で暮らしている。ここで八軒が暮らしていたので記録した。

また、これより、同じように平地で樹林がある。その中に谷地が多いところをしばらく行くと、テウシピラがある。ここの左の方に小高い山がある。その山が崩れたところに貝（化石か）が多く出るのでこの名がつけられたという。テウシピラとは貝が多いところという意味である。

また、しばらく行くと、左にチカプシヲイナイという小川がある。鷲が巣を作るところという意味のようである。また、しばらく行くと、左の方にトウカという小川がある。その上に小さな沼が一つあるので、その名が付けられたという。

また、しばらく行くと、左の方にヲルベ（居辺川）という小川がある。そこに人家が五、六軒あるという。

家主はヌメカリ五十歳、妻サンベアツ四十一歳、息子シュウラヲク二十六歳、妻ヲアスンネ十八歳、娘コタヌマツ十二歳の五人家族である。

また、その隣、家主ヤエトレ二十五歳、妻レアヲクマツ十八歳、母ヘラケム六十四歳、弟イタカトエ十歳、妹シユヲクシ十二歳、妹クアフコヌ八歳、家主の姉トサカラ三十九歳の七人家族で住んでいる。家主と姉は浜で雇われ働いている。

また、その隣、家主カモエレシユ三十一歳、妻ウナルベトル三十一歳、母モコロミセ七十一歳、娘シヤモマツ七歳の四人家族で住んでいる。そのうち、家主は浜で雇われ働いている。

また、その隣、家主イタキヌメトル五十三歳、妻ヌメケノ四十一歳、息子キロロウシ十二歳、娘フツラク十四歳、同ヤウマシ九歳の五人家族で住んでいる。そのうち、家主は雇われて浜で働いている。

本別の勇足村

このところに少し高いところがあって、その下は崖崩れになっている。樹木は雑木林である。そのところをエサンピラ（勇足）といい、今、訛ってエサンピタラという。エサンは「崖崩れ」、ピラは「崖」のことである。左の方にある。

このところに、人家が四軒ある。

家主イクハチヤラ三十九歳、妻シアヌマツ二十八歳の二人とも浜で雇われ働きにいっているので、家は空き家になっているという。

また、その隣、家主ヨウヌクル二十歳、母テケシユケ四十二歳、弟ネウセタク十二歳、妹レ

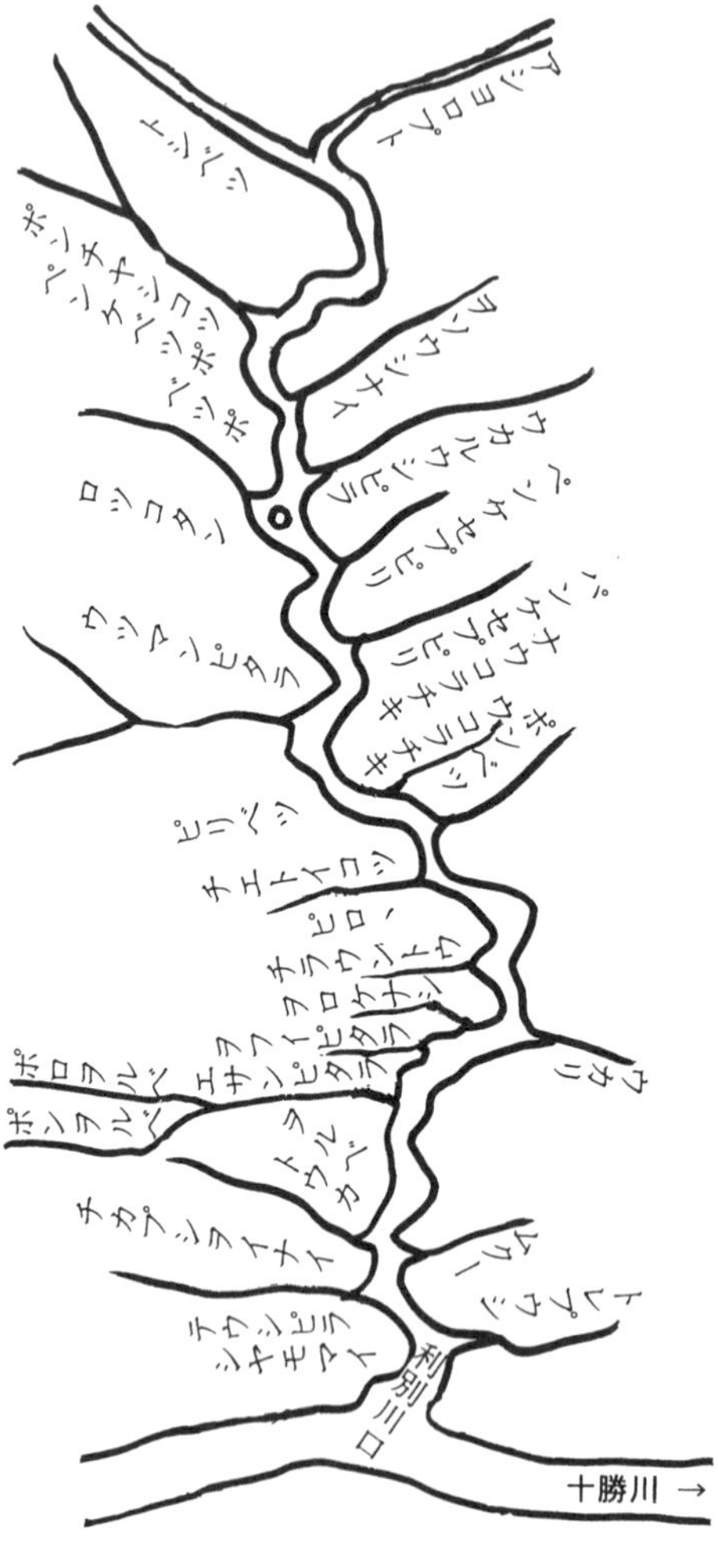

図版27　河川『利別川川筋の図』

クモン九歳の四人家族で暮らし、家主は浜で雇われて働きに行っている。

また、その隣、家主シカシュ三十一歳、妻ムエコサン二十五歳、息子二歳の三人家族で住んでいる。

また、その隣、家主、アエトク二十八歳、妻チルラモン二十二歳、弟ユワニタク十七歳、弟イタカアシ十五歳、息子ウコアシ五歳、姉アハシマツ十歳の六人家族で、そのうち、家主と二男の二人が浜で雇われて働きに行っている。

本別の負箙村、幌蓋村、嫌侶村

また、そのところに小川がある。ハンケエッホ、ヘンケエッホ、シイナイなどである。その高いところを越え、しばらく行くと左の方に小川ウイヒラがある。本名はヲフイヒラ（本別・負箙村）という。

ここを過ぎると、左の方にヲロケナシ（本別・幌蓋村・勇足）があり、平地で雑木林のため、その名が付けられているという。ひと筋の小川がある。また、しばらく行くと、左の方に小川チラウントウがある。その上に沼が一つある。ここにはチライ（魚のイトウ）がいるので、その名が付いているという。

また、しばらく行くと、左の方に小川ヒロロ（本別・嫌侶村・キロロ・水汲みのための坂道）がある。この川は岩が多いのでその名が付いているという。本名はヒヲロで、ヒは「石」、ヲロは「多い」という意味。

食べれる土「食土」

また、しばらく行くと左の方にチエトイコツがある。地面に少し白い土があり、食べることが出来る。チエトイとは、「食土(凝灰岩、蛇紋岩など、粉末にした物をウバユリなどに混ぜて食べる。微量要素の補給)」のことをいう。

また、少し上るとポンベツ(本別)がある。ポンベツは相応の大川である。ここの右の方に人家が八軒前後ある。

家主シコタフカラ三十八歳、妻コモツウラ二十九歳、母エクハル六十四歳の家族三人で暮らしている。そのうち、家主は雇われて浜で働いている。

また、その隣、家主ヤエカタ四十二歳、妻アナヌ三十二歳、母ハルトキ六十二歳、娘シモンサカ十三歳の四人家族である。

また、その隣、家主イカヌサン二十五歳、妻フツモン二十四歳、母トレクヌク六十七歳、弟エメシユレ二十二歳、妻ウサルマツ十九歳の五人で暮らしている。そのうち、兄弟二人とも雇われて浜で働いている。

また、その隣、家主サンフコロ六十四歳、妻シクセモン五十一歳、息子エヤニクル十八歳、二男四歳、娘イヘモシユマ十二歳、娘イルコエベ七歳の六人家族で暮らしている。そのうち、息子が浜で働いている。

また、その隣、家主イカシヌカル十歳、母タヌンテキ四十六歳、伯父レコッパ四十七、八歳の家族三人で暮らしている。

また、その隣、家主、ウコニケ二十歳、母ホロヤン四十一歳、弟コロウンイタラ十四歳、弟イクハウケ十二歳、妹フトウス九歳の五人家族で住んでいる。そのうち、家主と兄弟は雇われて浜に働きに行っている。

また、その隣、家主カルクル三十四歳、妻テキシウヌ二十九歳、娘三歳の三人家族で暮らしている。家主は雇われて浜で働いている。

仙美里、美里別川

これより両岸の高いところにカシワ、ナラが多い。しばらく過ぎると、左に相応の川、ピリベツ（美里別川）がある。本名はヒリカベツで訛ってピリベツとなった。

このところは、昔、釧路と十勝の境目で、コレモクアイノ、リキンテアイノなどという者が住んでいたが、この川の魚が少なくなり漁業を止めて足寄へ引っ越した。その後、十勝のアイノがこの辺に移住し、それより、ヲソウシまでも、当時は上って住むようになった。

また、しばらく上ると、右の方に小川、ウコラチキがある。また、しばらく行くと、同じく右の方にナウコラチキという小川が小山の間にある。また、少し上ると、ウツマンピタラがあり、左の方の高いところの下の崖が崩れている。

また、しばらく行くと、右の方にセンヒリ(仙美里)という小川がある。この辺に来ると川は蛇行して流れが速い。また、しばらく上ると、右にペンケセプピリという小川がある。

また、しばらく行くと、右の方に小川、ウカルウシピラがある。元の名はイイカルウシヒラと思われる。また、しばらく過ぎると、右の方に小川、ソウシナイがあり、その名は川上に瀑布があるので付けられたと思われる。ヲソウシナイのところに人家が四軒ある。

その人家の女の家主シレクツカ四十六歳、息子トツクル十七歳の二人で暮らして居る。

また、その隣、家主イサエカヲク三十一歳、妻エツテマツ十七歳、母ヲホレサン九十一歳、この者は高齢の老人である。また、伯父のルンテ六十歳、弟イコロウシの家族五人で住んでいる。そのうち、家主は雇われて浜で働いている。

その隣、家主ウナシユクフ四十四歳、妻カシユフモン二十四歳、母ヒリカンホ八十二歳、弟ノヤエホロ四十一歳、妻フツコヤン二十四歳、娘アマムトレフ七歳の六人家族である。そのうち、家主と弟は雇われて浜で働いている。

また、その隣、家主インレネ五十二歳、妻サチレケ三十四歳、息子キテキヲク十八歳、二男シウテキ十五歳、娘イルテキネ五歳、妹レヌンケ四十三歳の六人で暮らしている。そのうち、息子と妹は雇われて浜で働いている。

すべて、これまでは十勝アイノである。人家二十五軒、人別百十三人である。そのうち、高齢の老人は二人である。

これよりしばらく上ると、左の方にロッコタンという小川がある。また、しばらく行くと、左の方にベッツポという小川がある。川筋はいよいよ急流である。

左の方にペンケベッツポという小川がある。また、しばらく過ぎると、左の方にポンチヤシコツがある。少しの場所に小さな城跡があるので、この名が付けられた。

足寄川、釧路の人別

また、しばらく上り、二股の右の方をアショロプト（足寄太）という。これより左に利別川の川筋がある。よつて、その川と同じくらいである。この川から上に、釧路のアイノがリクンベツと両方に分かれて住んでいる。

乙名シラテアイノ（釧路の人別）、母イタキマツ、妻シタイフシユイ、息子イタコテ、二男ヤムタウケ、娘ウカル、娘アバフラ、妾ハセリ、困窮者ナナコアン、家主イソク、妻バシセ、イソクの娘一人の家族十二人で暮らしている。

乙名シラツテアイノは足が悪いが口は達者である。すべて、この地域の乙名の役割を果たしている。家には行器（シントコ・脚が三、四本付いて蓋がある漆器、主として食物を入れる）、太刀、短刀など多く所有しているという。

家主の和風化

その次の家主は、帰俗（和風化）している文太郎四十三歳、妻トコムラク、母イリコライ、息子浜吉十歳、二男永吉九歳、娘イテメ、弟船吉二十七歳、妻イタルケ、船吉の息子ノキショ、娘一人の家族十人で暮らしている。

また、その次に、家主クラムクル、妻チャリケマツ、息子ウインテキタイ、二男テツヲヨ、三男ヲシララク、娘一人の六人家族で暮らしている。

また、家主チヤロカンノ、妻パラフンケ、弟メンテカ、妻メノコウインベ、娘メンテカの五人家族で住んでいる。

また、一軒、家主コチヤトイ、妻ニサツクワ、息子一人の三人家族で暮らしている。

また、一軒、家主コイサマ（ウエンサムシ母の後の夫）、妻シネシロ、息子シロロン、孫イカンニツカ、孫一人、困窮者ヲヘカシレの六人家族で暮らしている。

また、その隣の一軒、家主栗七四十七歳、妻トレシウクワ、息子イトムシ、二男弥市十二歳、娘イカンマウシ、娘一人、困窮者ウイハレ、息子一人の八人家族で暮らしている。

また、その隣、家主嘉市五十一歳、妻ルチヤネカ、息子長蔵十二歳、娘カテレケ、二男一人、姉ムラン、妾トホックの七人家族で暮らしている。

さて、これより急流、いよいよ川筋が蛇行して、舟はようやく上る。しばらくすると左の方にカモイロキ（神が鎮座）という高い山があった。その山麓に崖が崩れ岩があった。アイノたちはここを行き来するとき木幣立て、お祈りをして下る。

また、しばし過ぎると、この辺から山になる。右の方にルウチシピナイという小川がある。源は遠く、その後ろはウラホロになるという。ルウチシはウラホロへ越える道筋という意味である。そのところは高い山はないという。

また、右の方にユクケシヨマナイ（シカがいつも居る川）という小川がある。ここには、シカが多いのでその名が付けられたという。

稲牛川

また、しばらく過ぎると、右の方にウエンケシヨマナイ（険しい崖の端にある川）という小川がある。

また、少し上ると右のほうにイナウシベ（稲牛川）という相応の川がある。このところ、当時、釧路と十勝の境目であった。

イナウシはイナヲウシのことである。このところにアイノたちが上り下りの時、自分の村を出て他へ行くことであれば、ここに木幣を作り、道の神に道中の無事を祈る。そのため、木幣が多くあるので、その名が付けられたという。そこには当時、標柱が立てられていた。元、住んでいたアイノの跡である。

さて、また、稲牛川の川筋のことを聞いた。河口に入って、しばらく行くと、右にウエンシ

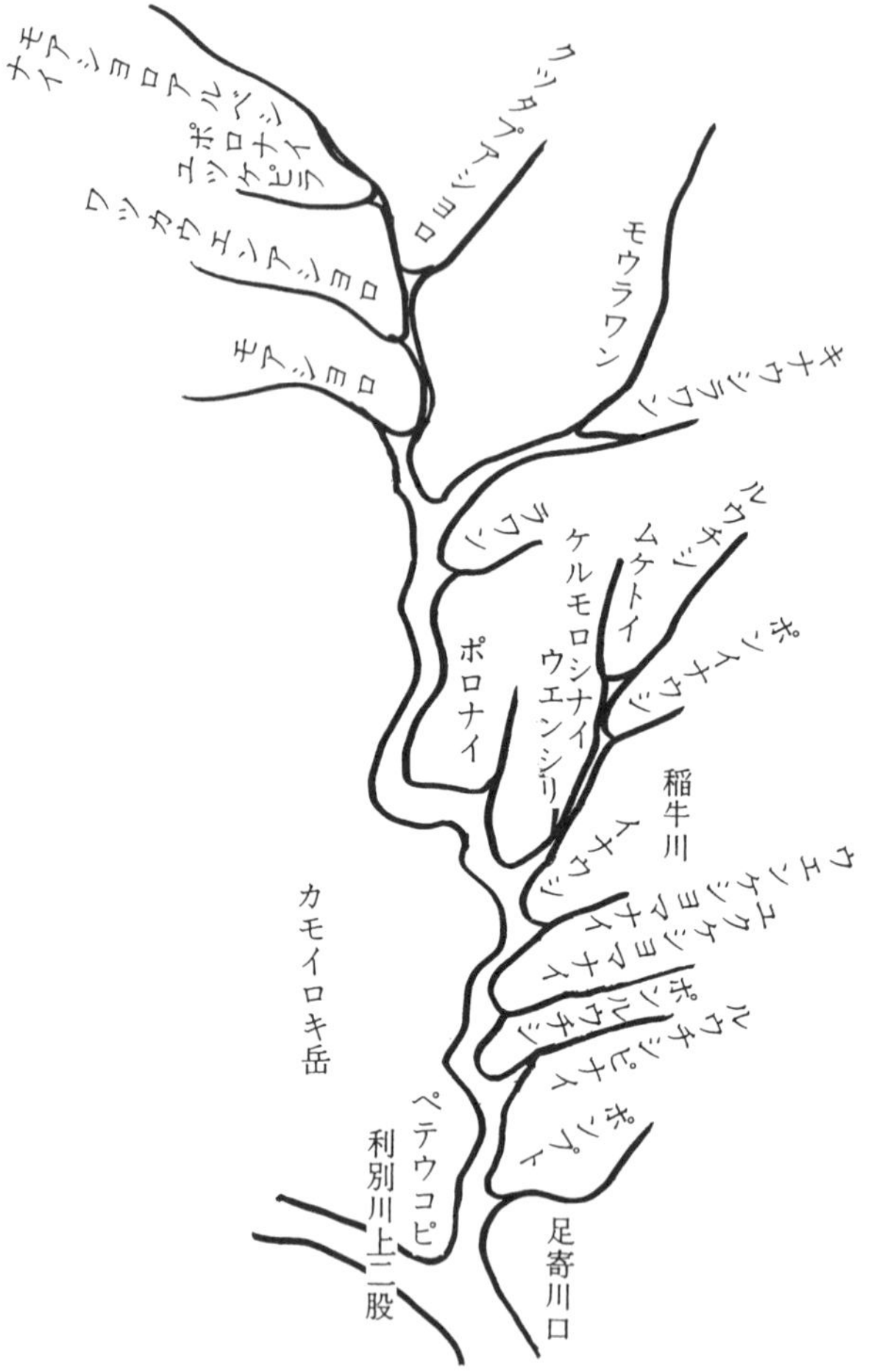

図版28　河川『足寄川川筋の図』

リという小川がある。その上に丸い山が一つある。そのため、その名が付けられたという。その名は悪い山という。また、少し上ると左の方にケルモロシナイという小川がある。また、少し上ると、右の方にポンイナウシという小川がある。

また、しばらく過ぎると、左の方にムケトイという小川がある。また、しばらく上るとルウチシ。ここは釧路領チャロの水源と同じで、アイノたちが山越えするところから、その名が付けられた。

また、この川端からしばらく上ると、右の方にポロナイがある。相応の川である。

また、しばらく過ぎると、左のほうにシュマルフネナイという小川がある。この辺すべて高い山がある。その間、大岩が集まっている。

また、しばらく行くとラワンがある。ここは二股になっている。この川の右に入ると高い山が多く小沢がある。また、しばらく行くと、キナウシラワンがあり、草が多いところである。

また、しばらく行くと、左の方にモウラワンが本川の右の方にある。その水源は雌阿寒岳から流れている。樹木はエゾマツとハエマツだけである。

茂足寄

また、しばらく行くと山々も険しくなる。左の方に相応の川、モアシュロ（茂足寄）がある。これはアショロの小川という意味である。

また、しばらく過ぎると、左の方にワッカウエンアシユロという小川がある。この川の水は悪いので、その名が付けられたという。

また、しばらく行くと、右の方にクッタプアシユロという小川がある。この辺、カバが多いので、その名が付けられた。

また、しばらく行くと、左の方に小川ユッケピラ（ユックウシヒラの訛り）がある。その上は平らである。この辺はシカが多いので、その名が付けられた。

また、しばらく行くと、左の方に小川ポロナイがある。この川筋の川底に穴が多くあるので、その名が付けられたという。また、しばらく過ぎると、左の方に小川、モアショロアルベシクシナイがある。これより本川は、右の方へ流れている。その名は、この川筋からモアショロへ山を越す道があるので付けられたという。源は雌阿寒岳の彼方に到るという。

これらのことは、足寄のアイノ、イタコテとクラムクルから話を聞いたことである。

アショロブトから左の方の利別川の本流筋を上ると、この辺、また、高い山もなく平地である。左の方に小川、ヲシャルンナイがあり、カヤ、アシ原がある。

また、しばらく過ぎると、左の方に平野があり、そのところにヌツパヲマナイという小川がある。また、しばらく過ぎると、左の方にユケピラがあり、崖が崩れ、その上の小川である。すべて、この辺は右の方のカモイロキの山にあたるという。

また、少し上ると左の方に小川、ピラパヲマナイがある。崖の上はカシワ、ナラの樹林である。

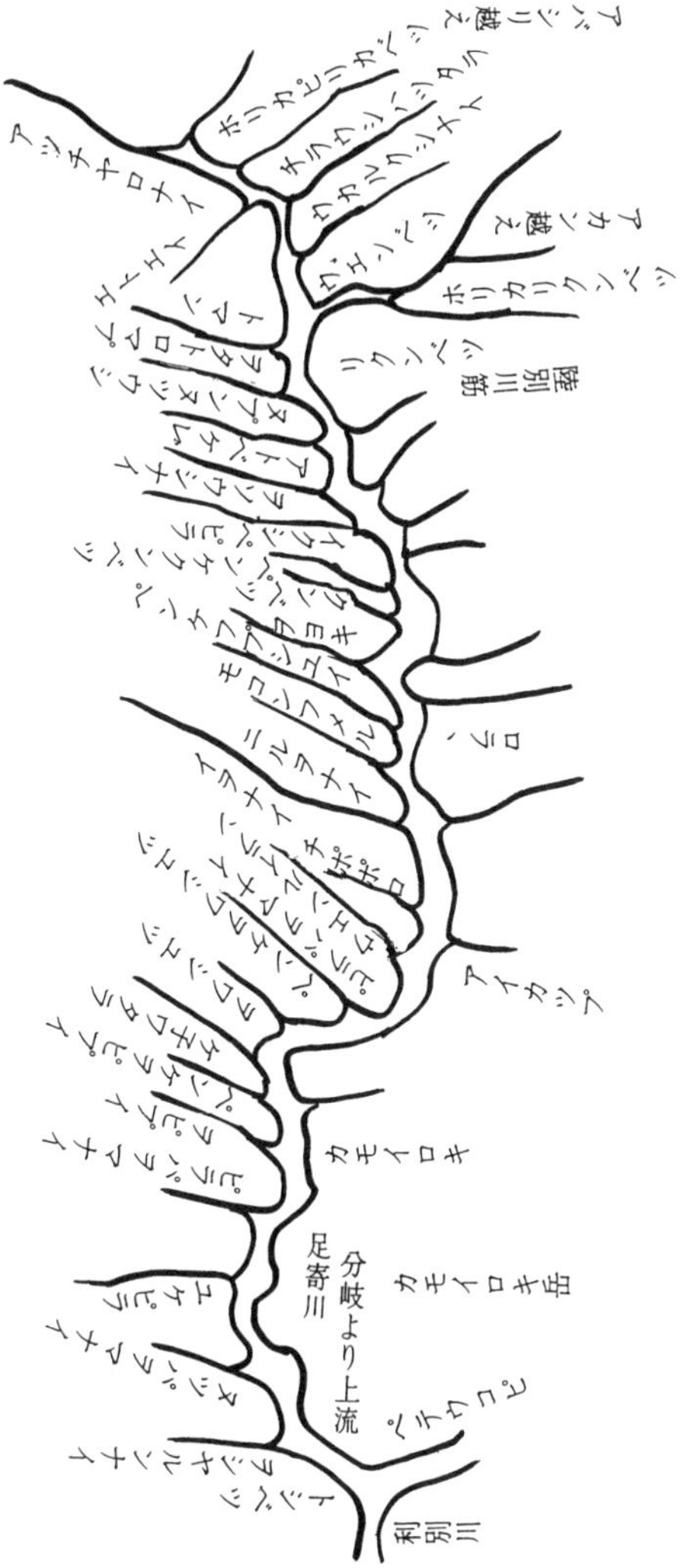

図版29　河川『利別川川筋上流の図』

また、少し上ると、左の方に二つの小川、パンケヲピプイとペンケヲピプイがある。また、少し上ると、右の方にカムイロキヲシマナイがあり、これはカムイロキの山の後方にある川であるために付けた名である。この辺から、山々になり樹林になっている。

また、しばらく行くと、左の方の小川、ケネワタラがある。この辺、ハンノキが多いので、その名が付けられたという。

また、しばらく行くと、左の方に小川、ヲワシユッがある。また、しばらく上って、左の方にピラパヲマナイという小川がある。崩れた崖の意味である。それより、また、左の方に高い山がある。ウエンルイランという。その山の下る道は、悪い道という意味である。

愛冠

また、しばらく過ぎると、右の方に小川、アイカップ（愛冠・険しくて通れないところ）がある。また、しばらく行くと、左の方に小川、チポポロ（塩幌）がある。

また、しばらく行くと、左の方にイヲナイ（上利別）という小川がある。シカを取りに来る者の野宿する家があるところという意味であるという。また、しばらく行くと、左の方に小川、ニルヲナイがある。

また、しばらく行くと、右の方に小川、トミルベシベがある。昔、戦いの時、軍勢がここを通って釧路に行ったので、その名が付けられているという。トミは「軍勢」のこと、ルヘシベは「山道を越える」ことをいう。

大誉地、薫別

また、しばらく行くと、左の方の小川、ルブシイ（凍っているところ）がある。また、しばらく行くと、左の方に小川、ペンケフプシユイがある。この辺は山々がある。

また、しばらく行くと、右のほうに小川、ハンケロララとヘンケロララがあり、両方とも同じぐらいの川である。また、しばらく過ぎると、ヲヨチ（大誉地）がある。

また、しばらく過ぎると、右の方に小川、クンベツ（薫別）がある。水の色が黒いことから、名が付けられている。

また、しばらく行くと、右にペンケクンベツがある。また、しばらく上ると、イクシペピラ（シカが越すところ）がある。その名はシカが越す道筋という意味とのことである。

また、しばらく行くと、左の方に小川、ヲソウシナイがある。この水源は大きな滝のあるところから来るので、その名が付いた。

また、しばらく行くと、左の方に小川、アトベケレがある。また、しばらく過ぎて行くと、左の方に小川、ヌプンヌツウシ（野にヨモギが多い）がある。また、しばらく行くと左の方にヲタトロマプがある。砂の沢のため付けられた名である。

斗満、陸別

また、少し上ると、左の方に小川、トマン（斗満・沼沢地）がある。また、しばらく過ぎると、右の方にリクンベツ（陸別）という川がある。この河口に十勝と釧路の境がある。本川の方は、十勝領である。右のリクンベツの方は釧路領である。ここに人家が五軒ある。

小使、梅五郎五十八歳、妻サコアン、息子弥惣吉二十七歳、妻チイネ、二男ヲソイタ、三男梅吉十三歳、四男、五女、孫芝蔵五歳、孫カレマ二歳の十人家族で住んでいる。

また、家主、才兵衛四十二歳、母ショトラアイノ、妻ルチヤウシ、姉ショアニマツ、弟磯吉二十三歳、妻ヲショシマツの家族六人で暮らして居る。

また、家主トムンロク、妻トルマト、息子シロノトク、二男の四人家族で暮らして居る。

また、家主、忠六、五十五歳、妻ニイタ、弟金十郎四十五歳、妻イレシュアツの四人家族で住んでいる。

また、家主アウバレナシ、妻テホシマ、息子友四郎、妻シヌンケの四人家族で暮らしている。

その水源は、アハシリ川の源、ユウタニノホリの北になり、チヌケフの水上と関係があるという。また、本川、このリクンヘツフトから高い山の間を上ると樹林がある。右の方にウエンベツ（宇遠別）があり、この川筋は大岩があるので、その名が付いたという。

右の方に小川、ウカルクシナイがある。また、しばらく行くと、左に十勝岳がある。その後ろの方から来るエトエイがある。

また、しばらく過ぎると、左の方に小川、アッチヤロナイがある。また、しばらく行くと、右の方にチラウシハッタラがあり、ここまでチライ（川魚のイトウ）が上るそうだ。

これより上は山々の間を数知れない小川が流れているが、その名は分からない。本川から左に行くと、源にチノミルウチシという山がある。その後ろはトコロの川筋になる。この川は網走領、西は十勝、北はトコロになる。

トコロ川に住むウエンサムシは、今年の三月、このところを越えてトコロに逃げ帰った。詳しいことは留辺之辺志に書いたので省略する。

トシベッフトからアショロフトまでは、トシベッ村のイラアンが話したことである。また、アショロフトから源まではアハシリ、チヌケフの乙名エコレが話したことである。また、その本川の源はウエンサムシの話したことを記録した。

さて、トシベッ川筋から下ると、河口に人家が四軒ある。ここをトシベッフト村（池田町）という。トシベッ川の東岸にある。この川筋から少し上ると人家がある。

家主チヤヌヌレ二十八歳、妻チマトン二十五歳、娘四歳、母アマンペカ六十四歳、伯母チヤルテマツ八十三歳の五人で暮らしている。

また、その隣、家主イカンニ三十九歳、妻ホンケヲヘレ三十二歳、父サルクスリ六十二歳、息子ウエンクシヤ八歳、二男三歳、娘カテキ十四歳、娘フランケ六歳の七人家族で暮らしている。

また、その隣、家主トシユクフ六十二歳、妻テフンクス四十七歳、息子シネントカアイノ十五歳の三人で暮らしている。

また、その隣、家主タシユンヒロ三十一歳、妻モナンテ二十四歳、息子四歳の三人家族で暮らしている。

これらは、トシベツに関することを、この巻の末に書いた。なお、この川筋のことは次の巻に譲る。

戊午報登加智日誌　巻之四　安政五（一八五八）年

トカチフトに舵《かじ》をとる

前の「巻之三」は、最初に書いたように十勝川の川筋を十勝川河口まで下ったのを記録する予定だったが、利別川の川筋のことを聞き取ったので記録した。

前回は、十勝川の川筋をゆっくり左右の人家を見物しながら、ベッチャロからヲホッナイ（大津川）に下った。今回は左の川筋、トカチフト（十勝太）の方へ舵を取って下り、浦幌川の川筋など見聞したので記録する。

さて、トシベッフトを下ると、右の方に平地が見えた。左は少しの平地に谷地があり、この辺は低地である。これより磁石で方位を南南東の方へ一キロほど行き、そこからまた、およそ二キロ行くと右の方はカヤ野原で谷地がある。

左の方の平地に小川、チシネライがある。蛇行を意味しているという。また、南に五百メートルほど行くと、左の方に小川、トフチ（十弗川）がある。元の名はトップチといい、トッフは「ササ」のことで、チとは「焼いた」という意味のことという。

また、方位を南南東から東に向かい、およそ二キロ行く。この辺は緩やかな流れであった。しばらくすると、左の方に小川、ヲンネナイがある。元の名をヲンネムイという。

このところは蛇行して湾のようになって、農作業に使う箕《み》のような形になっているので、その名が付けられているという。ここから下は少しずつ、平山になっている。木の多くはカシワとナラの樹林である。

今年の春、休憩した家がある。この家のあるところは、トフチ村という。家主タナシレ六十九歳、妻ホアンテ六十三歳、孫フツカフエ七歳、孫四歳、妹タネレ四十九歳の五人家族である。この春に休憩したときには、この家にトンシユフというお婆さんがいたが亡くなっていた。

南南東の方向に向かうと、右は野原で左には小高い山があった。左の方の山の間に小川、ニウシベツがある。流木が多いので付けられた名であるという。

網曳場と仕掛け弓

また、南南東に向かって五、六百メートルほど進むと、右の方に野原、ヤシコタンがある。その下は崖が崩れている。網曳場がある。その奥、五、六百メートルほどのところに、小さな山がある。また、南南東におよそ二キロ行くとテレケプがある。左の方に小山があり、そこに小川がある。

ここに人家が一軒あって、テレケプ村という。その意味は、土地が焼けて土が飛散したとき、アイノたちが飛び出し転んだことから名付けられたという。また、この川は小川なので、飛びはね越えることもできるという。

家主、老婆テレケアン、娘キシュネノ四十五歳、孫クルマシュ十八歳の三人で暮らして居る。その老婆に米一升、糸、針を贈った。

また、これより方位を南東に下ると、しばらくして、左の方に小山があり、その間に小川、ハンケテレケプがある。また、南東に三百メートルほど行くと、右の方に小川、ウッナイフト(打内太)がある。その両岸はアシ、ハギの原である。ウッナイとは「深い」という意味である。

この河口から五、六百メートルほど行くと、エイコットウとキムントウ(喜門沼)の大小二つの沼がある。そのエイコットウは口が一つで大小の沼が二つあるという意味という。キムントウは山の方にある小さな沼のことである。キムンは「山の方」という意味である。この沼にはウグイが多い。

また、南東に、およそ八百メートル下ると、左の方に小山があり、右が平地で、その左の方の小山の下に小川、クーショッキ(仕掛け弓・獲物が多い)がある。その名は、飢饉の時にアマッホ(仕掛け弓)を多く仕掛けて、シカを獲った。この辺はシカが多いので、その名が付けられたという。

コロホクンクルの穴居

また、南の方へ、七、八百メートルほど行くとニヲヒウカ(流木・小石原)があり、右の方の野原をいう。およそ、その距離一キロも続く。また、方位を南に、八、九百メートルほど行くと、川の中に倒れた木が多く、舟が通ることは難しい。

しばらく過ぎると、左の方の小川、ラショシケ（低い・土崩れ）がある。其の下に低い山がある。その名は高い砂利山が、だんだん崩れて低くなったので、その名が付けられているという。

また、方位を五百メートルほど南に下ると、右の方に少し平らなところ、ヲヲクリキがある。その上はカヤ原になっている。左の方に小石川原が少しある。その名は、流れが遅いので、舟の上り下りが自由になるので、名付けられたという。

また、五、六百メートル南東に向かって行くと、左の方に小川、リフンライ（礼文内）がある。小高い丘がありカシワ、ナラの樹林となっている。この名の意味は、ここの川瀬は流れが速く、アイノたちがたびたび死んだ。そのため名が付けられたという。また、一説には、元の名はレフンクルライであり、遠い海を隔てたところの国の人が、ここで死んだという。

このところに、小人の住居跡という穴、およそ二十もある。それらはいずれも、およそ六メートル四方ある。これは古い穴居跡である。天塩や宗谷の周辺では、コロホクンクルのトイチセという。トイチセは「穴居」のことをいう。

ヒシ（菱）の実

また、南南東の方向に七、八百メートル行くと、右の方に小川、ユウクシフト（育素多）がある。この上にユウクシトウという沼がある。その名はヒシの実が多いところから名が付いたという。

ユウとは「ヒシの実」、クシはウシと同じ。

この辺は左右に谷地が多い。アイノたちは、このところへ泊まって、ヒシを取るため作った小屋がある。

また、南の方へおよそ五、六百メートル行くとマクンベツが左の方にある。また、五百メートルほど下ると左にマクンベツの河口がある。川幅六メートルぐらいある。

南東に向かうと左の方に小川、カフケレ（皮・削られる）がある。並んで小高い丘がある。名は浜からサケやマスがこの辺まで遡上し、尾もヒレもすり切れて白くなる。アイノたちはその様子は汚いという。それでその名が付けられたという。

また、南東の方に三、四百メートル行くとトヒヨカ（豊頃）がある。見晴らしの良いところである。その名は昔から死人を多く埋葬し、だんだん重なっていることから、その名が付けられたという。

そこの右の方はノタブ（川が湾曲している）で、その左は崖が崩れ水が流れ落ち、その上は谷地である。その傍に人家が二軒ある。

家主イヌンリキ七十一歳、妻シリセマツ六十六歳、息子イソンラツ二十歳、娘ラカサク十四歳、娘トコロマツ七歳の五人家族で暮らしている。そのうち、息子は雇われて浜で働いている。

また、その隣、家主、シウス三十九歳、妻アマタマ三十七歳、息子新吉十八歳、二男ナンカフチヤ十二歳、三男キイレキ六歳、娘、四歳、娘一歳の七人家族で暮らしている。そのうち、息子と二男は雇われて浜で働いている。

毎日、シカを食べる

また、これより一キロほど下ると、左に少し高いところがある。右の方は平地である。しばらく行くと、チウヌベッチャラ（急流の野の河口）があり、ここは平地である。その名は流れが速いことから名付けられたという。

また、南東の方に五百メートル行くと、右の方にノヤウシという小川がある。この辺は野原である。その辺にはヨモギが多いので名付けられた。ノヤとは「ヨモギ」の蝦夷語である。ウシは「多い」である。

この川筋を三、四百メートル上ると右の方に小川、レイシャクヘツ（礼作別）がある。レイシャクヘツは、昔から名がないということである。水源は平山である。

また、南東の方に三百メートルほど行くとチキシャニタイボがある。ここはアカダモの木だけが生えている。それでその名が付いた。チキシャニは「タモの木」で、タイボは「丘」のこと。

また、南南東の方角におよそ八百メートル行くと、右の方にウシシベツという小川がある。その名は、昔、ここにアイノたちが集まり、毎日、シカの足の肉を食べたところの意味で、ウシシは「シカの足の肉」の意味である。

この川筋を二、三百メートル行くと、左の方に小川、モウベツトレがある。この名は、流れが遅いという意味である。また、しばらく行くと、右の方にクウカルシナイという小川がある。その名は、弓を作ることが多いという意味である。

しばらく行くと右の方にヌッキ（にごり川）がある。また、少し上ると二股がある。ここから右の方にモウウシシヘツとシイウシシヘツがあり、左の方に入る。その水源はたいした山もなく、カシワ、ナラの樹林である。その後ろはヘルフネの支流とかいう。

また、十勝川の川筋、南南東の方へおよそ三百メートル行くと、右の方に、ワサルという小川がある。アシ、ハギが多いのでその名が付けられたという。ワサルは「シヤリ」の転じたもののとのこと。

また、やや南の方に一キロほど下ると、右の方にセヨイという小川がある。その名は、シジミが多いことから名付けられたという。

ヨセイに人家四軒

ここに人家が四軒ある。ここに乙名サネトカ（トピヨカ）六十一歳が住んでいる。今年の春、ここを通ったとき休んだところで、その時、病気で寝ていたが、その後、亡くなったという。その家族のことは前編に記録したので、省略した。

その少し左の方に、家主ワシピ七十二歳、妻レアマ八十二歳の二人が住み、老人なので米一升、煙草一把を贈った。長男エサク四十八歳、妻ヲレノカ四十四歳、姪トマムシ三十四歳の五人家族で暮らしているが、息子と妻は浜で雇われ働きに行っている。

また、その下に、家主サルツヌ五十八歳、妻セヒロク五十一歳、長男ウエネクフ十九歳、弟イカンリキン三十七歳、妻コアツ二十七歳、甥コエラツカ五歳の六人家族で住んでいる。そのうち、弟と息子が浜に働きに行っている。

また、その隣、家主イシユエタ四十一歳、妻セマナンカ二十歳、娘フツラキ五歳の三人で暮らしている。そのうち、家主は雇われて浜に働きに行っている。

また、これより、およそ一キロも南東の方に下ると右の方に小川、ニクルウトルがある。その名は木があるところ、互いに混じりあっているという意味であるという。これより、左に立木の原がある。

また、三百メートルほど下ると右の方にマサロフという小川がある。その名の意味は、アシ、ハギ原である。また、八百メートルほど下ると、その間の右は野原で、その下は平らである。

豊頃、安骨村

右に小山があり、チヤシコツ（豊頃・安骨村）という。チヤシコツには地面に柵の跡があり、アイノたちは城跡であるという。これより、東、北東、北へと蛇行して進むと、人家があった。その前の川は幅が広い。
五、六百メートルほど下ると、この川の湾曲した曲がり角にヌツハがある。ヌツハは「野」

という意味である。左の方に無名小川がある。これより下には谷地が多い。ただ、川端に少しハンノキとヤナギが多い。

また、少し南東に向かう。二百メートルぐらい下ると、左の方にマクンヘツフトがある。この川筋を南の方向に向かう。五百メートルほども下り、南東に向かうとマクンヘツチヤロに出た。これより両岸に、人家がところどころにあった。五、六百メートルほど下ると、左の方に平場があり、そこに小川、タンネヲタがある。タンネヲタは、昔、細長い砂浜があったので、その名が付けられたという。

タンネヲタに人家六軒

南岸に人家が六軒ある。ここをタンネヲタ村という。

家主エンカトコロ五十七歳、妻イカヌフマツ五十一歳、長男ヌクレコレハ二十四歳、二男ヤヲコタマ二十二歳、三男市蔵十六歳、四男四歳、五男当歳、娘ウナマツ十一歳、娘マツネサン八歳の九人で暮らしている。

私は今年の春、この家に宿泊した。その家主エンカトコロは今年の夏、死んだという。息子、二男、三男は浜に雇われて働きに行ったまま、まだ、だれも帰って来ていない。後家と子供たちは、私を見て懐かしさで泣いた。米一升、煙草一把を贈って出発した。

その向かいに、家主コテカアイノ六十四歳、妻アハフニ五十二歳、母イセンケ八十歳、長男

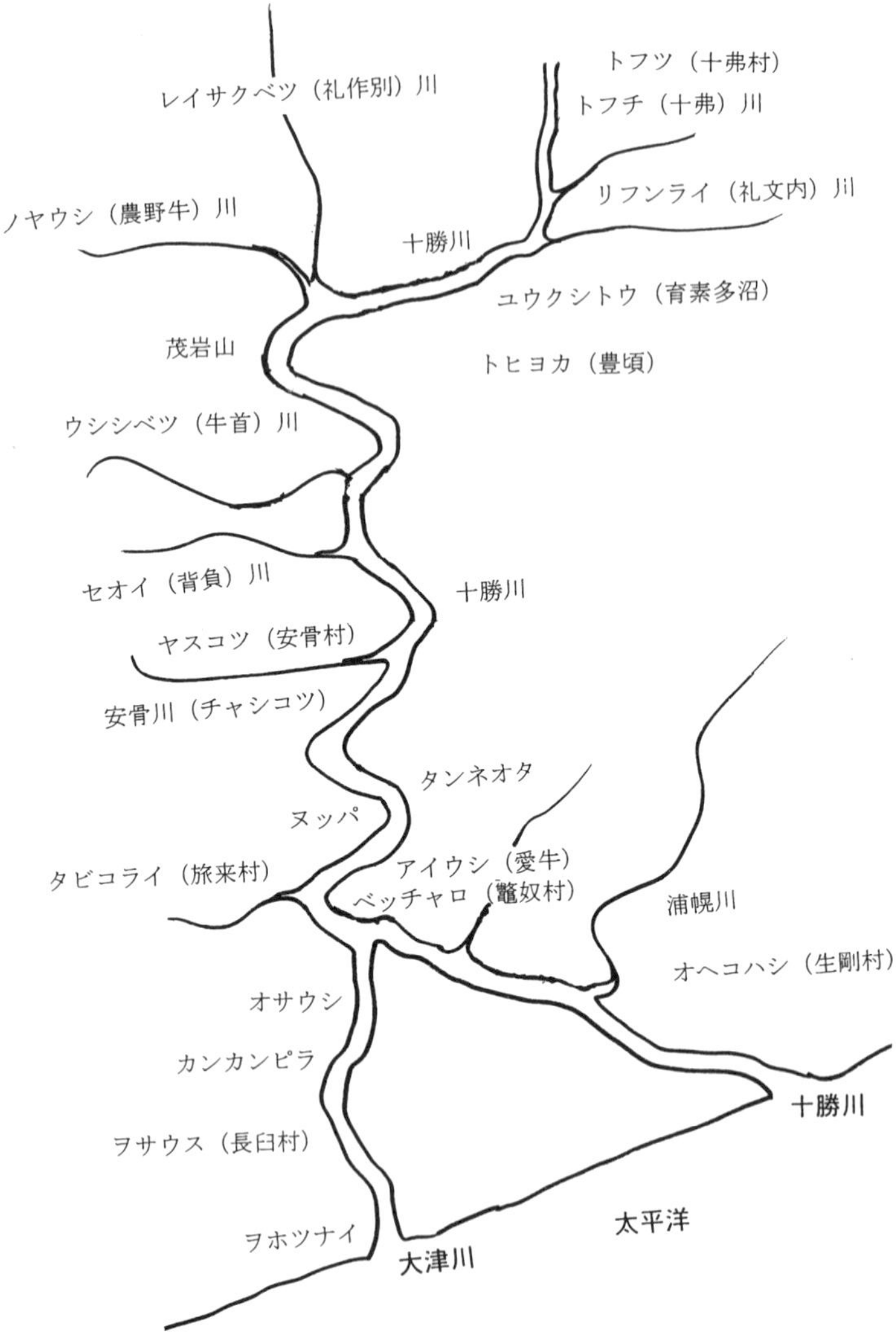

図版30　河川『十勝川下流の図（編者・作図）』

アニトエ十六歳、娘ヲシヨロウシ二十歳、娘シャクシマツ十二歳の六人家族で暮らしている。その娘と息子は雇われて浜で働いている。

また、その下に、家主ウナハヌ三十八歳、妻イコウラ三十二歳、母シテムレ六十八歳、長男ラカトク六歳、娘四歳、娘二歳、弟サンノ三十二歳、妻トエマツ二十二歳の八人で暮らしている。そのうち、家主兄弟は雇われて浜で働いている。

また、少し下ると、家主シトンケレ三十一歳、妻ソコツ二十一歳、父シユラレケ六十歳、母エベチヤロ五十五歳、娘二歳、叔父モネア四十二歳、甥ノトン十一歳の家族七人で暮らしている。そのうち、家主と叔父とは雇われて浜で働いている。

また、少し下ると、家主イサリクマ爺八十四歳、妻ヤリケ八十歳、長男カモエヌンカ五十二歳、妻フリカンナ四十六歳、孫コエヒラサ二十二才、孫チヤリアナ十二歳、孫女カリンネ九歳、孫女五歳の八人家族で住んでいる。老夫婦に米と煙草を贈った。その家の長男と孫は雇われて浜で働いている。

また、しばらく下ると、家主シネアテ三十七歳、妻シエヌ二十七歳、母ナンコヤン五十八歳、妻の姉エンラヲクヌ三十歳、娘サエニイ五歳の家族五人で暮らし、この家主と姉は浜で働いている。

この辺、川幅が広く、およそ三百六十メートルにも及ぶ。西岸にチャシコツのような山がある。三百メートルほど下ると左の方にフシコベツがある。この古川は、昔、川の水が流れていたという。

また、方位を南南東、南、南南西と変え五百メートルほど下って行き、また、二百メートルほど過ぎると、右の方に砂原、ホノタがある。その名はホンノタという。また、方位を南、南南西に行くとホノタは、その川の小さな出っ張り、岬になっていた。ここをおよそ三、四百メートル行くと、ハラウツカがある。この辺の川幅は五百四十メートルぐらいあり、中州が二つ、三つある。この辺は浅く舟に乗りやすいので、その名が付けられているという。ワワウツカともいう。ワワは「渡る」、ウツカは「瀬」のことである。

このところに人家二軒ある。家主エチャンテ六十三歳、妻シュアツヘカ五十三歳、息子アキヒチャラ二十四歳、妻ヌムシマツ十八歳、二男エフレ二十二歳、三男紋吉十六歳、四男チヤウトロ十二歳の七人家族で暮らし、そのうち、息子夫婦と二男は雇われて浜で働いている。また、その隣、家主コヤマ三十六歳、妻モネリキ二十七歳、息子三歳の三人で暮らしている。この家主コヤマは馬を扱うので、家族で大津の番屋に働きに行って、空き家になっている。

旅来、篭奴村、愛牛村

また、これより、川の流れが蛇行して南南西、南南東、南に、およそ三、四百メートル下ると、右の方にタフコライ（旅来・チャシ・砦址がある）という小川がある。

その名は、昔、その山の上に丸小屋を建て、合戦をしたので付けられたという。また、一説には、このところの右の方が崩れ、その上に谷地があり、よって、その谷地の水が平地に流れるので、その名があるという。いずれが本当かは分からない。すべて、この辺の山は遠く平らである。

また、南南東、南に三、四百メートルほど行くとベッチャラ（鼈奴村・ベチャロ）がある。このところは二股である。川幅はいずれもおよそ百八十メートル、左の方は少し深く広い。右の方は少し狭く浅い。

このところから右の方を通り、大津までは、今年の春、通ったので、今度は左の方の川筋（十勝川）を下るため、この辺の地理に詳しいイチャンテ爺に頼んで案内してもらった。

三、四百メートル南の方向へ下る。この辺はハンノキ、ヤナギが多い。右はカヤ原の平地である。およそ、七、八百メートル下ると左の方に小川、ホーヌイがある。この辺はヤナギ原である。ホーヌイとは川筋が蛇行していることから、その名が付けられている。

また、七、八百メートルほど下ると、右の方の野原、アシネシャヤム（愛牛村）がある。その名は、昔、センノキが一本あり、根元から、小枝が多く分かれていたので、その名が付けられたともいう。

十勝村に六軒

そのところの左岸に、人家が六軒建ち並んでいる。これより下を十勝村という。

家主ソノミケレ三十九歳、妻エトルシ三十六歳、母アンヌル六十一歳、息子シタテムコロ七歳、弟ヤレムシ二十一歳、妻カトクヘ二十二歳の六人家族で暮らしているが、そのうち、弟夫婦は雇われて浜で働いている。

また、その下に、家主サヌカヲク四十二歳、妻イトムネ四十歳の二人で暮らしているが、今は夫婦共に雇われて浜で働き、家は空き家になっている。

また、しばらく下ると、家主ヤンケソ三十七歳、妻チヨリキ三十二歳、息子エアンカエ八歳、二男二歳の四人家族で暮らし、家主は浜で働いている。

また、その下に、家主シコライ五十五歳、妻チヤレカ五十一歳、息子イカシテレ二十四歳、妻ヲクヌレ十九歳の四人家族で暮らしているが、その息子夫婦は雇われて浜で働いている。

また、しばらく下ると、家主トヒナエテキ七十一歳、妻ハルムニ五十一歳、息子カンラクニ十九歳、妻ミツホアン二十歳、兄シヤハエンクル八十歳、妹コンツノミ五十八歳の六人家族で暮らしている。長寿が珍しい。

また、少し下ると、家主トナシリキン二十五歳、妻ニエコロ二十一歳、祖母アシキリマツ七十三歳、母イカツケマツ四十八歳、妹エンカルマツ十三歳の五人家族で暮らしているが、家主夫婦は雇われて浜で働いている。

また、これより、東南の方に向かい、両岸の平地を下ること、およそ、七、八百メートル行くと、右の方に小川、クツタラがある。その上は平地である。川口にはイタドリが多いので名が付けられたという。

また、しばらく、南、南南東、東の方向に行くと、右の方に小川、ヌタペトがある。その名はノタブのことである。また、これより二百メートル下ると、左に無名の小川がある。また、七、八百メートル下ると、この辺は一面平地でアシ、カヤ原である。

ウラホロプトに人家三軒

このところに、人家が三軒ある。ここをウラホロプトという。家主チカフシ三十六歳、妻ムコトン四十四才、の二人家族である。夫婦共に雇われて浜で働いている。

また、その隣、家主サナシカ三十二歳、妻エチヤルシ二十七歳、息子三歳、伯父フエコチシ五十四歳の四人で暮らしているが、家主は雇われて浜で働いている。

また、その隣、家主コンラバ三十八歳、妻ソウトエカ三十二歳、息子惣吉十三歳、娘カフコテレケ七歳、娘四歳の家族五人で暮らしているが、そのうち、家主は雇われて浜で働いている。

この辺は一面平地で、その左右とも小川が数本ある。アシ、ハギ原の中からゆっくりと流れ、深い。左の方にウラホロプト（浦幌川河口）がある。これは浦幌川の河口である。十勝川の六番目の支流である。川は深く、川幅は二十三メートルぐらいある。

川筋の大略を聞いたまま記録する。しばらく七、八百メートルほど行くと、小川、ヤルシケウシがある。元の名はヤソシケウシという。網曳場である。

また、しばらく行くと右の方に小川、チトエウシがある。その名は、この川筋にチエトイがあるので名付けられたという。元の名チエトイウシである。この辺の左は平地である。

チョウザメ

また、少し上ると、右の方に小川、ユヘタロがある。本名ユペタラロの訛りであり、ユペはユウベで潜竜沙魚（チョウザメ）のことである。タは「取る」、ラロは「多い」という意味である。

また、しばらく行くと、右の方に小川、コヌプシがある。その元の名は、コムヌウシの転じた言葉である。すなわち、カシワ、ナラが多いという意味である。

また、しばらく行くと、右の方に少しの野原、チペカルシヌプがある。その元の名はチツフカリウシヌフという。舟を造ることが多い野原の意味という。

また、しばらく過ぎると、左の方の大川、シタコロペ（山ゴボウの意・下頃辺川）がある。その川を入ること七、八百メートルにイクレがあり、この右の方に本流との間のノタブがある。また、しばらく行くと、左の方にチヤシウトル（砦址の間）という小川がある。また、しばらく行くと右の方に小川、タンタカ（鰈・カレイの意味）がある。また、しばらく行くと、右の方にホンシタコロへがある。

これより、本川は左へ入り込んでいる。その後ろはヤーラと合流して、テレケフの川筋と向かい合わせになっている。なお、詳しいことは留辺之辺志に記してあるので省略する。

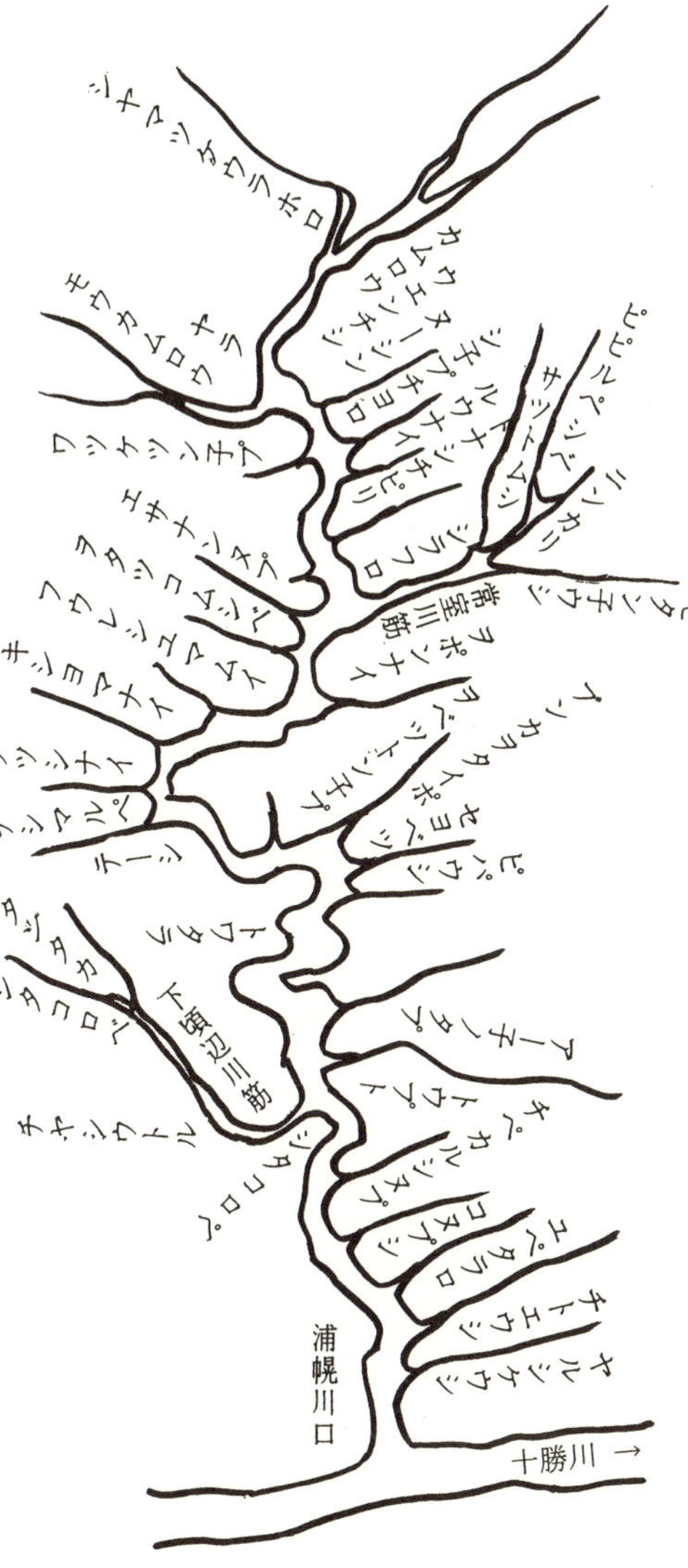

図版31　河川『浦幌川川筋の図』

この辺の浦幌川川筋の両岸は、平山でそれほど樹木も多くないが、カシワ、ナラがある。しばらく過ぎると、右の方に小川、トウブツがある。その川筋の幅は六メートルくらいあり、上に行くと沼がある。トウブツとは「沼の口」という意味である。

また、しばらく行くとアーネノタプがある。右の方の二つのノタブである。この辺の川の流れは、蛇行し、その岬である。また、行くと左の方に一つの岬、トイノタフがある。その上は平地である。トイノタフとは、昔、畑があったところの岬の原という意味である。この辺の川は蛇行が激しい。

また、しばらく過ぎると右の方の小川、ピパウシがある。ヒバは「沼貝」のことであり、この貝が多いので名が付けられたという。

敷物を編む草

また、少し行くと右の方に小川、セヨベツがある。この川にも沼貝が多いので、その名がつけられたという。セヨとは「貝」のことである。

また、しばらく行くと、左の方の小川、キナチヤウシナイがある。草原の意味なので、名付けられたという。この草は、アイノの敷物を編むのに使われるという。

また、しばらく行くと、右の方に小川、ブンカヲタイポがある。その上の丘にブドウやコクワの多いことから、その名が付けられているという。フンカとは「輪になった蔓が多い」という意味である。

また、しばらく行くと、右の方に小川、ヲベツトンネプ（浦幌町・帯富）がある。また、しばらく過ぎると、左の方に小川、テーシユシがある。小石があり急流である。その元の名はテーツシウシという。テーツシとは「魚を捕る簗（やな）を仕掛ける者」の意味で、ウラホロブトのアイノたちが仕掛けて、魚を多く獲るので、その名が付けられたという。

また、しばらく行くと、左の方に小川ヲシマルペがある。しばらく行くと、左の方に小川イククツシナイがある。元の名はユツククツシナイという。しばらく行くと、左の方に小山の間の小川、ヲポンナイがある。しばらく行くと左の方に小川、フウレシユマモムイがある。この小川、赤岩があり、湾のようになっているところがある。

フウレは「赤い」、シユマは「岩」、モイはムイのことで、すなわち、「箕（穀物の選別や運搬に使う竹皮で作った農具）」のことである。

浦幌、常室川

また、しばらく行くと、右の方に相応の川があり、トコムロ（浦幌町・常室川）という。その左右に小川が多い。その先、五、六百メートル行くと右の方に小川、セタンネウシ（常室川の支流）がある。元の名はセタニウシベツの訛りかと思われる。セタンネはセタニの訛りで、すなわち、鹿梨（有の実・アリノミ・バラ科の落葉高木・サンナシ・サルナシ）のことである。

また、少し上ると左の方に小川、サットコムロがある。この川筋はよく乾いているために付けられた名である。トコムロの枝川はいつも乾いているので、その名が付けられたという。

また、しばらく行くと右の方に小川、ニンカリがある。ニンカリは、おそらく、ニナカリの転じた名であると思われる。「薪を取る」という意味である。

また、しばらく行くと、右の方に小川、トヒルベシベ（戦の時に越えた道）がある。本川の左の方にあたる。その後ろはチクヘツの源の方になるという。詳しくは留辺之辺志に記録した。

さて、また、浦幌川筋を行くと、この辺は両岸、高い山になっている。其の下は平らである。そこをメシヒラ（寒く涼しい）という。元の名はおそらくメウシヒラと思われる。いつも日陰の土地で日が当たらないので、その名が付けられたという。

また、しばらく行くと、左の方に小川、エサナンヌプがある。そのそばに一つのノタブがある。それで付けられた名である。エサンは「崩れ落ちる」ことをいう。

また、しばらく行くと、右の方に小川、トナシチピリがある。トナシとは「東」、チヒリは不明。

また、しばらく行くと、右の方に小川、ルウナイがある。その上からチクベツへ越える道があるという。

浦幌、留真川

また、しばらく行くと、左の方に小川、ワツケツンネプがある。また、しばらく行くと右の方にシネプチヨロがある。また、しばらく行くと右の方に小川、ヌーシン（留真川）がある。

また、しばらく行くと、左の方に川、ヤラ（瀬多来川）がある。また、この川筋をおよそ五、六百メートル上るとモヤーラとシャーラの二つに分かれる。

モヤーラは小さなヤラの川の意味、シャーラとは本川のことである。その後ろはシタコロに合流する。なお、詳しくは留辺之辺志に記録してある。

さて、この辺に来ると、両岸は大岩の山が多い。そのところをウエンチシという。この辺、石が多く急流で悪いので、その名が付けられている。

ウエンは「悪い」、チクシは「汐瀬」のことである。ここを過ぎると両岸が数十メートルの岩壁であるニセウケがある。この辺は雑木林である。

それを過ぎると、そこに二股のヘテウコヒがある。そこから二つの川になりカバロウという。また、その川筋の山間をしばらく行くと小川、モウカムハロウがある。これは小さなカムロウという。

また、二股から左の方に行くとシヤマツケウラホロがある。この辺にはエゾマツがあり、少し上に行くとカシワやナラの林になっている。

その後ろは足寄の川筋になるという。詳しくは、留辺之辺志に記録してあるので省略する。

これらはウラホロプトのハチキアイノが話したことである。

浜で働く

さて、ウラホロフトから一キロほど下ると、流れが遅く、両岸にアシ、ハギ原があり、左の方に小川、シチネイ（静内川）がある。天気が続くと干し上るので、その名が付けられているという。このところに、人家が三軒ある。

家主ヤヌカル五十六歳、妻ウラシコロ五十六歳、息子由造十一歳、伯母サネツエマツ八十三歳の四人家族で暮らしている。伯母は高齢なので煙草一把を贈った。

また、その隣、家主イカンチハ五十六歳、妻イモンカシュ四十九歳、息子石松十八歳、甥チヤンノサン三十九歳、エウレシユ三十五歳、ホアツラン三歳の六人家族で暮らしているが、そのうち、石松とチヤンノサンの二人は、浜に雇われて働きにいっているという。

また、流れの遅いところをしばらく下ると、右の方にヲペツコウシがあり、上の方にカシワ、ナラの林がある。その名はその上の高いところにアイノの小屋があったが、雨で崩れ落ちたことにより、その名が付けられたという。このところにアイノの人家が九軒あった。

家主ネフイ三十九歳、妻タマチヤラ二十八歳、息子哥吉十一歳、二男セヲツクル六歳、三男当歳の五人家族で暮らしているが、家主は浜で働いている。

また、その隣、家主シケアンテ三十八歳、妻フチモノク二十歳の二人家族で、夫婦共に浜で雇われ働いている。

また、その隣、家主タミテキ四十八歳、妻ウサルンケ四十四歳、息子シリトク十九歳、二男

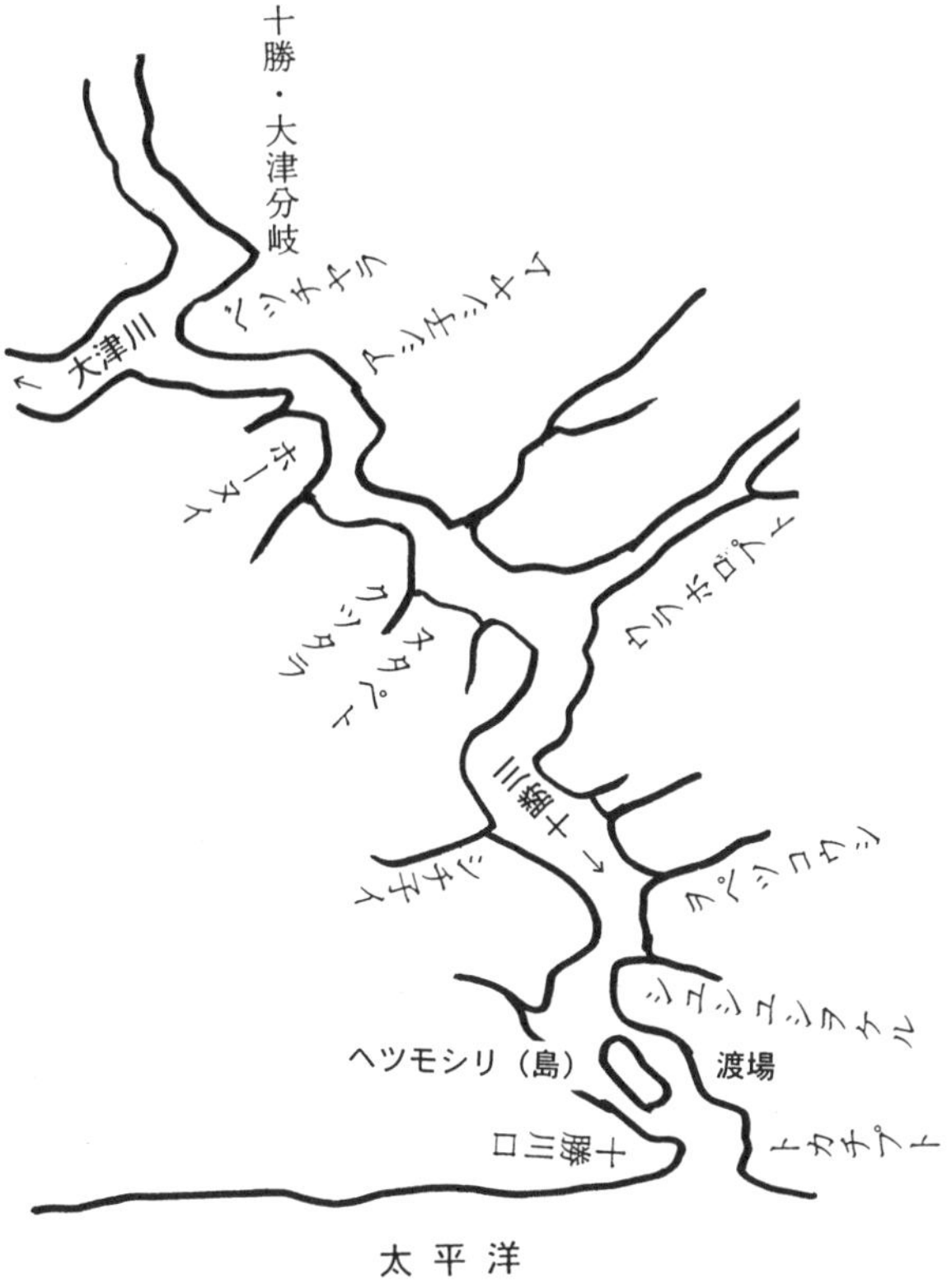

図版32　河川『大津川分岐から十勝川河口の図』

シンナエチヤラ七歳、娘アッテキモン九歳、娘カフコテレケ五歳の六人家族で暮らしているが、そのうち、家主と息子は雇われて浜で働いている。

その隣、家主イタキンカ三十歳、妻キサラベカ三十七歳、母アンラリ五十三歳、弟ヌンカシユレ二十五歳、妻ノヌシ三十六歳、姪フツトル九歳、姪フツマツ五歳の七人家族で暮らしているが、そのうち、家主夫婦と弟は雇われて浜で働いている。

また、その隣、家主カンナムツ四十一歳、妻モンカヌ四十六歳、弟ニナヌカル二十八歳、妻シクサ十七歳、弟トエカシコロ二十一歳、弟ラツアイノ十三歳の六人で暮らしているが、そのうち、家主と弟など三人は雇われて浜で働いている。家には母と妻、弟嫁とが残っている。

また、その隣、家主マカヌカル三十九歳、妻イルトエカ三十三歳、弟ハテキニセ三十六歳、妻ヤレカツ二十九歳、姉コエラチ四十四歳の家族五人で暮らしているが、そのうち、家主と弟夫婦は雇われて浜で働いている。

また、その隣、家主カブニセ四十五歳、妻ソエケワヌ三十三歳、母サリケ七十八歳、息子ケフアイノ五歳、二男一歳、娘ヌイマツ十歳、娘一人三歳の家族七人で暮らしている。その内、家主は雇われて浜で働いている。

その隣、家主クルクシ二十九歳、妻トレタク二十七歳、母イトルカ五十八歳、息子シエヘヌ八歳、娘ソヘツ四歳、弟キモヌカル十四歳、伯父コチヤヌアイノ五十五歳の七人家族で暮らしているが、そのうち、家主と伯父は雇われて浜で働いている。

また、そのところに、乙名ヲトワ五十五歳、妻モコレラン三十八歳、父モナクマヲエ八十七才、母ウタルシマツ七十五歳の四人家族で暮らしている。

私たちはここで休息した。実に夫婦共に揃って長寿のことで、お目出たいことである。

さて、これより、また、川を七、八百メートルほど下ると、川幅が広く流れが遅くなった。右の方にヘツモシリという一つの島がある。アシ、ハギが多く生えている。

十勝太の渡場

ここから二百メートルほど下ると、十勝太に渡場がある。ここの川幅は二百七十メートルほどある。渡場は馬舟、歩行舟などで渡す。海岸には流木が多い。

十勝太にはアシの屋根で作られた休憩所の大きな建物がある。その後ろにはアイノの小屋が二軒あった。ここの川の渡し守である。また、通行者が多いときにはヲペツコウシから来て渡すという。

家主シカマクル五十九歳、妻テコンビ四十六歳、息子シネサリカ三十二歳、妻コエベウシ二十二歳、伯父シタクヌカル七十九歳の五人家族で暮らしているが、そのうち、息子は雇われて浜で働いている。

その隣、家主イチヤリキ七十歳、妻アハコラン四十七歳、息子カエサン三十六歳、妻モンコロ四十歳、孫三之助十五歳の五人家族で暮らしている。

写真十三　十勝河口橋から北を遠望

十勝河口橋から北の方向にある、旅来、豊頃の藻岩方面を望んだ写真。松浦武四郎はこの辺から北を見て、低い山々が見えると書いている。

写真十四　十勝川河口の向こうに太平洋が見える

十勝河口橋から南を遠望した写真。遠くの水平線に太平洋が見える。河口の右に大津市街がある。

写真十五　十勝河口橋

松浦武四郎が十勝川を舟で下った頃は、ベッチヤロから下流に向かって右が大津川であり、大津番屋があった。ベッチヤロから太平洋に向かって左の川は、十勝川だった。元の十勝川は、現在の十勝川本流の東方に、昔の面影を留めている。

現在の十勝川本流は、元の大津川である。旅来から南に下ったところに、国道三三六号の橋梁、十勝河口橋がある。橋長九二八メートル。南に向かって右が大樹町方面であり、左が浦幌町方面である。河口には大津市街がある。

このところ、毎年、一年間の労賃は十二貫文（昭和五十八年の米価換算で約十万七千円）で、二軒が勤めている。最近、一ヵ月間に五百文増えたという。詳しくは丙辰記行（安政三年の廻浦日記）に書いてあるので省略する。

七月二十一日（新暦・八月二十九日）

大津で一泊

十勝太に下ってから、大津へ行き一泊した。案内のため一緒にやって来たアイノたちに、『明日、早く出発する』ことを話した。

今回の案内人、イソラムへお礼として染形一反、煙草五把、糸、針を渡した。エエクルに染形半反、煙草五把、糸、針をお礼として渡し、酒二升を贈った（日付が記入されていないので、推定して記入した）。

〈参〉『十勝日誌』（「東蝦夷日誌」七編）では、七月十七日（新暦・八月二十五日）のこととして記載。要約して紹介する。

ヲホツナイに着く

昼頃、ヲホツナイに着く。チャシコツのアイノ、ワシヒ一同に手当を渡した。

七月二十二日（新暦・八月三十日）

広尾会所で宿泊

大津から広尾に行く。広尾会所で宿泊（日付、内容が記入されていないので推定して記入した）。

〈参〉『十勝日誌』（「東蝦夷日誌」七編）では、七月十八日《新暦・八月二十六日》のこととして記述。要約して紹介する。

大津から当縁

当縁のアイノ、トフライと十勝（浜）の乙名シコライの二人に案内させて、当縁川の調査を行った。お礼に煙草、濁酒を持たせた。

〈参〉『十勝日誌』（「東蝦夷日誌」七編）では、七月十九日《新暦・八月二十七日》のこととして記述。要約して紹介する。

昼頃、広尾会所に着く

曇り。昼頃、広尾会所に着く。場所請負人の支配人は留守だったので、帖役（書記）の元吉が、いろいろと世話をしてくれた。

弁天社で飲む

今日、択捉島から帰ってきた調役並の山村宗三郎と会った。厚岸から戻ってきた松前藩の藩医、大内余庵と同宿。

アイノのイソラムとヤーコルに米一俵、煙管二本、煙草を与えた。シュライに煙草一把、下帯をあげた。一同に酒三升を贈り、弁天社で飲む。

また、無くなったので、沙流詰、調役下役の秋山透が濁酒五升を御用所から持ってきてくれた。夜遅くまで大賑わいだった。

当縁や広尾会所など、当時、和人の往来もあり、アイヌも大勢いて、なかなかの賑わいだった様子がうかがえる。このあと、松浦武四郎は猿賀川から豊似岳に登った後、様似方面へ向かって帰路についた。

七月二十三日（新暦・八月三十一日）

サルル番屋で宿泊

広尾からサルルに向かう。サルル番屋に宿泊（足跡図から推定）。

七月二十四日（新暦・九月一日）

幌泉で宿泊

朝、八時頃、サルル番屋出発。幌泉宿泊（足跡図で確認）。

七月二十五日（新暦・九月二日）

様似で宿泊

幌泉を出発。様似に着く。様似で宿泊（足跡図で確認）。

八月二十一日（新暦・九月二十七日）

函館に帰着

蛇田、長万部などを通って、箱館に帰着。

安政六（一八五九）年十二月吉日　松浦竹四郎　認之

引用・参考文献

・酒井章太郎編纂『十勝史』 明治四十（一九〇七）年
・『北海道史』 北海道庁 大正七（一九一八）年
・松浦武四郎著・吉田常吉編『蝦夷日誌(上 下)』 時事通信社 昭和三十七（一九六二）年
・『大樹町史』 大樹町役場 昭和四十四（一九六九）年
・『広辞苑・第二版』 岩波書店 昭和四十四（一九六九）年
・『豊頃町史』 豊頃町役場 昭和四十六（一九七一）年
・高倉新一郎著『新版 アイヌ政策史』 昭和四十七（一九七二）年
・更科源蔵著『松浦武四郎 蝦夷への照射』 淡交社 昭和四十八（一九七三）年
・松浦武四郎著・丸山道子訳『十勝日誌』 凍土社 昭和五十（一九七五）年
・松浦武四郎著・丸山道子訳『天塩日誌』 凍土社 昭和五十一（一九七六）年
・丸山道子著『安政四年 蝦夷地』 昭和五十二（一九七七）年
・吉田武三編『松浦武四郎紀行集・安政五年蝦夷地行路図』 昭和五十二（一九七七）年
・小島一仁著『伊能忠敬』 三省堂 昭和五十二（一九七七）年
・『新広尾町史』 広尾役場 昭和五十三（一九七八）年
・松浦武四郎著『十勝日誌』 復刻発行者 佐藤忠夫 昭和五十五（一九八〇）年

・『新北海道史　第一巻　概説』北海道　昭和五十六（一九八一）年
・『北海道旧土人保護沿革史（復刻）』第一書房　昭和五十六（一九八一）年
・『北海道大百科事典』北海道新聞社　昭和五十六（一九八一）年
・渡辺茂編『北海道歴史事典』北海道出版企画センター　昭和五十七（一九八二）年
・『帯広市史』帯広市役所　昭和五十九（一九八四）年
・松浦武四郎著・高倉新一郎校訂・秋葉実解読『戊午東西蝦夷山川地理取調日誌』上中下　北海道出版企画センター　昭和六十（一九八五）年
・作成者小林和夫「戊午東西蝦夷山川地理取調日誌足跡図」昭和六十（一九八五）年
・A・S・ランドー著・訳者戸田祐子『エゾ地一周ひとり旅』未来社　昭和六十（一九八五）年
・洞富雄著『間宮林蔵』吉川弘文館　昭和六十一（一九八六）年
・松浦武四郎研究会編『シンポジウム「松浦武四郎」北への視角』北海道出版企画センター　平成二（一九九〇）年
・集英社『国語辞典』平成五（一九九三）年
・『陸別町史』陸別町　平成六（一九九四）年
・秋葉實解読『松浦武四郎没後百年記念・松浦武四郎知床紀行集』斜里町立知床博物館協力会　平成六（一九九四）年
・『新・大樹町史』大樹町役場　平成七（一九九五）年

・『石狩町誌　下巻』石狩市　平成九（一九九七）年
・北海道・東北史研究会編『場所請負制とアイヌ』北海道出版企画センター　平成十（一九九八）年
・『広尾の文化財　改訂版』広尾町教育委員会　平成十一年（一九九九）年
・髙木崇世芝編『松浦武四郎「刊行本」書誌』北海道出版企画センター　平成十三（二〇〇一）年
・松浦武四郎著・更科源蔵　吉田豊訳『アイヌ人物史』平凡社　平成十四（二〇〇二）年
・佐野芳和著『松浦武四郎　シサム　和人の変容』北海道出版企画センター　平成十四（二〇〇二）年
・『帯広市史』帯広市　平成十五（二〇〇三）年
・関秀志・桑原真人・大庭幸生・高橋昭夫『新版　北海道の歴史　下　近代・現代編』北海道新聞社　平成十八（二〇〇六）年
・『足寄百年史』足寄町　平成十九（二〇〇七）年
・田辺安一編『お雇い農業教師―エドウイン・ダンー（ヒツジとオオカミ）』北海道出版企画センター　平成二十（二〇〇八）年
・日本史用語研究会『四訂　必携日本史用語』実教出版　平成二十一（二〇〇九）年
・藤田昌雄著『日本陸軍　兵営の生活』光人舎　平成二十三（二〇一一）年

・『日本・世界地図帳』平凡社地図出版　平成二十三（二〇一一）年
・井上壽著・加藤公夫編『依田勉三と晩成社』　北海道出版企画センター　平成二十四（二〇一二）年
・『北海道アイヌ生活実態調査報告書』北海道環境生活部　平成十八・二十五（二〇〇六・一三）年
・今野淳子訳編『現代語訳　唐太日記　北蝦夷餘誌』　北海道出版企画センター　平成二十五（二〇一三）年
・笹木義友編『新版　松浦武四郎自伝』北海道出版企画センター　平成二十五（二〇一三）年
・静嘉堂編『松浦武四郎コレクション』公益財団法人　静嘉堂　平成二十五（二〇一三）年
・下村友恵　写真　編集『自由訳　久摺日誌』たけしろうカンパニー　平成二十六（二〇一四）年
・『芽室の歴史探訪』めむろ歴史探訪会編　平成二十八（二〇一六）年
・谷本晃久『郷土史講演会　松浦武四郎のトカチ』トカプチ　二十一号　平成二十九（二〇一七）年
・山本命『松浦武四郎入門』月兎舎　平成三十（二〇一八）年

おわりに

丸山道子現代語訳の『十勝日誌』を読み、探検家で有名な松浦武四郎が、芽室に二回訪れ、三回宿泊していることを知りました。私は芽室に住んでいることから、大変、興味深く思いました。

松浦武四郎は、安政五年二月二十四日《新暦・四月七日》、石狩川河口の石狩会所から忠別の大番屋（旭川）を通って空知川上流、山越えして佐幌川上流に出て、十勝川を下り大津に出ました。その時、芽室に一回、宿泊しました。

七月十四日《新暦・八月二十二日》には、再び、広尾会所を出発して、歴舟川を上り、上札内、岩内、戸蔦別を通りました。美生川川筋のピウカチャラで野宿し、芽室太（芽室川河口）のカムイコバシのところに宿泊してから、舟で十勝川を下って大津に行きました。

私は、幕末の十勝の様子、風物をもっと詳しく知りたいと、秋葉実解読の『戊午東西蝦夷山川地理取調日誌』を読みました。

すると、ほとんど昔のままの文章であり、難しいので、本書は、私自身が理解し易く、読みやすいように自分流に書き改めました。

『十勝日誌』は、同じ地域、場所のことを記述していますが、日付、内容とも多少異なり、一般用に書かれたといわれるだけあって、内容が面白いので、『戊午東西蝦夷山川地理取調日誌』と『十勝日誌』を織り交ぜて、記述しました。

松浦武四郎の探査は、書名の「山川地理取調」の通り、河川名、山々の名称、アイヌ民族の戸数、人口調査が主です。

その探査旅行で、働ける年齢のアイヌ民族は、浜の会所や番屋に働きに行っていること。働きに行ったきり長期間、山の故郷に戻って来ないこと。山には子供と老人が残っていること。老人の病人がいること。和人の番人の妾にされることなど、アイヌ民族がいろいろ大変な生活を送っていることなど、見聞きしました。

松浦武四郎は探査中、宿泊などお世話になったアイヌ民族の家々、高齢のアイヌ、病気のアイヌ民族に糸、針、煙草、米、玄米など分け与えて調査を続けました。

旅行中、キツネ、シカ、テン、熊を獲って食べ、オオカミの鳴き声を聞きました。キツネの肉を食べたことは、珍しいことと思いました。現在では、肝臓に寄生するエキノコックスが恐ろしくて、キツネに近寄る人は少ないと思います。

オオカミの鳴き声を聞いたのも、現在となってみれば、珍しいことで、北海道では明治十年代に絶滅してしまった動物だからです。

カジカが石の裏にたくさん棲み、それを獲って、味噌を塗り、焼いて田楽を作って食べたのも面白い話でした。

また、機会あるごとに、ヤジリや石斧、土器、砥石、十勝石の原石など収集しているのも面白いと思いました。

そうした興味、そして、苦しい旅も、この向こうには何があるのだろうという好奇心が、探査旅行の原動力になっていると思いました。

各河川には、多くのアイヌ民族が生活していたことを知りました。十勝の西部方面は、石狩地方出身のアイヌ民族が多く移り住み、北部方面は北見からのアイヌ民族、東の方は釧路からのアイヌ民族が、多少なりとも、移り住んでいたのを知ることができました。

また、アイヌ民族とアイヌ民族の情報の伝達が、意外と早いことも知りました。

現代語訳の丸山道子さんは、松浦武四郎の一行を「お偉方の視察旅行で見かけるような、アイヌ民族側では丁重にお迎えし、早々にお引き取り願う」というように感じたそうです。アイヌ民族は、内心、和人を警戒していたのかも知れません。

アイヌ民族の食べ物や生活の記述、肝心の芽室に宿泊したときの記述が、それほど詳しくなく物足りなかったのは、しかたがありません。

松浦武四郎の探査報告書の全体を通して、私が受けた印象を述べると、次のようになります。

アイヌ民族の老人、子供、病人などが山奥に残り、若く健康な者が浜で雇われ働きに行き、何年も帰って来れなかったり、和人の妾にされるなど、いろいろな不都合で不幸なことがありました。

そのようなことにもかかわらず、松浦武四郎が案内人のアイヌ民族に、『これから帰ってもよい』と話すと、『私たちは、和人に会うまで一緒に行きたい』と希望する会話からも、和人との交流、浜で働くことの意義があるというように感じられました。

和人が蝦夷地にやって来た遠い昔から、アイヌ民族との交流、交易があり、若者が都会に憧れたのと同じように、静かな山奥での生活、自然からの恩恵による生活よりも、賑やかな浜での生活、食糧、生活物資のある浜での生活が便利だったのであろうと思いました。

人名は、苗字が無く、名前だけです。慣れてくると素晴らしい名前に感じられ、それぞれの名前に意味があるのだと思いました。また、私が書いた文中には、一つも同名がなかったのも不思議に思いました。

名前は、日本語でもなく、朝鮮語や中国語とも似ていないと思いました。私はロシア語を知りませんが、アイヌ民族の名前は、何となくロシア方面の言葉に似ているような印象を受けました。また、松浦武四郎の書いた文章は漢文調のように感じました。

いずれにしても、私は幕末の十勝、芽室の様子を知りたいために、『戊午東西蝦夷山川地理取調日誌』と『十勝日誌』を読み、私自身が分かりやすいように書き改めました。そのため、理解しづらく不正確な表現があることを、ご理解願いたいと思います。

本書の出版に際しまして、三重県松阪市小野江町の「松浦武四郎記念館」では、親切に対応していただき、松浦武四郎の肖像写真、アイヌ民族の絵図などの掲載許可を戴きましたことを厚くお礼申し上げます。

また、茨城県つくばみらい市上平柳の「間宮林蔵記念館」では、丁寧な説明と資料の提供を戴きましたことを厚くお礼申し上げます。

本書の出版にあたりまして、北海道出版企画センターの野澤緯三男様のお世話になりましたことを、厚くお礼を申しあげます。

また、妻には、いつも、文章の見直し、校正など協力をいただき、感謝を申し上げます。


平成三十（二〇一八）年三月　加藤　公夫　記

■編者略歴

・加藤　公夫（かとう　きみお）
・昭和21（1946）年、北海道十勝、芽室町生まれ。
・帯広畜産大学別科（草地畜産専修）修了。
・北海道（開拓営農指導員・農業業改良普及員）退職。
・現在、芽室郷土史研究会主宰。北海道砂金史研究会会員。

■主な著書

『北海道　砂金掘り』北海道新聞社	昭和55（1980）年
『酪農の四季』グループ北のふるさと	昭和56（1981）年
『根室原野の風物誌』グループ北のふるさと	昭和60（1985）年
『写真版・北海道の砂金掘り』北海道新聞社	昭和61（1986）年
『韓国ひとり旅』連合出版	昭和63（1988）年
『農閑漫歩』北海道新聞社	平成19（2007）年
『タクラマカンの農村を行く』連合出版	平成20（2008）年
『西域のカザフ族を訪ねて』連合出版	平成22（2010）年
『十勝開拓の先駆者・依田勉三と晩成社（編集）』 北海道出版企画センター	平成24（2012）年
『中央アジアの旅』連合出版	平成28（2016）年
『日本列島　南の島々の風物誌』連合出版	平成29（2017）年
『シルクロードの農村観光（共著）』連合出版	平成30（2018）年

松浦武四郎の十勝内陸探査記

発　行　2018年6月15日
編　者　加藤公夫
発行者　野澤緯三男
発行所　北海道出版企画センター
〒001-0018　札幌市北区北18条西6丁目2-47
電話　011-737-1755　FAX　011-737-4007
振替　02790-6-16677
URL　http://www.h-ppc.com/
印刷所　㈱北海道機関紙印刷所
製本所　石田製本株式会社

ISBN 978-4-8328-1802-6 C0021